人工智能前沿理论与技术应用丛书

# 基于深度学习的目标检测原理与应用

翟中华 孙云龙 陆澍旸 编著

电子工业出版社
Publishing House of Electronics Industry
北京·BEIJING

## 内 容 简 介

本书遵循循序渐进、深入浅出的理念，引领读者夯实相关基础知识，掌握传统目标检测方法，再逐步过渡到深度学习的基本概念及分类用法，进而深入讲解目标检测的两阶段深度学习方法、一阶段学习方法，即从以 R-CNN 为代表的两阶段深度学习方法、以 YOLO 系列为代表的一阶段学习方法等，层层揭开深度学习用于目标检测的"神秘面纱"，探究其中的奥秘。

本书适合目标检测领域的工程师、研究员阅读，也可作为深度学习相关专业本科生、研究生的重要参考书，还可作为互联网行业 IT 技术人员转型学习人工智能的参考用书。

可登录华信教育资源网下载相关代码。

未经许可，不得以任何方式复制或抄袭本书之部分或全部内容。
版权所有，侵权必究。

**图书在版编目（CIP）数据**

基于深度学习的目标检测原理与应用 / 翟中华，孙云龙，陆澍旸编著. —北京：电子工业出版社，2023.8
（人工智能前沿理论与技术应用丛书）
ISBN 978-7-121-46031-9

Ⅰ．①基… Ⅱ．①翟… ②孙… ③陆… Ⅲ．①目标检测－研究 Ⅳ．①C931.2

中国国家版本馆CIP数据核字（2023）第138705号

责任编辑：王　群　　特约编辑：刘广钦
印　　刷：北京虎彩文化传播有限公司
装　　订：北京虎彩文化传播有限公司
出版发行：电子工业出版社
　　　　　北京市海淀区万寿路173信箱　邮编：100036
开　　本：787×1 092　1/16　印张：18.75　字数：453千字　彩插：8
版　　次：2023年8月第1版
印　　次：2024年12月第3次印刷
定　　价：108.00元

凡所购买电子工业出版社图书有缺损问题，请向购买书店调换。若书店售缺，请与本社发行部联系，联系及邮购电话：（010）88254888，88258888。

质量投诉请发邮件至 zlts@phei.com.cn，盗版侵权举报请发邮件至 dbqq@phei.com.cn。
本书咨询联系方式：wangq@phei.com.cn，910797032（QQ）。

# 前言

计算机视觉是当今学术界和行业中发展最快的 AI（Artificial Intelligence，人工智能）学科之一，其起源是美国麻省理工学院（MIT）一位本科生的暑期项目。

为了让读者对于计算机视觉有一个感性的认知，先列举几个例子以供参考。机器人如何在太空中导航和执行任务？搜索引擎如何为数十亿幅图像和视频建立索引？如何根据医学图像诊断疾病？自动驾驶汽车如何准确地看清道路？图像分享 App 如何创建滤镜和遮罩？通过上述计算视觉的现实应用场景，不难发现计算机视觉的应用之广。本书重点——目标检测在计算机视觉中占据重要地位，如果将计算机视觉比作一个"皇冠"，那么，目标检测就是皇冠上一颗耀眼的"明珠"。

本书将带领读者深入了解目标检测的深度学习方法，并培养读者的实践能力，构建起理解和重建复杂视觉的计算机视觉技术。

众所周知，AI 领域学习曲线较为陡峭。其中，计算机视觉更是在深度学习的推动下，拥有范围广、更新快的特点，因此，一些人会产生畏难情绪。基于此，本书为读者研发优良的学习方法，使读者既能在严谨而又易懂的理论中夯实基础，又能在有趣的实践中学习，感受各种目标检测实践项目带来的视觉冲击，让读者在学习计算机视觉的目标检测部分时事半功倍，更加轻松。

（1）抽丝剥茧、以简驭繁。

深度学习和计算机视觉目标检测涉及诸多概念、思维、原理和方法，本书秉承抽丝剥茧的原则，层层剖析复杂原理，达到以简驭繁的效果。

（2）深入浅出、高度总结。

深度学习、目标检测理论知识点较多，知识体系庞大。本书秉承深入浅出的理念，对于复杂的知识点提纲挈领、高度总结，使读者学习起来轻松有趣、张弛有度。

（3）逻辑紧密、环环相扣。

本书始终坚持逻辑紧密的讲解理念，知识模块间环环相扣，让读者深入理解计算机视觉这张知识大网的纵横连接关系，达到学习体系化、系统化的目的。

# 目 录

## 第1章 计算机视觉及目标检测 1
### 1.1 计算机视觉原理 1
#### 1.1.1 人类视觉与计算机视觉比较 1
#### 1.1.2 计算机视觉应用展现 2
### 1.2 目标检测概述 9
#### 1.2.1 计算机视觉三大主要任务 9
#### 1.2.2 目标检测的应用 11
#### 1.2.3 目标检测面临的挑战 12
#### 1.2.4 目标检测方法 13

## 第2章 计算机视觉数学、编程基础 15
### 2.1 向量、矩阵和卷积 15
#### 2.1.1 向量 15
#### 2.1.2 矩阵 16
#### 2.1.3 卷积 16
### 2.2 函数极值理论与非极大值抑制 18
#### 2.2.1 函数极值理论 19
#### 2.2.2 非极大值抑制 21
### 2.3 跨平台计算机视觉和机器学习软件库 OpenCV 基础 24
#### 2.3.1 OpenCV 的历史起源 24
#### 2.3.2 安装 OpenCV 24
#### 2.3.3 OpenCV 图像和视频的读/写 24
#### 2.3.4 OpenCV 基本操作 28
#### 2.3.5 OpenCV 颜色空间转换 29
#### 2.3.6 OpenCV 几何变换 31
#### 2.3.7 OpenCV 图像简单阈值处理 34
#### 2.3.8 OpenCV 形态学转换 40
#### 2.3.9 OpenCV 图像梯度 43
### 2.4 PyTorch 基础 46

2.4.1 PyTorch 简介 ·············46
2.4.2 PyTorch 安装 ·············47
2.4.3 张量 ·················47
2.4.4 基本代码操作 ············49
2.4.5 PIL 图像格式转换 ··········51
2.4.6 PyTorch 自动求导机制 ·······52
2.4.7 PyTorch 的神经网络 nn 包 ····55

## 第 3 章 OpenCV 目标检测实战 ··········60
3.1 Haar 特征与积分图像构建算法 ·······60
    3.1.1 Haar 特征 ·············60
    3.1.2 积分图像构建算法 ·········65
3.2 AdaBoost 应用于 Haar 人脸特征分类 ····66
3.3 AdaBoost 级联应用于 Haar 特征人脸检测 ··70
3.4 利用 OpenCV 进行基于 Haar 特征的人脸检测实战 ···73

## 第 4 章 深度学习引入及图像分类实战 ·······75
4.1 卷积神经网络的重要概念 ·········75
4.2 卷积神经网络训练技巧及经典架构 ·····79
4.3 设计卷积神经网络进行图像分类 ·····82
4.4 选择卷积神经网络损失函数及优化器 ···85
4.5 改进卷积神经网络以提高图像分类准确率 ·88

## 第 5 章 目标检测的两阶段深度学习方法 ·····90
5.1 R-CNN 目标检测思想 ···········90
    5.1.1 目标检测数据集 ··········91
    5.1.2 从滑动窗口到选择搜索 ······91
    5.1.3 R-CNN 网络架构及训练过程 ···93
5.2 目标检测指标——二分类器 ········97
5.3 R-CNN 目标检测模型评估结果 ······100
    5.3.1 R-CNN 用于细粒度类别检测 ····108
    5.3.2 R-CNN 用于目标检测与分割 ····109
5.4 R-CNN 的缺陷和 Fast R-CNN 的改进 ····110
    5.4.1 R-CNN 的缺陷 ············110
    5.4.2 感兴趣区域池化 ··········111
    5.4.3 Fast R-CNN 创新损失函数设计 ···113

## 目 录

- 5.5 Fast R-CNN 网络架构和模型评估 ·············· 115
  - 5.5.1 Fast R-CNN 模型工作流程 ············· 115
  - 5.5.2 Fast R-CNN 网络架构 ··················· 116
  - 5.5.3 RoI 池化反向传播方法 ··················· 116
  - 5.5.4 Fast R-CNN 结果评估 ··················· 117
- 5.6 Fast R-CNN 的创新 ······························ 118
  - 5.6.1 Faster R-CNN 的创新思想 ············· 118
  - 5.6.2 替代选择搜索的锚框 ···················· 119
  - 5.6.3 区域建议网络 ······························ 120
- 5.7 深入剖析 Faster R-CNN 中边界框回归 ······ 123
  - 5.7.1 为什么使用边界框回归 ·················· 124
  - 5.7.2 边界框回归的数学支撑 ·················· 125
- 5.8 Faster R-CNN 的全景架构和损失函数 ······· 127
- 5.9 Faster R-CNN 的训练步骤及测试步骤 ······· 129
  - 5.9.1 Faster R-CNN 的训练步骤 ············· 129
  - 5.9.2 Faster R-CNN 的测试步骤 ············· 131
- 5.10 详细讲解 Faster R-CNN 关键部分 RoI 代码 ······ 132

## 第 6 章 目标检测的一阶段学习方法 ·············· 134

- 6.1 YOLO 目标检测思想 ·············· 135
  - 6.1.1 改进思想 ······························ 136
  - 6.1.2 网格单元 ······························ 137
  - 6.1.3 YOLO 创新细节 ······················ 138
- 6.2 YOLO 的网络结构、网络与损失函数 ······ 140
  - 6.2.1 YOLO 的网络结构 ··················· 140
  - 6.2.2 YOLO 的网络训练与损失函数 ······ 142
- 6.3 YOLO 模型评估、优劣势分析 ··············· 144
  - 6.3.1 YOLO 数据集 ························ 145
  - 6.3.2 YOLO 模型评估 ······················ 145
  - 6.3.3 YOLO 模型优缺点 ··················· 146
- 6.4 YOLOv2 实现更好、更快、更强 ··············· 149
- 6.5 YOLOv2 改进 YOLOv1——更好 ··············· 149
  - 6.5.1 批归一化 ······························ 150
  - 6.5.2 高分辨率分类器 ······················ 150
  - 6.5.3 预设锚框并采用全卷积 ············· 150

## 6.5.4 框聚类 ... 151
## 6.5.5 约束边框位置 ... 153
## 6.5.6 细粒度特征 ... 154
## 6.5.7 多尺度训练 ... 154
## 6.5.8 实验对比 ... 156
## 6.6 YOLOv2 使用 Darknet-19——更快 ... 158
### 6.6.1 Darknet-19 ... 158
### 6.6.2 三阶段训练 ... 159
### 6.6.3 YOLOv2 的损失函数 ... 161
## 6.7 使用 WordTree 的 YOLO9000——更强 ... 164
### 6.7.1 组合两种数据集的必要性 ... 164
### 6.7.2 构建 WordTree 进行分层分类 ... 165
### 6.7.3 在组合数据集上训练 YOLO9000 ... 167

# 第 7 章 YOLOv3 创新思想及整体架构 ... 170
## 7.1 YOLOv3 的创新改进 ... 170
## 7.2 YOLOv3 的关键创新点 ... 171
### 7.2.1 106 层的 Darknet-53 主干网络架构 ... 171
### 7.2.2 三级检测 ... 176
### 7.2.3 更擅长检测较小的物体 ... 177
### 7.2.4 更多的锚框 ... 177
### 7.2.5 损失函数 ... 178
## 7.3 YOLOv3 的三级检测输出过程 ... 179
## 7.4 YOLOv3 的非极大值抑制 ... 183
## 7.5 YOLOv3 的检测效果 ... 184
## 7.6 SSD 多尺度特征图目标检测思想 ... 185
## 7.7 SSD 网络架构 ... 191
### 7.7.1 SSD 网络基础架构 ... 191
### 7.7.2 扩张卷积 ... 192
### 7.7.3 SSD 与 YOLOv3 ... 193
### 7.7.4 SSD 网络检测物体方法 ... 193
## 7.8 SSD 网络损失函数 ... 194
### 7.8.1 默认框匹配策略 ... 194
### 7.8.2 损失函数 ... 195
## 7.9 SSD 较 YOLOv3 的劣势 ... 196

## 第8章 构建 Darknet-53 网络实践 ································ 198
### 8.1 Darknet-53 网络工程结构和配置 ································ 198
### 8.2 实践代码 ································ 200
### 8.3 构建 Darknet-53 网络前向传递过程 ································ 203
#### 8.3.1 构建 Darknet-53 的模块 ································ 203
#### 8.3.2 Darknet-53 的模块详解 ································ 205
### 8.4 YOLOv3 实现检测层特征图到边界的预测值转变 ································ 209
#### 8.4.1 参数讲解 ································ 209
#### 8.4.2 实现步骤和代码 ································ 210
### 8.5 YOLOv3 演示边框生成过程 ································ 212
### 8.6 YOLOv3 处理低阈值边框 ································ 214
#### 8.6.1 思路讲解 ································ 215
#### 8.6.2 代码实践 ································ 215
### 8.7 YOLOv3 非极大值抑制过程 ································ 218
#### 8.7.1 延续上一节代码讲解 NMS 过程 ································ 219
#### 8.7.2 NMS 后的整理 ································ 220
### 8.8 YOLOv3 演示 NMS 过程找到最优框 ································ 220
#### 8.8.1 运行检测代码演示 ································ 220
#### 8.8.2 运行结果分析 ································ 221
### 8.9 YOLOv3 实现工业工具检测 ································ 224
#### 8.9.1 YOLOv3 工业实践需求分析及目标分析 ································ 225
#### 8.9.2 数据采集标注与数据预处理部分 ································ 226
#### 8.9.3 模型训练部分 ································ 230
#### 8.9.4 模型优化部分 ································ 239

## 第9章 YOLOv4 目标检测方法 ································ 240
### 9.1 YOLOv4 目标检测创新路径及技巧体系 ································ 240
#### 9.1.1 速度与精度双提升 ································ 240
#### 9.1.2 YOLOv4 技巧汇总 ································ 240
### 9.2 YOLOv4 大型网络架构及其主要创新改进 ································ 246
#### 9.2.1 空间金字塔结构 ································ 246
#### 9.2.2 路径增强网络 ································ 247
#### 9.2.3 使用 YOLOv4 的网络详情 ································ 248
#### 9.2.4 CSPDarknet-53 网络 ································ 254
#### 9.2.5 YOLOv4 网络全景关系 ································ 255

9.3　YOLOv4 中的激活函数 ········································· 256
　　9.3.1　各激活函数的比较 ····································· 256
　　9.3.2　keras 实现三种激活函数性能比较 ······················· 260
9.4　YOLOv4 中的损失函数 C-IoU ··································· 263
　　9.4.1　L1 和 L2 损失的缺陷 ···································· 264
　　9.4.2　IoU 和 IoU 损失 ······································· 264
　　9.4.3　G-IoU、D-IoU 和 C-IoU ································ 265
9.5　YOLOv4 中的新型批标准化 ···································· 268
　　9.5.1　各种批标准化 ········································· 268
　　9.5.2　跨迭代标准化 ········································· 270

## 第 10 章　EfficientDet 目标检测方法 ······························· 272

10.1　复合缩放 ·················································· 272
10.2　双向特征金字塔网络 ········································ 274
10.3　EfficientDet 体系结构 ······································ 276
　　10.3.1　输入图像分辨率缩放 ·································· 276
　　10.3.2　BiFPN 缩放 ·········································· 277
　　10.3.3　框/类预测网络缩放 ··································· 277
　　10.3.4　主干网 ·············································· 277
10.4　EfficientDet 推理效果和不足之处 ···························· 279
　　10.4.1　EfficientDet 推理效果 ································ 279
　　10.4.2　EfficientDet 不足之处 ································ 282

参考文献 ························································ 284

# 第 1 章

# 计算机视觉及目标检测

## 1.1 计算机视觉原理

### 1.1.1 人类视觉与计算机视觉比较

如图 1-1-1 所示,对人类来说,视觉的定义是运用感觉设备——眼睛将看到的世界转变为图像或视频,再通过理解设备——大脑来解释景象;对计算机来说,运用感觉设备——摄像头拍摄图像或视频,再通过理解设备——计算机对图像进行处理,目的是解释出与人类识别相同的景象。

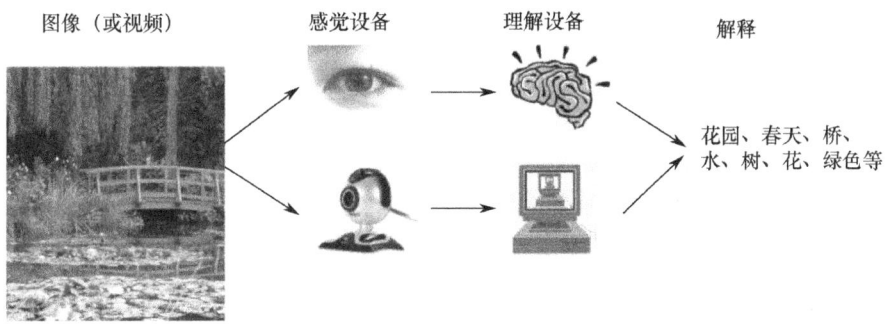

图 1-1-1 人类视觉与计算机视觉的异同

人类的视觉高效性主要体现为分辨准确率高及视觉反应速度快。Thorpe 等学者在 1996 年的调查发现,人类在色彩斑斓的图像测试中分辨图像的准确率高达 97%;该调查还发现,人类辨别动物及非动物仅需 150 ms,如图 1-1-2 所示。

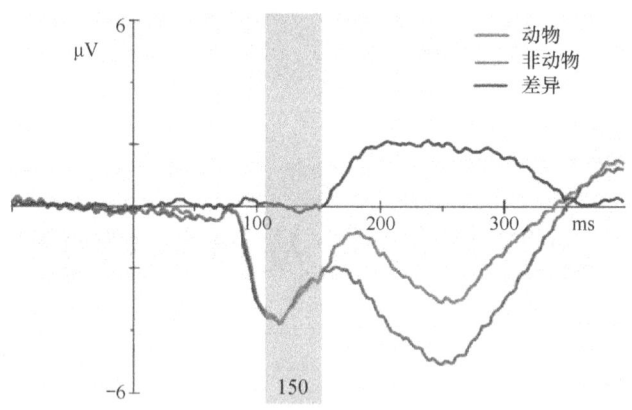

注：彩插页有对应彩色图片。

图 1-1-2　人类视觉分辨效率

但是，人类的视觉存在缺陷，即会有视错觉。视错觉或称为网纹阴影错觉，从麻省理工学院大脑与认知科学系的 Edward H. Adelson 教授发表惊人的检验员阴影光学错觉实验开始引发世人关注。大家不妨猜测一下，图 1-1-3 中被标记为 A 和 B 的两个方块是否为同一个颜色？

你是否会说正方形 A 的颜色比正方形 B 的颜色暗？事实上，它们的亮度是相同的，可以通过添加几条辅助线来证明这一点，如图 1-1-4 所示。

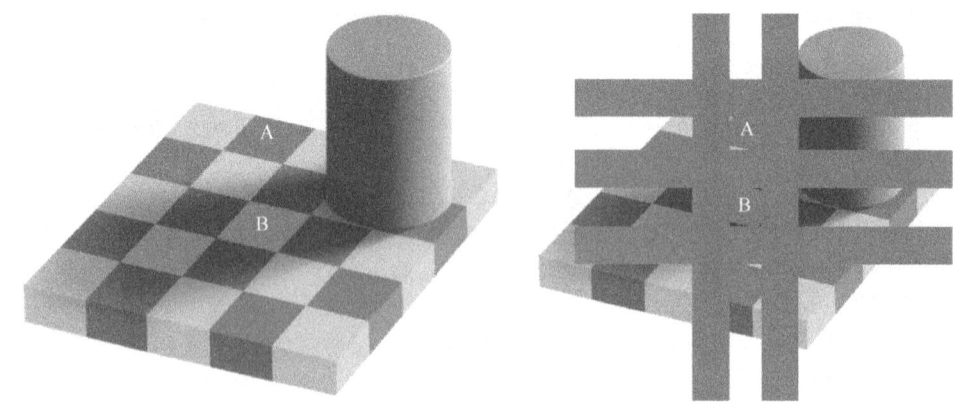

图 1-1-3　错觉测试　　　　　　　图 1-1-4　错觉测试解答

### 1.1.2　计算机视觉应用展现

在现实生活中，图像和视频是无处不在的，80%的网络流量是图像和视频。计算机视觉领域诞生的原因，就是需要学习人类视觉高效准确部分，摒弃错觉的影响，扬长避短。

计算机视觉应用非常广泛，如 AI 艺术。马里奥·克林格曼（Mario Klingemann）是机器学习艺术家和 AI 艺术先驱，他利用生成对抗网络（Generative Adversarial Networks，GAN）实现了"艺术创作"：通过模仿几千幅欧洲著名艺术家的画作，构建了一个 AI 面部生成器。精准的算法和模仿能力使这些 AI 作品看起来与大师的古油画没有什么区别，如图 1-1-5 所示。

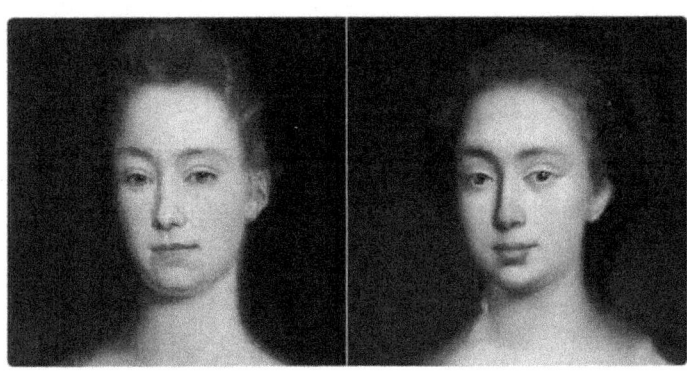

资料来源：马里奥·克林格曼人工智能艺术网站。

图 1-1-5　使用 AI 生成可以"以假乱真"的油画

还可运用计算机视觉重建三维立体图形。图 1-1-6 所示为 3D 重建的罗马斗兽场。

资料来源：Google Earth VR 图像。

图 1-1-6　3D 重建的罗马斗兽场

可以从图像中提取哪些信息？可以提取的信息包括三维信息及语义信息。如图 1-1-7 所示，计算机视觉可以识别的语义信息大到整个公园场景，以及作为背景的天空及树、水、摩天轮，小到具体的雨伞及在排队的人等。

图 1-1-7 语义信息识别

计算机视觉有很多前沿应用，其中很多都使用了深度学习技术，此处介绍几个绚丽而神奇的例子。利用循环生成对抗网络（Cycle Generative Adversarial Networks，CycleGAN）实现的图像风格转移，可以将图像从一种风格转换为另一种风格，如图 1-1-8 所示，把斑马（zebra）变成普通马（horse），把普通马变成斑马；实现夏（summer）景与冬（winter）景互相转换。还可以将图像（photograph）转变成画家的画风，如莫奈（Monet）、梵高（Van Gogh）、塞尚（Cezanne）和日本的浮世绘（Ukiyo-e）风格。

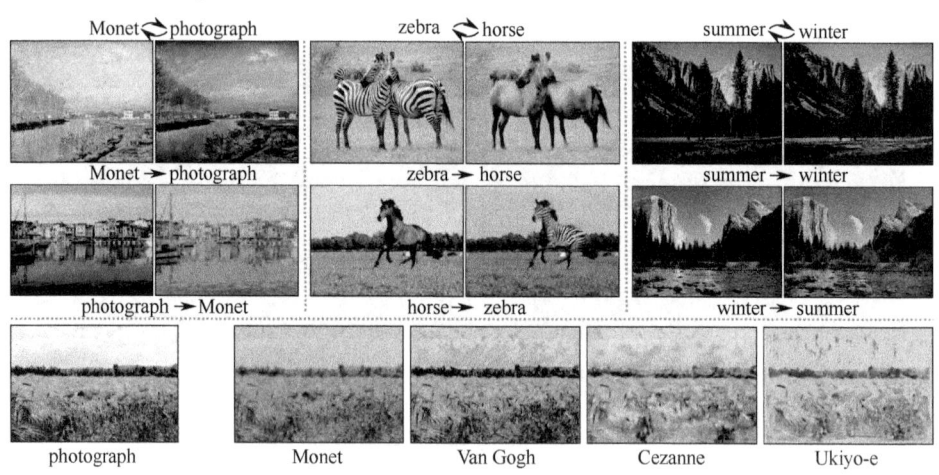

图 1-1-8 CycleGAN 转换

如图 1-1-9 所示，在纸上画一个如右下角所示的眼睛的简易图，利用三维生成对抗网络（3D GAN），即可生成各式各样、栩栩如生的眼睛。

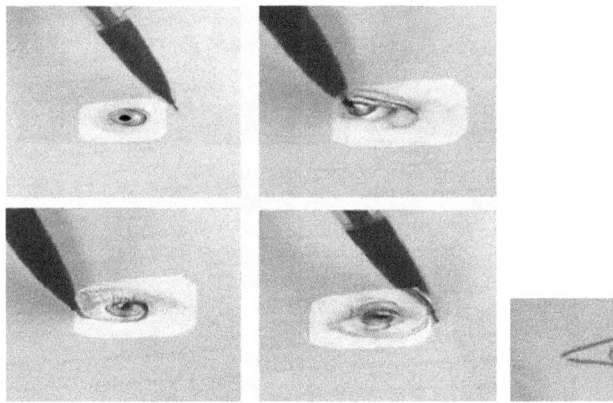

图 1-1-9　3D GAN 画眼

利用生成对抗网络，可以进行一些非常艺术的渲染。可利用深度学习与计算机视觉相结合的技术，将抹布、充电器分别变为立体的海礁、火苗，如图 1-1-10 所示。

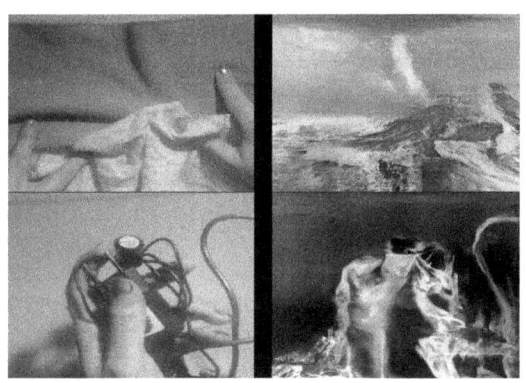

资料来源：Stanford Vision Lab。

图 1-1-10　利用简单图像实现特效风格渲染

图 1-1-11 所示的图像是运用神经风格迁移（Neural Style Transfer）方法合成的图像。其中，图 1-1-11(a)所示为日常生活的风景照，图 1-1-11(b)所示为著名画家梵高的作品《星空》。对两者进行神经风格迁移时，在保留图 1-1-11(a)的内容的前提下，应用图 1-1-11(b)的风格，从而形成合成图像。如图 1-1-11(c)所示，合成后的图像浑然天成，仿佛大师的新作。只要将艺术家的风格套用在普通图像上，所有人都可以做出美丽的油画。

注：彩插页有对应彩色图片。

图 1-1-11　神经风格迁移图

在特效方面，运用计算机视觉处理，可依据形状和动作进行捕捉，如电影《加勒比海盗》中的章鱼船长，如图 1-1-12 所示。

资料来源：《加勒比海盗》特效制作纪录片。

图 1-1-12　电影特效图

计算机视觉在三维城市建模中发挥了重要作用，与之前所提到的三维罗马斗兽场不同，如图 1-1-13 所示，微软的三维制图软件 Photosynth 通过对所拍摄的一幅幅图像建模，还原了整个三维图形。

第 1 章　计算机视觉及目标检测

人脸检测是计算机视觉最常见的应用，手机、照相机、智能安防中都有人脸检测的"身影"，如图 1-1-14 所示。

资料来源：微软三维制图软件 Photosynth 官方介绍。　　资料来源：Sony 相机人脸识别宣传册。

图 1-1-13　图像建模还原城市　　　　　　　图 1-1-14　照相机人脸检测运用

微笑检测比人脸检测更进一步，该方法只有在微笑时才能检测出，如图 1-1-15 所示。

资料来源：Sony 相机 Cyber-Shot 系列宣传册。

图 1-1-15　微笑检测

光学字符识别（Optical Character Recognition，OCR）也是常用技术，该技术可以将扫描的文档转换成文本并输出。运用光学字符识别技术，可以精确识别小区中的车辆、高速公路上的车牌，如图 1-1-16 所示。

· 7 ·

基于深度学习的目标检测原理与应用

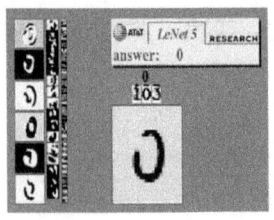
数字识别

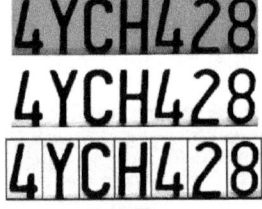
车牌识别

资料来源：AT&T 数字识别实验室。

图 1-1-16　光学字符识别

汽车行驶安全中最重要的是行人检测。运用机器学习进行智能驾驶，首先应考虑路上的行人检测；其次是车道检测、信号灯检测、指示牌检测等。本书将介绍行人检测和车道检测项目。

将计算机视觉运用在无人超市中，Amazon Go 是很好的范例。当消费者走进超市，一个智能摄像头就会识别出消费者，之后消费者拿取任何商品，摄像头都可以锁定消费者，即使把商品放到口袋里或一些不容易看到的地方，如图 1-1-17 所示。

资料来源：Amazon Go 推广宣传视频。

图 1-1-17　Amazon Go 无人超市

## 第1章 计算机视觉及目标检测

基于视觉交互世界中,3D看房、宠物小精灵是增强现实运用的案例;VR可带领人身临其境,进入虚拟现实,如图1-1-18所示。

计算机视觉不仅在地球上得以运用,还可以帮助人类探索外星宇宙。例如,美国宇航局的火星探测车"勇气号"进行计算机视觉,包括全景拼接、三维地形建模、障碍探测、位置跟踪等任务。

资料来源:Pokemon GO 宣传视频。

图1-1-18 视觉交互

## 1.2 目标检测概述

1.1节已向大家介绍了计算机视觉强大的魔力,本节将概述目标检测,讲述其概念及其重要应用,特别是实现目标检测的各种传统方法和深度学习方法。

### 1.2.1 计算机视觉三大主要任务

计算机视觉的三大主要任务是分类、检测和分割。图像分类(Image Classification)将图像结构化为某一类别的信息,用事先确立好的类别和实例来描述图像,是最基础的图像理解手段。图1-2-1(a)所示为图像分类,包括瓶子(bottle)、茶杯(cup)、立方体(cube)。图1-2-1(b)所示为目标检测(Object Detection),包括定位和识别两部分,定位需找到物体的位置,找到瓶子、茶杯、立方体的位置并给出识别标签。分割是对图像的像素级描述,赋予每个像素一个类别意义,适用于理解要求较高的场景,如无人驾驶中对道路和非道路的分割。分割包括语义分割(Semantic Segmentation)和实例分割(Instance Segmentation),语义分割是对背景分离的拓展,要求分离具有不同语义的图像部分,如图1-2-1(c)所示,例如,为区分图像中属于杯子的所有像素，把这些像素涂成浅灰色；实例分割是检测任务的拓展，要求描述目标的轮廓，针对个体而非类别，如图 1-2-1(d)所示，瓶子是蓝色的，杯子是绿色的，不同的个体颜色表示也不同。

(a) 图像分类

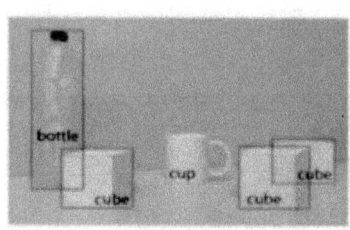

(b) 目标检测

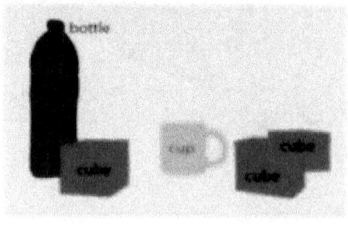

(c) 语义分割

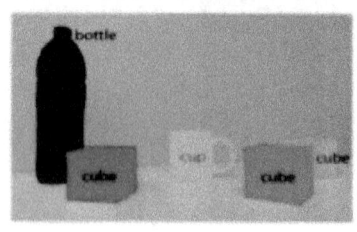

(d) 实例分割

资料来源：Andrew Ng Coursera 目标检测课程。

注：彩插页有对应彩色图片。

图 1-2-1　分类、检测与分割

对单物体而言，分类就是通过算法对整幅图像给出一个最大置信度的类别标签；定位即加上具体的红框，标示位置并且给出标签，如图 1-2-2 所示。对多物

资料来源：Andrew Ng Coursera 目标检测课程。

图 1-2-2　目标检测猫狗分类示意

体而言,分别标示物体位置且写下猫、狗和鸭标签,如果前期能够准确检测,则分割会变容易,因此,目标检测是计算机视觉领域首要解决的问题。

### 1.2.2 目标检测的应用

当前,人脸识别应用范围广。通过人脸识别,可以进行支付、购物、进入无人超市,以及在一些图像应用中对人脸进行"美颜"等。人脸识别示例如图1-2-3所示。

资料来源:IBM Diversity in Faces 数据集。

图 1-2-3 人脸识别示例

除此之外,人脸识别还可运用于安防、犯罪嫌疑人追踪,如天眼,如图 1-2-4 所示。

资料来源:公安部天眼新闻报道。

图 1-2-4 罪犯追踪

目标检测还可用于行人检测，如商场人流量检测、车站人流量检测，进而为政府及相关部门提供一些公共设施改进的策略及建议。

自动驾驶也是目标检测的一个重要应用。自动驾驶是各种目标检测的大集合，如车牌识别、车辆识别、车道识别、行人识别、信号灯识别、交通标志识别等，如图 1-2-5 所示。

资料来源：凤凰网自动驾驶汽车板块。

图 1-2-5　自动驾驶

### 1.2.3　目标检测面临的挑战

#### 1. 目标多位置

目标可能出现在任意位置，从而给检测带来很大的困难，如图 1-2-6 所示。

资料来源：Udacity 车辆数据集。

图 1-2-6　目标多位置

#### 2. 目标多尺度

目标多尺度即目标的大小不一，如图 1-2-7 所示，同样是牛，相机镜头与目标的远近不同,造成目标尺度的多变性。

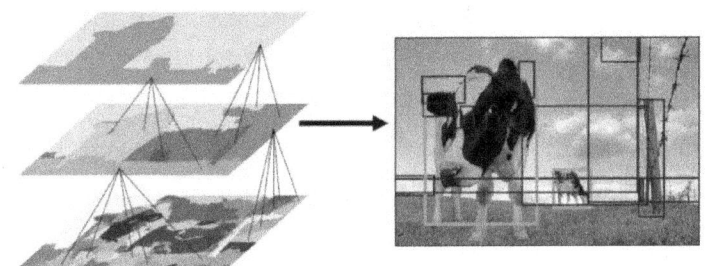

注:彩插页有对应彩色图片。

图 1-2-7　目标多尺度

### 3. 目标多姿态

如图 1-2-8 所示,行人有各种各样的姿态,另外,骑自行车的人与行走的人也有不同的姿态。

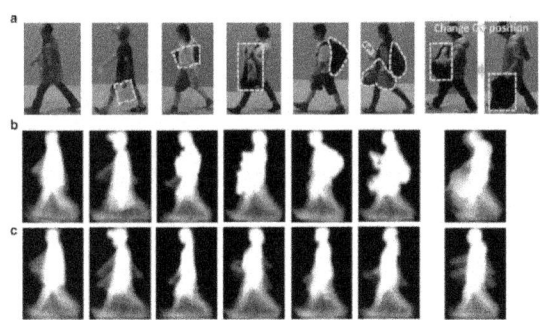

资料来源: OU-ISIR 室外步态识别数据集。

图 1-2-8　目标多姿态

## 1.2.4　目标检测方法

传统计算机视觉问题的解决思路如下:首先对图像数据进行预处理;然后人工提出特征。大部分研究集中在如何使人工提取的特征更加精准上,例如,梯度方向直方图(Histogram of Oriented Gridients,HOG)算法与支持向量机(Support Vector Machine,SVM)算法结合使用,进行目标检测。但人工提取的方式存在特征不强的缺陷,或者说泛化能力较弱。泛化能力是指已训练好的模型可以在其他数据集或者其他任务中使用的能力。例如,一类特征针对某一特定问题处理较好,但是对其他问题效果却不尽如人意。

# 基于深度学习的目标检测原理与应用

当前流行的深度学习方法比传统方法更强大。通过深度学习算法进行端到端的学习，从输入图像到输出任务结果可一步完成。所以，本书主要讲解基于深度学习方法。作为对比，还会讲解一小部分传统方法。

深度学习方法中的目标检测，常见的有两阶段目标检测方法和一阶段目标检测方法。在两阶段目标检测方法中，首先由算法生成一系列作为样本的候选框，再通过卷积神经网络进行样本分类。常见的算法有 Region-CNN（R-CNN）、Fast R-CNN 和 Faster R-CNN 等。一阶段目标检测方法不需要产生候选框，而是直接将目标框定位问题转化为回归问题进行处理，这种方法的速度非常快，常见的有 You Only Look Once（YOLO）系列算法（如 YOLO、YOLOv2、YOLOv3、YOLOv4）和 Single Shot MultiBox Detector（SSD）等。

本书将围绕深度学习方法展开目标检测技术从入门到进阶的讲解。为了方便基础比较薄弱的读者更快入门，在本书前面部分增加了有助于后面部分理解的必要的铺垫，如相关数学基础、跨平台计算机视觉和机器学习软件库 OpenCV 和 PyTorch 等编辑工具基础。然后就是深度学习基础，特别是卷积神经网络用于分类，因为这个分类都是与检测紧密相连的。接着就是本书最为精彩的部分：两阶段深度学习方法、一阶段深度学习方法。最后是 4 大实战项目讲解，对于技能掌握是非常重要的，也有助于读者牢牢掌握目标检测的各种应用方法。

# 第 2 章

# 计算机视觉数学、编程基础

本章将介绍计算机视觉学习中会用到的数学和编程基础知识,为后续学习做准备。

## 2.1 向量、矩阵和卷积

### 2.1.1 向量

由多个数 $X_1, X_2, \cdots, X_n$ 组成的有序数组,称为向量。向量在计算机视觉中可以表示坐标系上的点,如平面上的点$(x, y)$、三维中的点$(x, y, z)$。向量的常用操作有向量的点积(Dot Product)和向量的叉积(Cross Product)。从代数意义上看,向量的点积是对两个向量中的每组对应元素求乘积,再对所有积求和;从几何意义上看,向量的点积可计算两个向量之间的角度,是一个向量在另一个向量方向上的投影。向量的点积得到的结果是一个标量,如式(2-1)和式(2-2)所示。

$$\boldsymbol{a} \cdot \boldsymbol{b} = a_1 b_1 + a_2 b_2 + \cdots + a_n b_n \tag{2-1}$$

$$\boldsymbol{a} \cdot \boldsymbol{b} = |\boldsymbol{a}||\boldsymbol{b}|\cos\theta \tag{2-2}$$

向量的叉积主要用在三维中,通过两个向量的叉积,生成第三个垂直于向量 $\boldsymbol{a}$ 和向量 $\boldsymbol{b}$ 构成的平面,其中 $\boldsymbol{i}$、$\boldsymbol{j}$、$\boldsymbol{k}$ 表示 3 个坐标轴的单位向量,从而可以在三维空间中建立 $x$、$y$、$z$ 坐标系。向量的叉积仍为一个向量,也可称为法向量,如式(2-3)所示。

$$(x_1, y_1, z_1) \times (x_2, y_2, z_2) = \begin{vmatrix} \boldsymbol{i} & \boldsymbol{j} & \boldsymbol{k} \\ x_1 & y_1 & z_1 \\ x_2 & y_2 & z_2 \end{vmatrix} = (y_1 z_2 - y_2 z_1)\boldsymbol{i} - (x_1 z_2 - x_2 z_1)\boldsymbol{j} + (x_1 y_2 - x_2 y_1)\boldsymbol{k}$$

$$(2-3)$$

向量的范数(Norm)可以简单形象地理解为向量的长度,或者向量到零点的

距离，或者相应的两个点之间的距离，表示为

$$\|x\|_2 = \sqrt{\sum_{i=1}^{n} X_i^2} \qquad (2\text{-}4)$$

### 2.1.2 矩阵

矩阵（Matrix）是一个按照长方阵列排列的复数或实数集合。矩阵在计算机视觉中重要的应用是用来表达一幅图像，如图 2-1-1 所示。

资料来源：法国报纸《晨报》中的图像。

图 2-1-1　运用矩阵表达图像

矩阵的另一个重要运用是射影变化，将三维的点$(x, y, z)$转换成二维的点$(x, y)$，公式如下：

$$\boldsymbol{M} = \begin{bmatrix} f_x & 0 & C_x \\ 0 & f_y & C_y \\ 0 & 0 & 0 \end{bmatrix} \qquad (2\text{-}5)$$

矩阵相乘的几何意义为两个线性变换的复合，公式如下：

$$\begin{bmatrix} x_1 & x_2 \\ x_3 & x_4 \end{bmatrix} \begin{bmatrix} y_1 & y_2 \\ y_3 & y_4 \end{bmatrix} = \begin{bmatrix} x_1 y_1 + x_2 y_3 & x_1 y_2 + x_2 y_4 \\ x_3 y_1 + x_4 y_3 & x_3 y_2 + x_4 y_4 \end{bmatrix} \qquad (2\text{-}6)$$

### 2.1.3 卷积

最开始，卷积（Convolution）是一个物理概念，出现在信号与线性系统中，对系统的单位响应与输入信号求卷积，以求得系统的输出信号。后来，卷积被运用在数字图像处理中，与最初的原理相通，只是进一步将一维函数变成二维卷积核（卷积模板），在图像上滑动。每次滑动计算相当于矩阵的点积，直到把整幅图像遍历，如图 2-1-2 所示。

## 第 2 章 计算机视觉数学、编程基础

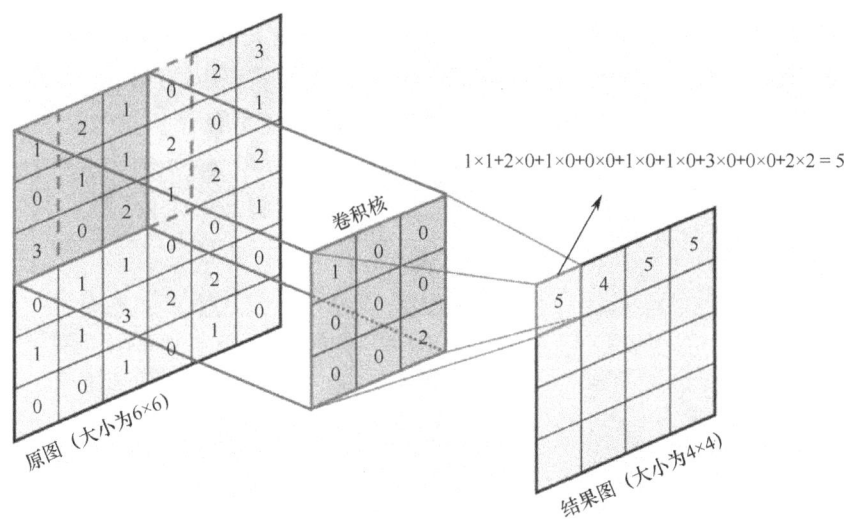

图 2-1-2　卷积原理示例①

高斯卷积（高斯模糊，Gaussian Blur）是常用的卷积应用之一。为了使图像没有突出的特征点，引入了模糊的概念。简易的模糊方法是选取每个像素周边像素的平均值。高斯模糊不是简单选取平均值，而是用高斯分布与图像做卷积，换句话说，就是加权，即将某点的像素用周围点的加权来表示，距离该点距离越近的点权重越大，越远的点权重越小，从而减少"被平均"的偏误，如图 2-1-3 所示。二维高斯函数表达式为

$$G(x,y) = \frac{1}{2\pi\sigma^2} e^{-(x^2+y^2)/2\sigma^2} \tag{2-7}$$

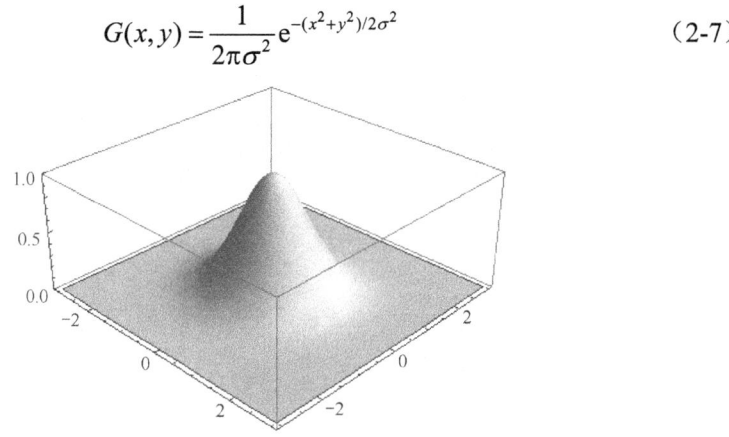

注：彩插页有对应彩色图片。

图 2-1-3　高斯函数立体图

---

① 本书默认图像的单位为像素，如"6×6"表示"6 像素×6 像素"。

不同卷积会造成不同的效果。双边滤波（Bilateral Filter）更接近磨皮的效果，比原始图像更光滑；高斯滤波会模糊原始图像。加入噪声后检测，双边滤波和高斯滤波基本可去除噪声。运用不同滤波的对比如图 2-1-4 所示。

(a) 原始图像　　　(b) 双边滤波后的图像　　　(c) 高斯滤波后的图像

(d) 加入高斯噪声的原始图像　(e) 双边滤波后的图像　(f) 高斯滤波后的图像

资料来源：莱娜·瑟德贝里肖像图。

图 2-1-4　运用不同滤波的对比

卷积神经网络（Convolutional Neural Networks，CNN）与高斯卷积不同之处在于，其每层都运用多个卷积核。如图 2-1-5 所示，一只狗的图像，经过一个卷积层，会输出多幅图像。一般来说，运用 3×3 的卷积核即可生成多幅不同特征的图像。其好处是可以使用不同的卷积核学习不同的特征。

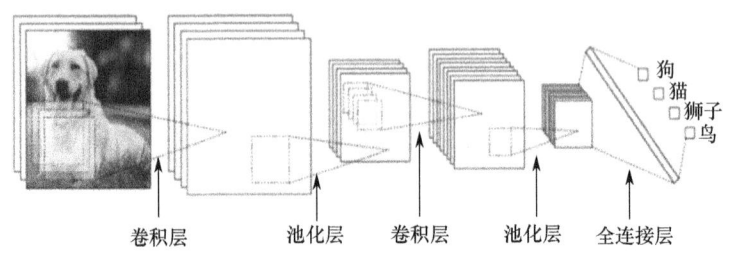

资料来源：Andrew Ng Coursera 卷积神经网络课程。

图 2-1-5　卷积神经网络

## 2.2　函数极值理论与非极大值抑制

在深度学习的建模与优化过程中，因为大多数需要解决的现实问题不像方程式一样有闭式解,所以需通过建立一个损失函数,使得模型的预测结果无限靠近真实值。具体方法就是将损失函数的损失值尽可能降低,也就是求损失函数的极值。

在目标检测中预测网络通常会产生大量的预测候选框(Anchor Box/Bounding Box),而且预选框的数量要远远大于被检测的目标数。这时需要用到非极大值抑制来消除掉不需要的候选框。

### 2.2.1 函数极值理论

为什么求函数的极值?深度学习、机器学习建模过程就是寻找一个最优解,达到最好的预测效果,简单来说,就是通过降低损失函数的损失来求得模型的最优参数。

如何求函数的最小值?一般就是求导数为零的点,但导数为零的点一定是极值点吗?不一定,当一阶导数为 0 时,可能是一条平行于 $x$ 轴的直线,根本没有极大和极小的问题,因此,一阶导数为 0 是极值点的必要条件,而非充分条件。再如,$f(x)=-x^3$ 的函数图像如图 2-2-1 所示,虽然在 $x=0$ 处函数的一阶导数为 0,但是 $x=0$ 并不是函数的极值点。如果是极值点,不是上凹,就是下凹。如果是上凹,则极值点处的二阶导数一定大于 0,为极小值点;如果是下凹,则极值点处的二阶导数一定小于 0,为极大值点。

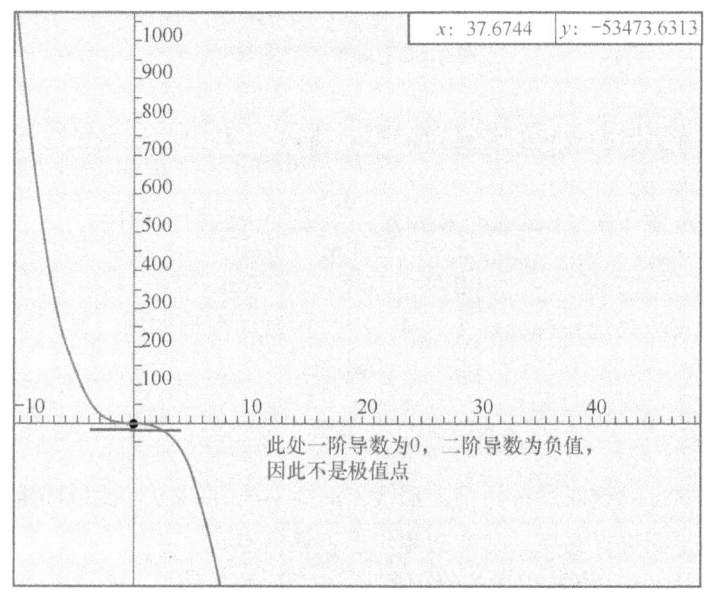

图 2-2-1　$f(x)=-x^3$ 的函数图像

在使用深度学习解决实际问题的过程中,很难找出与实际问题相吻合的函数 $f(x)$,因此,使用梯度下降法使模型预测的结果不断靠近正确值。所谓梯度,就是在多维坐标空间中,该点处的方向导数沿着该方向取得最大值,即函数在该点处沿着该方向(此梯度的方向)变化最快、变化率最大(为该梯度的模)。直观地理解,在图 2-2-2 中,起始点 $A$ 到达最低点 $B$ 最快捷的路径,就是沿着梯度方向下降,其函数表达式为 $f(x,y) = x^2 + y^2$,假设 $A$ 点的坐标为 $(1,1)$,则该点的梯度 $g = \dfrac{\Delta f(x,y)}{\Delta x} + \dfrac{\Delta f(x,y)}{\Delta y} = 2 + 2 = 4$。注意,梯度是一个向量,不是标量。

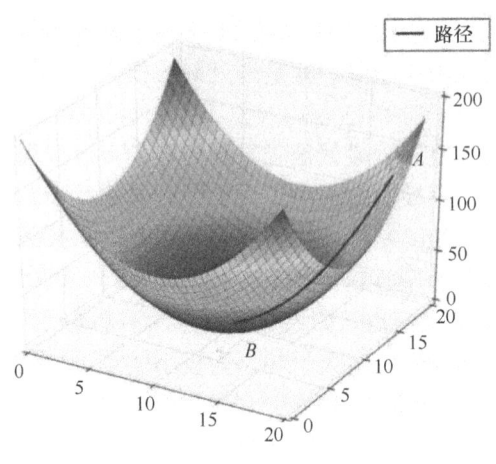

图 2-2-2 函数三维图像

梯度下降更新参数 $w$ 的公式为 $w' = w - \mathrm{lr}\dfrac{\mathrm{d}y}{\mathrm{d}w}$,其中,$w'$ 是经过一轮更新得到的参数;lr 是学习率(Learning Rate);$\dfrac{\mathrm{d}y}{\mathrm{d}w}$ 是损失函数的梯度。

假设损失函数是 $\mathrm{kernel} = \begin{bmatrix} 0 & 1 & 0 \\ 1 & -4 & 1 \\ 0 & 1 & 0 \end{bmatrix}$,函数的图形如图 2-2-3 所示,相应的 $x' = w - 0.005 \times \dfrac{\mathrm{d}y}{\mathrm{d}x}$,其中,0.005 就是学习率,当 $x = 3$ 时,$\dfrac{\mathrm{d}y}{\mathrm{d}x} \approx -5.9$。如果这里没有使用 lr 对 $x$ 的更新进行约束,那么 $x' = 3 - (-5.9) = 8.9$,比以前更大,因此,用 lr 对参数更新进行约束,使参数逐步逼近极值点。

但是,从 $x = 3$ 出发求出的极值就在 $A$ 点,显而易见,$A$ 点并不是在定义域内真正的极值点,而是一个局部最优点,真正的全局最优点在 $B$ 点。这就引出随机梯度下降法。

随机梯度下降法，顾名思义，就是随机在坐标上选择多个起始点进行梯度下降，从而避免局部最优的问题。如图 2-2-3 所示，对于函数 $f(x)=x^2\sin x$，$x$ 的定义域为 $(-10,10)$，在定义域中随机取多个 $x$ 进行梯度下降，最后就能找到全局最优点 $B$ 点。

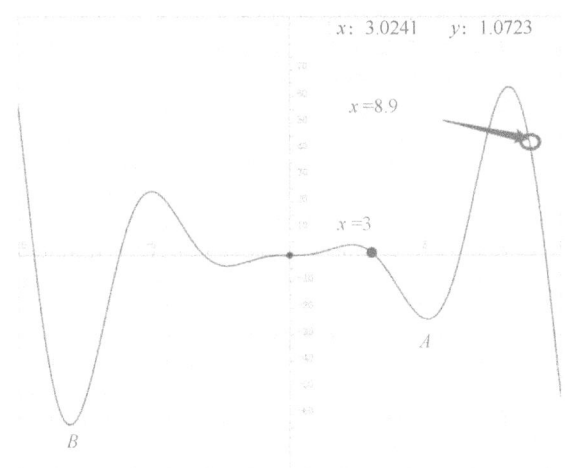

图 2-2-3　$f(x) = x^2\sin x$

以上计算 $f(x)$ 结果的过程是正向传播，利用计算结果对参数 $w$ 进行更新的过程是反向传播，只不过在 PyTorch 或者 TensorFlow 等框架中，是通过神经网络进行的，我们将在第 4 章进行详细讲解。

### 2.2.2　非极大值抑制

候选框是指候选出有可能存在物体的框。如图 2-2-4 所示，一张图中有众多候选框，狗的眼睛、鼻子甚至狗的整体，都属于单独的候选框。

资料来源：最小森林 CSDN 博文。

图 2-2-4　候选框案例图

如何在众多候选框中挑出有用的候选框？这将涉及新的概念——交并比（IoU）。交并比是预测框与真值框的交集与并集的比值。如图 2-2-5 所示，假设 $A$ 是候选框，$B$ 是正确的真值框，则 IoU = $A \cap B / A \cup B$。

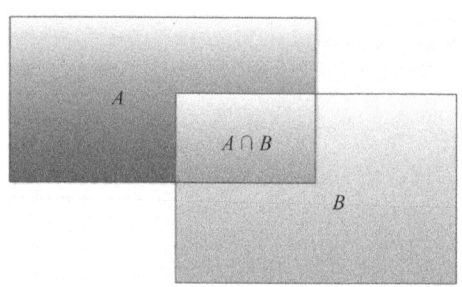

图 2-2-5 交并比示意图

通过非极大值抑制（Non-Maximum Suppression，NMS）剔除定位不太精确的框的过程如下。

输入：候选框 $B$ 的列表、对应的置信度 $S$ 和重叠阈值 $N$。

输出：过滤后的候选框列表 $D$。

选择候选框的过程如图 2-2-6 所示。

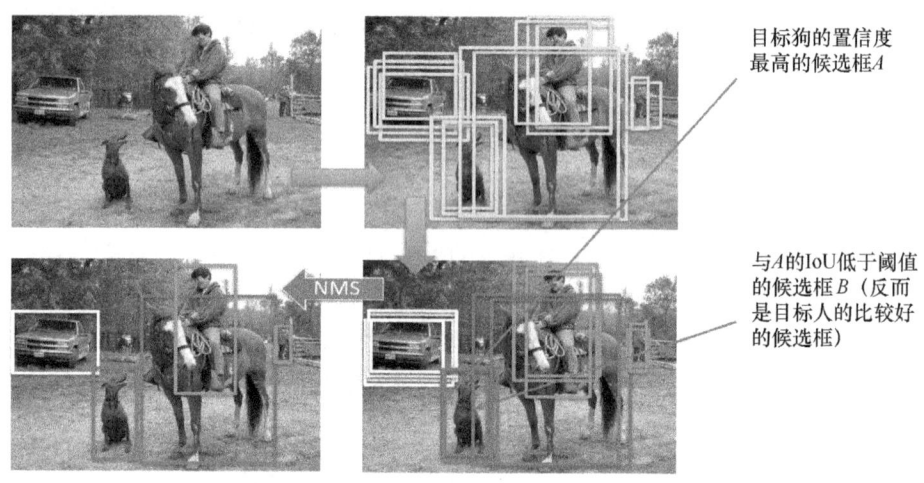

资料来源：非极大值抑制论文。

图 2-2-6 选择候选框的过程

（1）选择置信度（得分）最高的候选框，将其从 $B$ 中移除，并将其添加到最终候选框列表 $D$（最初 $D$ 为空）中。

（2）将（置信度最高的候选框与所有候选框进行比较——计算该候选框与其他候选框的交并比。如果交并比大于阈值$N$，则从$B$中删除该候选框。为什么不删除小于阈值$N$的候选框？因为这些候选框虽然不是框住当前这个目标的好的候选框，但可能是框住其他目标的好的候选框，所以不能删除。

（3）再次从$B$剩余的候选框中取出具有最高置信度的候选框，将其从$B$中删除并添加到$D$中。

（4）再次计算$B$中的所有候选框与步骤（3）中选出的候选框的交并比，并剔除交并比高于阈值的框。重复这个过程，直到$B$中没有更多的候选框。

非极大值抑制代码如下。

```
#//第2章/2.2.2 非极大值抑制
dets = np.array([[83, 54, 165, 163, 0.8], [67, 48, 118, 132, 0.5],
[91, 38, 192, 171, 0.6]], np.float)
#[x1、y1、x2、y2框中是否有物体的置信度(scores)]

def nms(dets, thresh):    #dets为候选框，thresh为交并比阈值
    x1 = dets[:, 0]
    y1 = dets[:, 1]
    x2 = dets[:, 2]
    y2 = dets[:, 3]
    scores = dets[:, 4]
    areas = (x2 - x1 + 1) × (y2 - y1 + 1)    #所有box面积
    order = scores.argsort()[::-1]    #降序排列得到scores的坐标索引
    print('score=',order)

    keep = []
    while order.size > 0:
        i = order[0]    #最大得分box的坐标索引
    keep.append(i)
        xx1 = np.maximum(x1[i], x1[order[1:]])
        yy1 = np.maximum(y1[i], y1[order[1:]])
        xx2 = np.minimum(x2[i], x2[order[1:]])
        yy2 = np.minimum(y2[i], y2[order[1:]])
        #最高得分的box与其他box的公共部分(交集)
w = np.maximum(0.0, xx2 - xx1 + 1)
        h = np.maximum(0.0, yy2 - yy1 + 1)    #求并集高和宽
        inter = w × h    #并集的面积
print('order[1:] = ',areas[order[1:]])
        print('areas[i] = ',areas[i] )
        print('order[1:] = ', areas[i] + areas[order[1:]])
        ovr = inter / (areas[i] + areas[order[1:]] - inter) #交并比
```

```
            inds = np.where(ovr <= thresh)[0]   #如果框的交并比小于阈值，则
表明该框与其对比的框不在一个目标上（没有发生一个目标出现多个候选框情况），则保留下
来这些框。以此类推，就能去除同一个目标上重叠的框
            order = order[inds + 1]   #交并比小于阈值的框

    return keep
```

## 2.3 跨平台计算机视觉和机器学习软件库 OpenCV 基础

### 2.3.1 OpenCV 的历史起源

跨平台计算机视觉和机器学习软件库 OpenCV 是由 Intel 公司开发的。目前，OpenCV 是在计算机视觉领域应用最广泛的开源工具包，其架构基于 C 和 C++语言之上，支持 Linux、Windows、MacOS、Android、iOS 等操作系统，并且为 Python、Java、MATLAB 等编程语言提供接口。OpenCV 最早源于 Intel 公司于 1998 年的一个研究项目，当时计算机视觉领域工程师 Gary Bradski 为了使大学实验室的研究人员基于前沿的函数快速上手，于是创建了 OpenCV 这个高性能的公用库。自 2009 年 Gary Bradski 加入 Willow Garage 之后，Willow Garage 就开始负责 OpenCV 的维护。OpenCV 开源工具包完全免费，因此在科研领域和商业领域得以广泛运用。

### 2.3.2 安装 OpenCV

对于 MacOS 和 Linux 用户，可以直接在终端中安装（这里要注意，由于版本原因，不要使用 Synaptic 在 Linux 系统中安装 OpenCV）；对于 Windows 用户，建议先安装 Anaconda 环境，再安装 OpenCV。

在 Anaconda 上安装 OpenCV3，代码如下。
```
conda install --channel https://conda.anaconda.org/menpo opencv3
```
在安装完成后，打开一个 Python 的脚本，执行"import cv2"命令。如果命令不出错，证明已经安装成功。另外，还可以通过"cv2.__version__"（连写两个下画线）命令查看当前版本。

### 2.3.3 OpenCV 图像和视频的读/写

本节介绍图像的读/写和视频的读/写。在处理图像时，首先需要将这幅图像读取到一个变量当中，此时，需要用到 cv2.imread()函数。该函数需要两个参数，一

个是图像的名称，另一个是读取的格式，形如 cv2.imread("img.jpg",1)。可选择的读取格式有 3 种：0 为灰度图像；1 为彩色图像；-1 为原始图像。注意，当图像不存在时，OpenCV 不会报错，但 print()时会输出 None，具体代码如下。

```
#读取图像
import numpy as np
import cv2

#0 为灰度图像；1 为彩色图像；-1 为原始图像（不做改动）
image = cv2.imread("C:\\...\\img1.jpg",1)
print(image)
```

若 cv2.imread()函数输出正常，则表示已经成功保存所要求的图像在 image 这个变量中，之后用 OpenCV 的 cv2.imshow()函数可将变量中的信息还原到窗口中。该函数同样需要两个参数：一个参数是定义的窗口名称，另一个参数是保存图像信息的变量，如 cv2.imshow("image", image)。注意，可以同时打开多个窗口，但不同窗口必须分配不同的名称。cv2.waitKey()函数会等待键盘的输入，如果没有接收到键盘的输入，则不会继续往下运行脚本，但当设置参数为 0 且接收到一个键盘输入时，就会继续往下运行脚本。另一个重要的函数是 cv2.destroyAllWindows()函数，该函数会关闭当前打开的所有 OpenCV 窗口，代码如下。

```
#显示图像
cv2.imshow("image",image) #显示图像
cv2.waitKey(0)  #读取键盘按键
cv2.destroyAllWindows() #关闭窗口
```

如果需要先加载一个空窗口再加载图像，则可用 cv2.namedWindow()函数。该函数只需一个参数，即窗口名称。若想要在打开窗口的情况下调整窗口的大小，则可将 cv2.WINDOW_NORMAL 参数加入 cv2.namedWindow()函数。窗口大小的参数可用 cv2.resizeWindow("image", 600, 600)来完成。在保存图像时，可以运用 cv2.imwrite()函数，该函数的参数分别为文件名称和图像变量，保存成功后，会返回 True，代码如下。

```
gray = cv2.cvtColor(image,cv2.COLOR_BGR2GRAY)
cv2.imwrite("img3_gray.jpg",gray)   #保存图像
```

除 OpenCV 外，Matplotlib 也是 Python 中好用的处理图像的工具包，这里展示的是一个 Matplotlib 的例子。需要注意的是，OpenCV 加载的图像格式是 BGR 格式，而 Matplotlib 加载的图像格式是 RGB 格式，因此，在处理图像时，最好不要混用两种工具包。在一些必须混用的情况下，一定要记得转换一下图像格式，代码如下。

```
#//第2章/2.3.3使用Matplotlib处理图像
import cv2
import numpy as np
from matplotlib import pyplot as plt

img = cv2.imread("img2.jpg",0)
plt.imshow(img,cmap = "gray",interpolation = "bicubic")
plt.xticks([]),plt.yticks([])
plt.show()
```

结果是得到灰度图像，如图2-3-1所示。

图 2-3-1　灰度图像

以上是由 Matplotlib 完成的图像读取与显示的代码，图像的读取运用的是 matplotlib.image 函数，图像显示运用的是 matplotlib.pyplot 函数。由 RGB 转换成 BGR，用一行代码即可完成，若本身是单通道图像，则应将其增加至三通道再进行转换，代码如下。

```
#Matplotlib 的 RGB 格式转换为 OpenCV 的 BGR 格式
img = img[:,:,::-1]
```

img[:,:,::-1]的具体含义如下：图像张量有 3 个维度，分号隔开的部分分别表示宽度、高度和颜色通道，宽度和高度都不变。其中，[::-1]的作用是对颜色通道把 RGB 转换成 BGR。对于 a[i:j:s]：i,j 表示复制范围为 a[i]到 a[j-1]，以生成新的 list 对象，s 表示步长，默认为 1，因此，a[i:j:1]相当于 a[i:j]。在 s<0 的情况下，当 i 缺省时，默认为-1；当 j 缺省时，默认为-len(a) -1，因此，a[::-1]相当于 a[-1: -len(a) -1: -1]，也就是从最后一个元素到第一个元素复制一遍，即倒序，相当于左右翻转，RGB 左右翻转就是 BGR。

讨论完 OpenCV 图像的读/写之后，下面进一步探讨 OpenCV 中视频的读/写。在 OpenCV 中进行视频的读/写也是非常方便的，需要用到 cv2.VideoCapture()函数。该函数可以读取两种视频格式：一种是读取摄像头设备捕获的视频信息，例如，读取内置摄像头捕获的视频时，需要将参数设置为 0；另一种读取格式是将参数设置为视频文件的名称，即可读取视频文件。注意，因为是一帧一帧地捕获视频的，所以，在播放视频时，速度可能与原视频速度不一样。在以下例子中，读取的就是视频文件。在视频的读/写当中，还有以下几点注意事项：利用

cap.isOpened()函数可查看视频是否已经成功初始化；利用 cap.read()函数可以逐帧读取视频信息；利用 cap.get(3)函数、cap.get(4)函数可以分别获得宽和高；利用 cap.set(3,所需宽度)和cap.set(4,所需宽度)函数可以改变视频的大小，代码如下。

```
#//第2章/2.3.3 OpenCV 视频读/写
import numpy as np
import cv2
import time

cap = cv2.VideoCapture("output.avi")

while (cap.isOpened()):
    ret, frame = cap.read()

    #gray = cv2.cvtColor(frame, cv2.COLOR_BGR2GRAY)
    try:
        cv2.imshow("frame",frame)
        time.sleep(0.03)
    except:
        break
    if cv2.waitKey(0) & 0xFF == 27:
        break
cap.releasse()
cv2.destroyAllWindows()
```

利用 cv2.VideoWriter()函数可以保存视频，注意，在使用这个函数时，需要创建视频的格式。在下方的例子中将介绍如何提取计算机内置摄像头信息，并将提取的信息保存在本地，代码如下。

```
#//第2章/2.3.3 保存视频
import numpy as np
import cv2

cap = cv2.VideoCapture(0)

#创建视频格式
fourcc = cv2.VideoWriter_fourcc(*"XVID")
out = cv2.VideoWriter("output.avi",fourcc,20.0,(640,480))

while(True):
    ret,frame = cap.read()   #逐帧读取
    out.write(frame)   #逐帧将视频写入out
```

```
        cv2.imshow("frame",gray)   #逐帧显示
        if cv2.waitKey(0) & 0xFF == 27:
                break

cap.release()    #停止拍摄
out.release(
cv2.destroyAllWindows()
```

执行该代码后,会跳出自己计算机的内置摄像头,按【Esc】键可以退出。

### 2.3.4 OpenCV 基本操作

本节主要介绍以下3个方面的内容:一是图像基本操作,例如,如何提取图像的 BGR 数值、如何识别图像的长宽信息;二是颜色空间变换及应用,例如,追踪某一特定颜色的物体;三是几何变换,例如,如何旋转、翻转图像。

首先介绍 OpenCV 对图像的基本操作。当读者需要用到图像的宽和高的信息时,可以利用 image.shape()函数读取信息。对于彩色图像,可读取图像的高、宽和通道数量;对于灰度图像,可以读取图像的高和宽,代码如下。

```
        #获得图像的属性
        height,width,channels = img.shape()   #彩色图像
        height,width = img.shape()    #灰度图像
```

要想读取一个像素的 BGR 数值,可以把这个像素所在的行数(height)和这个像素所在的列数(width)当作 img 的索引。要想获取一个像素中蓝色通道的像素值,只需在加入前两个参数后,再添加一个通道的索引。代码所给出的例子是蓝色通道,蓝色通道的索引值为 0,绿色通道和红色通道的索引值分别为 1 和 2。

截取一幅图像中的某一部分,只需给出一个行的区间和一个列的区间。在范例中截取的是 100~300 行及 205~408 列的区间。

图像通道的拆分可用 cv2.split()函数,利用该函数可以获得不同通道的数值。在这里有一点需要注意,如果分别显示不同通道的图像,则得到的只是一个灰度图像。图像通道的合并可以用 cv2.merge()函数,利用该函数可以得到一个彩色的图像,代码如下。

```
#//第 2 章/2.3.4 获取并修改像素值
#1.获取像素的值
img[200,180] #获取所有通道的像素值
img[100,90,0] #获取蓝色通道的像素值
#-----------------------------
#2.修改像素值
img[100,90] = [255,255,255]
```

```
#---------------------------------------
#3.图像形状
print(img.shape)   # (1000, 750, 3)
#形状中包括行数、列数和通道数
height, width, channels = img.shape
#img 是灰度图的话：height, width = img.shape
#---------------------------------------
#4.图像的 RoI
img[100:300,205:408]
#---------------------------------------
#5.图像通道的拆分与合并(方法 1)
b,g,r = cv2.split(img)
img = cv2.merge((b,g,r))
#5.图像通道的拆分与合并(方法 2，更推荐的获取某一通道的方式)
b = img[:,:,0]
cv2.imshow("b",b)
cv2.waitKey(0)
```

结果如图 2-3-2 所示。

资料来源：伊万卡·特朗普肖像图。

图 2-3-2　图像的 RoI 及拆分为灰度图像输出结果

## 2.3.5　OpenCV 颜色空间转换

OpenCV 支持彩色图像与高灰度图像的空间转换，可以通过 cv2.cvtColor()函数来完成。转换彩色图像到灰度图像，可直接将转换的类型设置成 COLOR_BGR2GRAY（color BGR to Gray）。除此之外，OpenCV 还支持从 BRG 到 HSV 的转换，在 HSV 中，H 代表色调，S 代表饱和度，V 代表明暗程度。这种颜色空间的表达相比于 RGB 和 BGR 更直观，因此，在图像领域会大量运用 HSV 空间，代码如下。

```
#BGR 到 Gray 的转换
flag = cv2.COLOR_BGR2GRAY
#BGR 到 HSV 的转换
flag = cv2.COLOR_BGR2HSV
```

将 BGR 空间转换为 HSV 空间有什么相关应用呢？由于 HSV 空间更容易表示一个特定颜色，所以，可以通过提取某个特定颜色来实现及时跟踪。

OpenCV 颜色空间转换实例代码如下。

```
#//第2章/2.3.5 OpenCV 颜色空间转换
import cv2
img = cv2.imread('lena.jpg')

#1.转换成灰度图
img_gray = cv2.cvtColor(img, cv2.COLOR_BGR2GRAY)
cv2.imshow('img', img)
cv2.imshow('gray', img_gray)
cv2.waitKey(0)
#2.获取所有的转换模式
flags = [i for i in dir(cv2) if i.startswith('COLOR_')]
print(flags)

#蓝色的 HSV 值
import numpy as np
blue = np.uint8([[[255, 0, 0]]])
hsv_blue = cv2.cvtColor(blue, cv2.COLOR_BGR2HSV)
print(hsv_blue)   #[[[120 255 255]]]

#3.追踪蓝色物体（运用计算机自身摄像头）
capture = cv2.VideoCapture(0)
#蓝色的范围，不同光照条件下不一样，可灵活调整
lower_blue = np.array([100, 110, 110])
upper_blue = np.array([130, 255, 255])
while(True):
    #捕获视频中的一帧
    ret, frame = capture.read()

    #从 BGR 转换到 HSV
    hsv = cv2.cvtColor(frame, cv2.COLOR_BGR2HSV)

    #inRange(): 介于 lower/upper 之间的为白色，其余为黑色
    mask = cv2.inRange(hsv, lower_blue, upper_blue)
```

```
#只保留原始图像中的蓝色部分
res = cv2.bitwise_and(frame, frame, mask=mask)

cv2.imshow('frame', frame)
cv2.imshow('mask', mask)
cv2.imshow('res', res)
if cv2.waitKey(1) == ord('q'):
    break
```

转换成灰度图像的输出结果如图 2-3-3 所示，使用计算机内置摄像头捕捉蓝色物体的结果如图 2-3-4 所示。

图 2-3-3　转换成灰度图像的输出结果

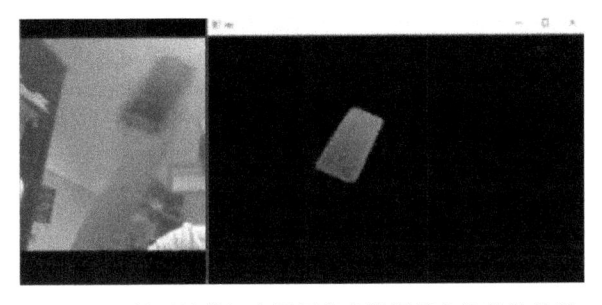

图 2-3-4　使用计算机内置摄像头捕捉蓝色物体的结果

## 2.3.6　OpenCV 几何变换

OpenCV 图像的放大或缩小，用到的函数是 cv2.resize()，有如下两种方式：第一种方式是指定图像被放大或缩小到多大，可通过 resize(img, (height,width)) 函数来实现；第二种方式是通过 fx 和 fy 这两个参数来实现放大或缩小。在案例中，将 fx 和 fy 都设置成 2，意思是把图像在 $x$ 轴和 $y$ 轴方向上都放大为原来的 2 倍。

在 OpenCV 中，可用 cv2.flip() 函数翻转图像。同样，该函数需要两个参数：

一个是变量名；另一个是 flag。flag 参数有 3 种形式，当 flag=0 时，将图像沿着 $x$ 轴翻转；当 flag＞0 时，如 flag=1，将图像沿着 $y$ 轴翻转；当 flag＜0 时，如 flag=-1，将图像沿着 $x$ 轴翻转一次，再沿着 $y$ 轴翻转一次，或者将图像沿着 $y$ 轴翻转一次，再沿着 $x$ 轴翻转一次，这两种结果是一样的。

除上面提及的缩放及翻转外，OpenCV 还提供了两个几何变换：仿射变换和透视变换。仿射变换用 cv2.warpAffine()函数实现，简单来说是一个平面变换，或者说是二维坐标系的变换。透视变换用 cv2.warpPerspective()函数实现，透视变换可以称为三维坐标系变化。例如，长方形经过仿射变换，会呈现一个平行四边形的形状；长方形经过透视变换，可能呈现一个梯形或不规则的四边形。这两种变换的两个函数所需要的参数都是 3 个，第一个参数是原始图像的变量，第二个参数是转移矩阵（Transformation Matrix），第三个参数是输出图像的大小。这里需要注意的一点是，两种变换所需要的变换矩阵是不同的。仿射变换是二维的，因此，它需要一个 2×3 的矩阵；透视变换是三维的，因此，它需要一个 3×3 的矩阵。

几何变换代码如下。

```
#//第2章/2.3.6 OpenCV 几何变换
import cv2
img = cv2.imread('drawing.jpg')

#1.按照指定的宽度、高度缩放图像
res = cv2.resize(img, (132, 150))
#按照比例缩放
res2 = cv2.resize(img, None, fx=2, fy=2, interpolation=cv2.INTER_LINEAR)
cv2.imshow('shrink', res), cv2.imshow('zoom', res2)
cv2.waitKey(0)
cv2.destroyAllWindows()

#2.翻转图像
import numpy as np
#参数2=0: 垂直翻转(沿x轴)，参数2>0: 水平翻转(沿y轴)
#参数2<0: 水平垂直翻转
dst = cv2.flip(img, -1)
#np.hstack: 横向并排，对比显示
cv2.imshow('flip', np.hstack((img, dst)))
#np.hstack: 横向并排，对比显示
cv2.waitKey(0)
cv2.destroyAllWindows()
```

图 2-3-5 所示为图像翻转示意图。

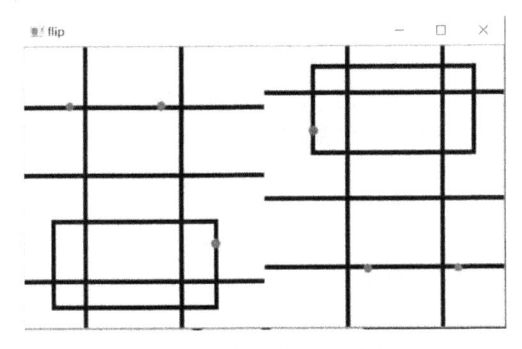

图 2-3-5　图像翻转示意图

```
#3.平移图像
rows, cols = img.shape[:2]
#定义平移矩阵,须是 NumPy 的 float32 类型
#x 轴平移 100,y 轴平移 50
M = np.float32([[1, 0, 100], [0, 1, 50]])
dst = cv2.warpAffine(img, M, (cols, rows))
cv2.imshow('shift', dst)
cv2.waitKey(0)
cv2.destroyAllWindows()
```

图 2-3-6 所示为图像平移示意图。

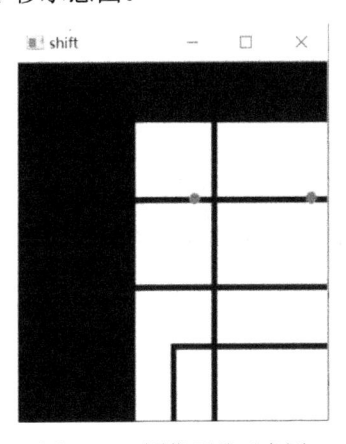

图 2-3-6　图像平移示意图

```
#4.45°顺时针旋转图像并缩小为原来的一半
M = cv2.getRotationMatrix2D((cols / 2, rows / 2), -45, 0.5)
dst = cv2.warpAffine(img, M, (cols, rows))
cv2.imshow('rotation', dst)
cv2.waitKey(0)
```

图 2-3-7 所示为图像旋转及缩小示意图。

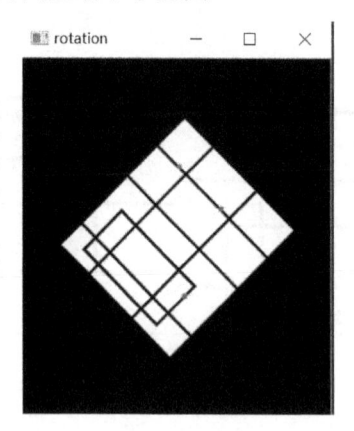

图 2-3-7　图像旋转及缩小示意图

## 2.3.7　OpenCV 图像简单阈值处理

OpenCV 可以利用一个阈值对图像进行整体处理，称为简单阈值处理。简单阈值处理可以用于图像分割。在 OpenCV 中，简单阈值可以通过 cv2.threshold() 函数来实现，该函数需要 4 个参数：第一个参数是原始图像；第二个参数是一个阈值；第三个参数是被赋予的新值；第四个参数是方法选择参数。代码举例如下：cv2.threshold(img, 127, 255, 方法参数)。在该例中，阈值被设置为 127，新值被设置成 255。方法参数有以下 5 种选择。

（1）二值化处理 cv2.THRESH_BINARY：如果高于阈值，则被设置成 255；如果低于阈值，则被设置成 0。

（2）反二值化处理 cv2.THRESH_BINARY_INV：如果所产生的效果与 binary 相反，即如果高于阈值，则被设置成 0；如果低于阈值，则被设置成 255。

（3）截断阈值化处理 cv2.THRESH_TRUNC：超过阈值部分被设置为阈值的数值。

（4）归零阈值化处理 cv2.THRESH_TOZERO：低于阈值部分被设置为 0。

（5）反归零阈值化处理 cv2.THRESH_TOZERO_INV：高于阈值部分被设置为 0。

图像简单阈值处理的代码如下。

```
#//第 2 章/2.3.7 OpenCV 图像简单阈值处理
import numpy as np
import cv2
from matplotlib import pyplot as plt
```

```
img = cv2.imread('cat.jpeg',0)
ret,thresh1=cv2.threshold(img,127,255,cv2.THRESH_BINARY)
ret,thresh2=cv2.threshold(img,127,255,cv2.THRESH_BINARY_INV)
ret,thresh3=cv2.threshold(img,127,255,cv2.THRESH_TRUNC)
ret,thresh4=cv2.threshold(img,127,255,cv2.THRESH_TOZERO)
ret,thresh5=cv2.threshold(img,127,255,cv2.THRESH_TOZERO_INV)

titles = ['Original Image','BINARY','BINARY_INV','TRUNC','TOZERO',
'TOZERO_INV']
images = [img, thresh1, thresh2, thresh3, thresh4, thresh5]

#pyplot的绘图方法
for i in range(6):
    plt.subplot(2,3,i+1),plt.imshow(images[i],'gray')
    plt.title(titles[i])
    plt.xticks([]),plt.yticks([])

plt.show()
```

图 2-3-8 所示为图像简单阈值处理。

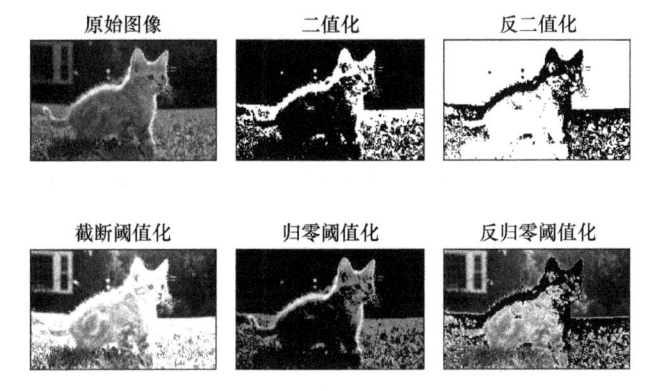

图 2-3-8 图像简单阈值处理

当用简单阈值来进行图像分割时，会根据图像的灰度信息提取前景，尤其是对于图像中的前景与背景有较强对比度时更为有效。例如，在图 2-3-9 中就可以通过图像阈值分割（二值化）对图像进行分割。分割出的图像，应更加关注苹果的形状信息，而不是该苹果每部分的颜色或者是灰度之类的信息。反之，如果图像的对比度比较弱，则需要通过图像平滑方法进行提前加工后，再进行图像分割。

图 2-3-9　图像阈值的应用

一般来说，图像平滑（模糊）的目的有两个：一个是边缘提取，可以通过高通滤波（HPF）来实现；另一个是图像平滑，可以通过低通滤波（LPF）来实现。常说的平滑处理，即对图形进行降噪，可使图像变模糊。最简单的图像平滑可以通过均值滤波来实现。均值滤波对一个方块内的像素进行平均计算，并将平均值赋予到中间像素的方式来进行图像平滑，这个过程可以通过使用内核的方式来完成，如图 2-3-10 所示。

$$K = \frac{1}{25}\begin{bmatrix} 1 & 1 & 1 & 1 & 1 \\ 1 & 1 & 1 & 1 & 1 \\ 1 & 1 & 1 & 1 & 1 \\ 1 & 1 & 1 & 1 & 1 \\ 1 & 1 & 1 & 1 & 1 \end{bmatrix}$$

图 2-3-10　均值滤波原理

同样以图 2-3-10 举例，采用一个 5×5 的内核，这种方式使得中间像素更接近它周围的像素，从而实现平滑作用。由于均值滤波是通过取平均值的方式来进行的图像平滑，所以，在平滑图像过程中破坏了一些图像细节，从而使图像模糊。

均值滤波处理代码如下。

```
#//第 2 章/2.3.7 均值滤波处理
import cv2 as cv
import numpy as np
from matplotlib import pyplot as plt
```

```
img = cv.imread('jiaoyan.png')
blur = cv.blur(img,(5,5))   #cv2.blur()即均值滤波，(5,5)为内核大小
plt.subplot(121),plt.imshow(img),plt.title('Original')
plt.xticks([]), plt.yticks([])
plt.subplot(122),plt.imshow(blur),plt.title('Blurred')
plt.xticks([]), plt.yticks([])
plt.show()
```

结果如图 2-3-11 所示。

图 2-3-11　原始图像及均值滤波结果

高斯滤波是另一种图像平滑滤波方式。高斯滤波与均值滤波类似，也通过平均的方式进行图像平滑，但不同的是高斯滤波是通过加权平均的方式进行的。高斯滤波的高斯核有以下特性：第一，高斯核的中心值最大，并且这个值随着与中心元素的距离而递减，形成一个高斯小包山；第二，所有高斯核相加结果为 1；第三，高斯核的边长必须是奇数。高斯滤波可以有效去除高斯噪声。

什么是高斯噪声？在了解高斯噪声之前，先介绍一下高斯分布的图形，如图 2-3-12 所示。

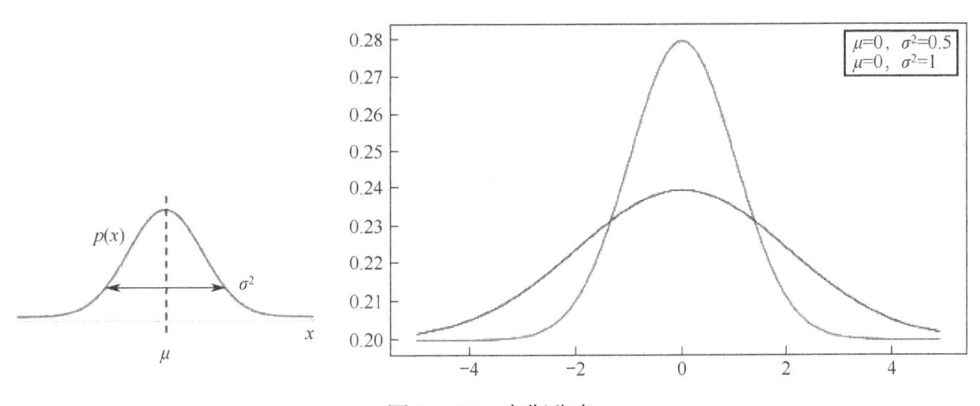

图 2-3-12　高斯分布

高斯分布是一个小山丘的形状，该小山丘的"高矮胖瘦"是由高斯函数的方差决定的。高斯分布的方差越大，小山丘就"越胖越矮"；方差越小，小山丘就"越高越瘦"。"高"的曲线表示方差小，"矮"的曲线表示方差大。

在了解高斯分布之后，就很容易了解高斯噪声了。高斯噪声是指一幅图像中有噪声的像素是符合高斯分布的，如图 2-3-13 所示。换句话说，就是每个像素的噪声的概率都是一个高斯分布。

图 2-3-13　高斯噪声图

对于高斯噪声，可以通过函数 cv.GaussianBlur()来实现图像平滑。该函数有三个参数：第一个参数是原始图像；第二个参数是一个二维数组，代表高斯核的大小，在此需要注意的是，高斯核不一定是正方形，也可以是长方形；第三个参数是方差。

高斯滤波代码如下。

```
#//第2章/2.3.7 高斯滤波
import cv2
import numpy as np

img = cv2.imread('lena.jpg')
img=cv2.resize(img,(300,360))


#高斯滤波不同参数对比
gau_blur3 = cv2.GaussianBlur(img, (3, 3), 0)
gau_blur5 = cv2.GaussianBlur(img, (5, 5), 0)
gau_blur9 = cv2.GaussianBlur(img, (9, 9), 0)

#3 幅图像横向叠加对比显示
res = np.hstack((gau_blur3, gau_blur5, gau_blur9))
```

```
cv2.imshow('gau-compare', res)
cv2.waitKey(0)
```

结果如图 2-3-14 所示。可以看出，高斯核越大，图像越模糊，即平滑作用越强。

图 2-3-14　不同内核输出的高斯滤波图

中值滤波会提取一个方块区域内的中位数，再将这个中位数赋给中心点。相较于均值滤波，中值滤波能更好地去除椒盐噪声，并且不会将图像过度模糊化。在 OpenCV 中，可以通过 cv.medianBlur()函数来实现。该函数有两个参数：第一个参数是原始图像；第二个参数是中值滤波内核的大小。

大家或许对椒盐噪声还有一些陌生，这里以图像的形式介绍椒盐噪声。从字面意思理解，椒盐噪声就像在一幅清晰的图像上撒的几粒椒盐，如图 2-3-15 所示。

图 2-3-15　椒盐噪声

中值滤波消除椒盐噪声的效果好吗？用以下代码范例进行介绍。该中值滤波的内核大小为 9×9，代码如下。

```
#//第2章/2.3.7 中值滤波
import numpy as np
import cv2 as cv
from matplotlib import pyplot as plt
img = cv.imread('jiaoyan.png')
median = cv.medianBlur(img,9)
plt.subplot(121),plt.imshow(img),plt.title('Original')
plt.xticks([]), plt.yticks([])
plt.subplot(122),plt.imshow(median),plt.title('Median')
plt.xticks([]), plt.yticks([])
plt.show()
```

结果如图 2-3-16 所示。可以看出，中值滤波能很好地消除椒盐噪声。

图 2-3-16　原始图像及中值滤波结果

### 2.3.8　OpenCV 形态学转换

OpenCV 中需要介绍的第一种形态学转换是腐蚀。腐蚀是对图像中的高亮区域进行缩减细化，因此，效果图将拥有更小的高亮区域。图像腐蚀可以去除噪声，断开本来相连的两个物体。在 OpenCV 中，可以通过 cv.erode(img, kernel, iterations) 函数实现。

图像膨胀是对图像中的高亮区域进行扩张，扩张的结果是得到比原始图像更多的高亮区域，此外，膨胀还可以用来连接原始图像中分开的两个物体。在 OpenCV 中，膨胀可以通过 cv.dilate(erosion, kernel, iterations) 函数实现。

腐蚀与膨胀的代码如下。

```
#//第2章/2.3.8 腐蚀与膨胀
import cv2 as cv
import numpy as np
from matplotlib import pyplot as plt
```

```
img = cv.imread('embrace.jpg')

kernel = np.ones((5,5),np.uint8)
erosion = cv.erode(img,kernel,iterations = 1)

dilation=cv.dilate(erosion,kernel,iterations=1)

erosion = erosion[:,:,::-1]
img = img[:,:,::-1]
dilation = dilation[:,:,::-1]
plt.subplot(131),plt.imshow(img),plt.title('Original')
plt.xticks([]), plt.yticks([])
plt.subplot(132),plt.imshow(erosion),plt.title('erosion')
plt.xticks([]), plt.yticks([])
plt.subplot(133),plt.imshow(dilation),plt.title('dilation')
plt.xticks([]), plt.yticks([])
plt.show()
```

结果如图 2-3-17 所示。

图 2-3-17 腐蚀与膨胀结果

虽然已经讲解完膨胀和腐蚀，但这两种形态的转换单独拿出来都没有解决现实问题，要将两者合并使用，才会看到明显效果。一种合并方式是对图像进行开（Opening）运算。开运算是对原始图像先腐蚀后膨胀的形态学转换。通过开运算，可以去除图像中存在的噪声。另一种合并方式是对图像进行闭（Closing）运算。闭运算是对图像先膨胀后腐蚀的运算，经常被用来填充前景物体中的小洞或黑点。开运算和闭运算都可以通过 cv2.morphologyEx()函数实现，该函数有三个参数：第一个参数是原始图像；第二个参数是开运算或者是闭运算的选择，开运算为 cv.MORPH_OPEN，闭运算为 cv.MORPH_CLOSE；第三个参数是内核。

开运算和闭运算的代码如下。

```
#//第2章/2.3.8 开运算和闭运算
#开运算
import cv2 as cv
import numpy as np

kernel = np.ones((9,9),np.uint8)
img = cv.imread('opening.png',0)
img = cv.resize(img,(300,360))

opening=cv.morphologyEx(img,cv.MORPH_OPEN,kernel)
cv.imshow('img',img)
cv.waitKey()
cv.imshow('opening',opening)
cv.waitKey()
#闭运算
import cv2 as cv
import numpy as np

kernel = np.ones((9,9),np.uint8)
img = cv.imread('closing.png',0)
img = cv.resize(img,(300,360))
closing=cv.morphologyEx(img,cv.MORPH_CLOSE,kernel)
cv.imshow('original',img)
cv.waitKey()
cv.imshow('closing',closing)
cv.waitKey()
```

图 2-3-18 所示为开运算，图 2-3-19 所示为闭运算。

资料来源：JZJZY GitHub。

图 2-3-18 开运算

第 2 章 计算机视觉数学、编程基础

图 2-3-19 闭运算

## 2.3.9 OpenCV 图像梯度

若想提取图像中的轮廓信息，则可以利用图像梯度信息。简单来说，即对图像在 $x$ 轴和 $y$ 轴上进行求导计算，又称梯度算子，如图 2-3-20 所示。

- 简单来说就是求导

$$\frac{\partial f(x,y)}{\partial x} = f(x+1, y) - f(x, y) = gx$$

$$\frac{\partial f(x,y)}{\partial x} = f(x, y+1) - f(x, y) = gy$$

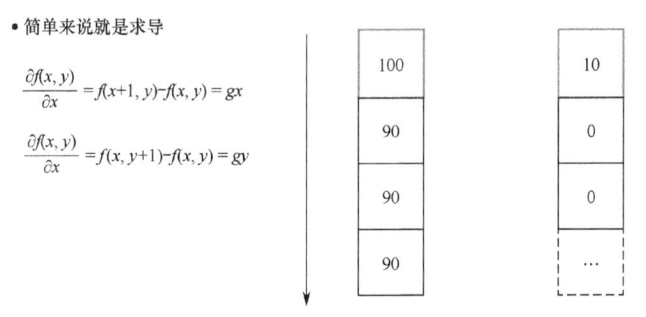

图 2-3-20 梯度算子

Sobel 算子是一个离散微分算子，用来计算图像灰度函数的近似梯度。Sobel 算子提供另一种梯度滤波器，它通过计算像素间的加权差来检测图像中物体边缘的存在。图 2-3-21 所示为 Sobel 算子内核示例，两个内核可以分别用来检测垂直方向和水平方向的内核。

| -1 | 0 | 1 |
|---|---|---|
| -2 | 0 | 2 |
| -1 | 0 | 1 |

| 1 | 2 | 1 |
|---|---|---|
| 0 | 0 | 0 |
| -1 | -2 | -1 |

图 2-3-21 Sobel 算子内核示例

除此之外，Sobel 算子还结合高斯平滑和微分求导，其结果具有抗噪性。当精确性要求不高时，Sobel 算子是一种常用的边缘检测方法。图 2-3-22 所示为通过 Sobel 算子提取图像轮廓。

图 2-3-22　通过 Sobel 算子提取图像轮廓

Laplacian 算子是一个二阶的微分，其定义如下：

$$\Delta \text{src} = \frac{\partial^2 \text{src}}{\partial x^2} + \frac{\partial^2 \text{src}}{\partial y^2} \tag{2-8}$$

这里介绍一个 3×3 的内核模板，Laplacian 算子对噪声敏感，会产生双边的效果。由于 Laplacian 算子不能检测出边的方向，所以，通常不会直接用于边的检测，只起到辅助的作用。3×3 的内核模板如下：

$$\mathbf{kernel} = \begin{bmatrix} 0 & 1 & 0 \\ 1 & -4 & 1 \\ 0 & 1 & 0 \end{bmatrix} \tag{2-9}$$

梯度滤波器的代码如下。

```
#//第2章/2.3.9 梯度滤波器
import cv2
import numpy as np
img= cv2.imread('sudoku.jpg', 0)

#1.自己进行垂直边缘提取
kernel = np.array([[-1, 0, 1],
                   [-2, 0, 2],
                   [-1, 0, 1]], dtype=np.float32)
dst_v = cv2.filter2D(img, -1, kernel)

#自己进行水平边缘提取
dst_h = cv2.filter2D(img, -1, kernel.T)
cv2.imshow('horizontal and vertical', np.hstack((img, dst_v,
```

```
dst_h)))
    cv2.waitKey(0)

#2.使用 Sobel 算子
sobelx = cv2.Sobel(img, -1, 1, 0, ksize=3)   #只计算 x 方向
sobely = cv2.Sobel(img, -1, 0, 1, ksize=3)   #只计算 y 方向
cv2.imshow('sobel', np.hstack((img, sobelx, sobely)))
cv2.waitKey(0)

#3.使用 Laplacian 算子
laplacian = cv2.Laplacian(img, -1)   #使用 Laplacian 算子

cv2.imshow('laplacian', np.hstack((img, laplacian)))
cv2.waitKey(0)
cv2.destroyAllWindows()
```

水平与垂直边缘提取结果如图 2-3-23 所示。3 幅图像依次为原始图像、垂直边缘提取图像、水平边缘提取图像。

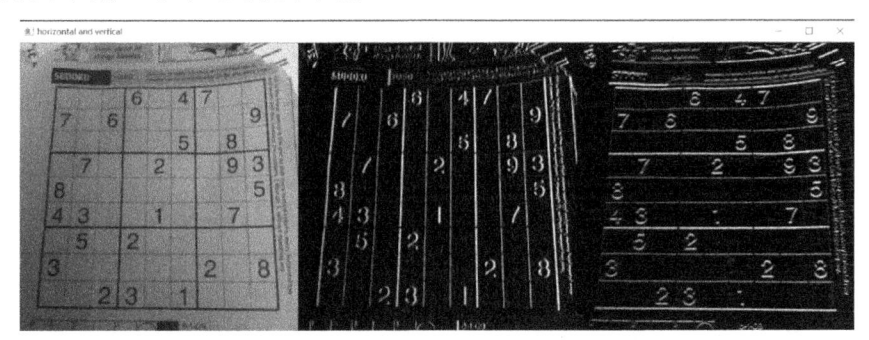

资料来源：报纸数独游戏。

图 2-3-23　水平与垂直边缘提取结果

Sobel 算子结果如图 2-3-24 所示。

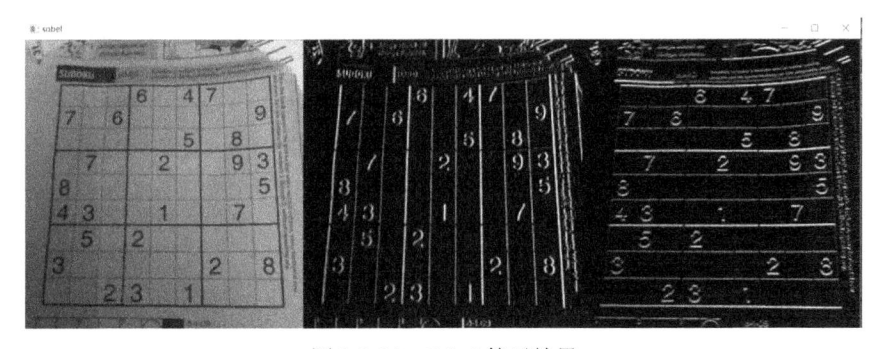

图 2-3-24　Sobel 算子结果

Laplacian 算子结果如图 2-3-25 所示。

图 2-3-25　Laplacian 算子结果

## 2.4　PyTorch 基础

### 2.4.1　PyTorch 简介

PyTorch 是一个开源的 Python 深度学习框架，底层为 C++，与另一个流行的深度学习包 TensorFlow 并称为该领域的"倚天剑对战屠龙刀"。PyTorch 和 TensorFlow 的关键区别如下：TensorFlow 是一个静态框架，而 PyTorch 是一个动态框架。TensorFlow 需要先构建一个 TensorFlow 计算图（构建后不能更改），之后传入不同数据进行计算。固定的计算流程，势必带来不灵活性，如果改变计算逻辑，或者随着时间改变，则这样动态计算 TensorFlow 实现起来会很困难。PyTorch 延续了 Python 优秀的灵活逻辑，即对变量做任何操作都是灵活的，因此，运用 PyTorch 进行程序开发是比较方便的。

总结来说，PyTorch 具备 3 个优势：一是对大的计算图能方便实现；二是能自动求变量导数；三是能在 GPU 上简单运行。

PyTorch 有 3 个层次的抽象，分别是张量（Tensor）、变量（Variable）和模块（Module）。张量是矩阵的运算，十分适合在 GPU 上操作。变量是对张量的一个封装，目的是能够保存该变量在整个计算图中的位置，换句话说，能够记忆计算图中各变量之间的相互依赖关系，从而达到梯度反向传播的目的。模块是更高的层次，是神经网络层的抽象，可以直接调用全连接层、卷积层、激活、批归一化等单个层。

## 2.4.2 PyTorch 安装

只需在 Anaconda/Miniconda 上输入如下代码：conda install PyTorch-c PyTorch，就可以检验 PyTorch 是否安装成功，如果没有报错，就说明已经安装成功。在 Python 层面，用 pip3 install torch 也可以进行安装。

## 2.4.3 张量

张量起源于力学，最初用来表示弹性介质中的各点应力状态（这里不展开讨论）。与大家熟悉的内容相结合，张量其实就是初中阶段学习力学时的矢量的推广。矢量可看作一维张量，因为张量还有零维、一维、二维、三维至无穷维。在数学中，张量是一种几何实体，或者说是一个"数量"。

简单来说，张量就是多维数组的推广，如图 2-4-1 所示。零维张量为常数（标量），一维张量即向量，二维张量即矩阵，三维张量即立方体，等等。

如图 2-4-2 所示，若输入图像是灰度图，则可以用二维张量来表示该灰度图，这个张量的横和纵代表着像素在图中的位置，这个二维张量每个元素的大小都反映像素的大小，从而反映这个像素的明暗情况。

若输入的是彩色图像，不管是 RGB 还是 HSV，则皆为三通道彩色图像，用 RGB 举例，将会得到一个立方体结构，即为三维张量，如图 2-4-3 所示。其中，每层代表一个通道的亮度值。

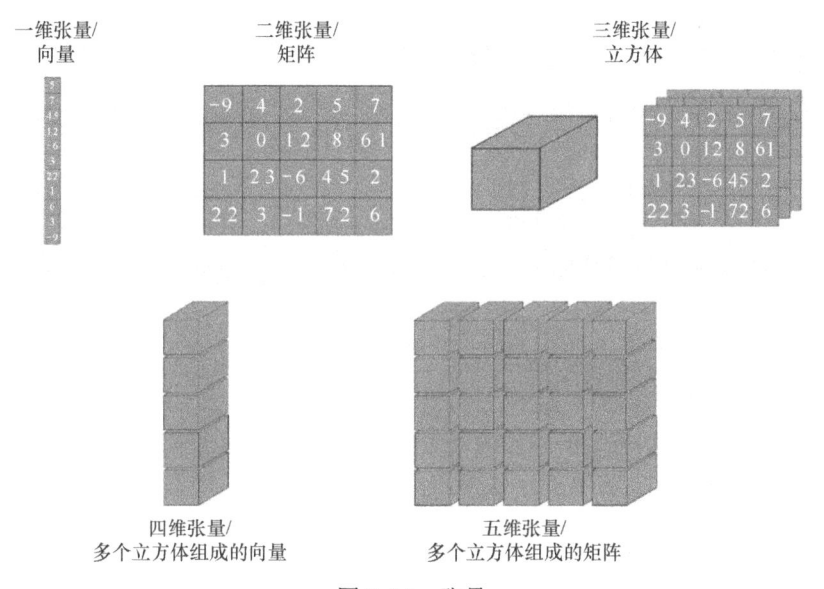

图 2-4-1 张量

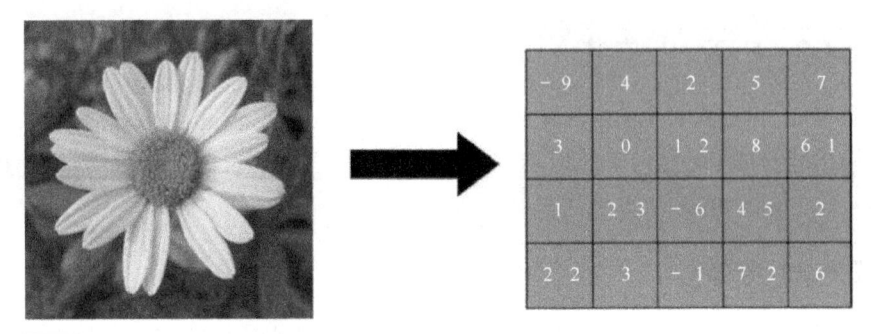

基于深度学习的目标检测原理与应用

图 2-4-2　用二维张量表示图像

图 2-4-3　用三维张量表示图像

四维张量代表图像的集合，如图 2-4-4 所示，将图像堆叠在一起。在神经网络训练时，可以作为批量图像进行训练。

资料来源：ImageNet 数据库。

图 2-4-4　用四维张量表示图像

五维张量可看作一批堆叠在一起的视频，如图 2-4-5 所示。

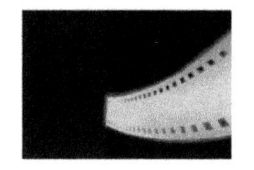

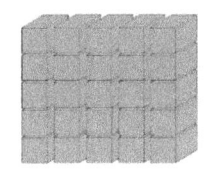

图 2-4-5 用五维张量表示图像

## 2.4.4 基本代码操作

运用 torch.rand()函数随机生成一个 5 行 3 列的初始张量。除此之外，还可以用 torch.zeros()函数生成一个全部为 0 的初始张量，代码如下。

```
#//第2章/2.4.4 建立初始张量
from __future__ import print_function
import torch
#创建一个随机初始化的5×3矩阵，从区间[0,1)的均匀分布中抽取一组随机数
x = torch.rand(5,3)
print(x)
#创建一个初始化用0填充的5×3矩阵，数据类型为long
x = torch.zeros(5,3,dtype = torch.long)
print(x)
```

随机数输出结果如图 2-4-6 所示。

```
tensor([[0.1229, 0.9889, 0.1355],        tensor([[0, 0, 0],
        [0.4390, 0.3074, 0.4021],                [0, 0, 0],
        [0.9775, 0.8849, 0.8737],                [0, 0, 0],
        [0.7576, 0.7605, 0.4389],                [0, 0, 0],
        [0.1719, 0.3396, 0.5970]])               [0, 0, 0]])
```

图 2-4-6 随机数输出结果

对现有张量创建一个新张量，可用 new_ones()函数。若指定数据类型为 double，则生成 64 位的浮点型数据，代码如下。

```
#对现有张量创建新张量
x = torch.tensor([5.5,3])
print(x)
x = x.new_ones(5,3,dtype = torch.double)
print(x)
```

显示张量的大小可用 NumPy 中与 shape 属性类似的 shape()函数或 size()函数，代码如下。

```
#显示张量大小
x.shape
#out: torch.Size([5,3])
```

```
print(x.size())
#out: torch.Size([5,3])
```
PyTorch 的加法操作和 NumPy 一样，可以直接相加，但需要保证相加的变量规格和数据类型保持一致，否则会报错，代码如下。
```
#加法运算一
y = torch.rand(5,3,dtype = torch.double)
print(x + y)
```
也可以用 add()函数进行加法运算，代码如下。
```
#加法运算二
result = torch.empty(5,3,dtype = torch.double)
torch.add(x,y,out = result)

#也可用以下表达方式
y.add(x)
```
view()函数用来改变张量的维度和大小。例如，可将立方体橡皮泥拍成长方形，或将其拉成一条线，view()函数即起到橡皮泥的作用。其中，第 5 行代码中的-1 表示人工仅可指定其变成 8 列的列数，行数由计算机自动调整，代码如下。
```
#view()函数改变张量维度和大小
x = torch.randn(4,4)
print(x)
y = x.view(16)
print(y)
z = x.view(-1,8)
print(z)
print(x.size(),y.size(),z.size())
```
当张量中只有一个元素时，可以用 item()函数将数值取出，返回的是 Python 中的数据类型，此处为浮点型，代码如下。
```
#item()函数取出张量数值
x = torch.randn(1)
print(x)    #out: tensor([-0.5038])
print(x.item())    #out: -0.5037802457809448
```
PyTorch 与 NumPy 的转换是非常方便的，代码如下。
```
#PyTorch 和 NumPy 相互转换
#1. NumPy 转换成 Torch
arr = np.array([1,2,3])
a = tench.tensor(arr)
#2. Torch 转换成 NumPy
b = a.numpy()
```
在之前的讲解中，为了加速计算，可以把张量放到 GPU 中运行，那么如何判断设备中是否有 GPU 呢？代码如下。

```
#//第 2 章/2.4.4 判断有无 GPU
#is_available 函数判断是否有 CUDA 可以使用
#"torch.device"将张量移动到指定的设备中
if torch.cude.is_available():
    device = torch.device("cuda")   #一个 CUDA 设备对象
    y = torch.ones_like(x,device=device)  #直接从 GPU 创建张量
    x = x.to(device)  #或者直接使用".to("cuda")"将张量移动到 CUDA 中
    z = x+y
    print(z)
    print(z.to("cpu",torch.double))   #".to" 也会对变量的类型做更改
```

### 2.4.5 PIL 图像格式转换

在 PyTorch 这套系统神经网络框架中，输入和输出都是张量的格式，如果图像还是保留着原来 Python 的 PIL 格式，那么使用时就会报错。此时，可以用一个易操作的 ToTensor()函数对图像进行格式转换，代码如下。

```
#//第 2 章/2.4.5 PIL 图像格式转换
import torch
from torchvision import transforms
from PIL import Image
import numpy as np
import cv2

img = Image.open("py.jpeg")
img.show()
print(img.size)  # out: (1080,606)
import torchvision.transforms as transforms
transform1 = transforms.Compose([transforms.ToTensor()])
tensor1 = transform1(img)
print(tensor1.size())  # out: torch.Size([3,606,1080])
```

结果如图 2-4-7 所示，不过是用 Python PIL 自带的格式显示出来的。

资料来源：PyTorch 官网。

图 2-4-7　Python PIL 图像

再仔细观察上面这部分代码，可以发现一个比较有趣的事：用 PIL 格式显示出的宽和高的顺序发生了改变。利用 ToPILImage()函数将张量转换成 PIL 格式，代码如下。注意，代码中的"(tensor2)"不能放到函数括号中。

```
#图像转换 PIL 格式方法
image_New = transforms.ToPILImage()(tensor2)
image_New.show()
```

### 2.4.6　PyTorch 自动求导机制

变量与张量有 3 个重要属性：第一个是 data 属性，即变量是对张量的一个封装；第二个是 grade function (grad_fn)属性，在参数的传递过程中，实际上是梯度反向传播，求梯度就要求导，求导就需要反向传播函数，因此，需要用 grad_fn 属性来保存变量所建立的函数值，若标量不是生产出来的，而是人为初始化而成的，则此时 grade function 属性值为 None；第三个是 grade(grad)属性，即当具备函数之后，grad 属性帮助存储导数值（梯度值）。这里要注意的是，在旧版本的 PyTorch 中，变量是对张量的封装；在 PyTorch 0.4.0 以后的版本中，变量和张量已经合并，意味着张量可以像旧版本的变量那样运行，当然，新版本中变量封装仍然可以使用，但是对变量操作，返回的将是一个张量，代码如下。

```
#张量转换为变量
x = Variable(torch.ones(4,5))
print(x)

#变量转换为张量
y = x.data
print(y)
```

在区别张量与变量的概念后，当遇到只将梯度反向传播传回 x 而不传 y，或只传回 y 而不传 x 的状况时，可以使用另一个属性，即允许梯度传播（requires_grad），如果该属性为 True，则开始跟踪所有对于该张量的操作历史，并形成用于梯度反向传播计算的图形。对于任意张量，使用如下代码即可跟踪：

```
#跟踪张量 a
a.requires_grad_(True)
```

在跟踪后，对其他节点调用 backward()函数，即可反向传递梯度值。

运用 grad_fn 函数可以将跟踪后的几个张量连接在一起，知道梯度值将往哪个方向移动。grad_fn 是用于计算梯度反向传播的函数。例如，在图 2-4-8 中，相乘函数（Mul）将建立 x, y, z 点与点间的联系。那些不是任何函数（Function）的输出的节点称为叶子节点，其 grad_fn 为 None，该例中的 x 节点和 y 节点也可称为叶子节点。

第 2 章 计算机视觉数学、编程基础

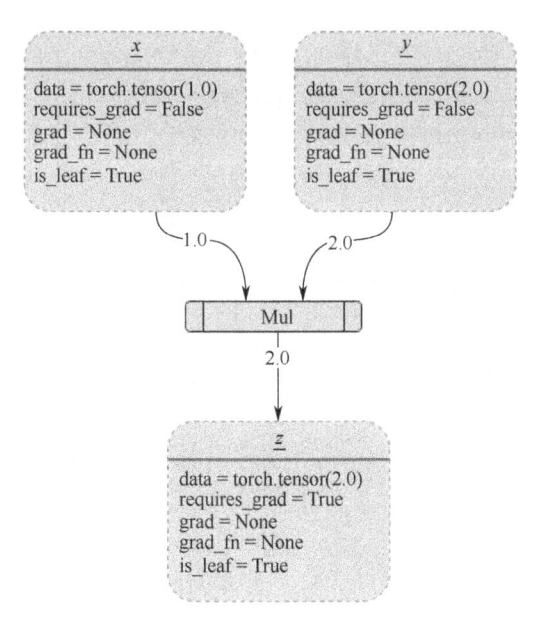

图 2-4-8 反向传播示意

（1）所有 requires_grad 为 False 的张量都为叶子张量。

（2）requires_grad 为 True 的张量，如果它们是由用户人工创建的，则是叶子张量。这意味着它们不是运算的结果，因此，grad_fn 为 None。

（3）通过在一些张量上调用.detach()方法，把张量从图中分离出来（称为叶子节点）。

查看张量是否为叶子节点的代码如下。

```
#//第2章/2.4.6 查看张量是否为叶子节点
a = torch.ones(3,requires_grad = True)
b = torch.rand(3, requires_grad = True)
print(a)   #out: tensor([1.,1.,1.,],requires_grad = True)
print(b)   #out: tensor([0.8103,0.0584,0.1329],requires_grad = True)
print(a.grad)  #out: None
a.is_leaf  #out: True

c = a×b
c.is_leaf  #out: False
c.grad_fn  #out: <MulBackward0 at 0x2500bdb79c8>
```

当将张量的 requires_grad 设置为 True 时，调用 backward()函数，再套入 torch.tensor()函数，由此，PyTorch 将开始跟踪操作并在每个步骤中存储梯度函数。在图 2-4-9 中，由于仅设置了 $x$ 的 requires_grad 为 True，所以，只对 $x$ 求导数，在输出结果后，$x$ 的梯度值变为 2.0。

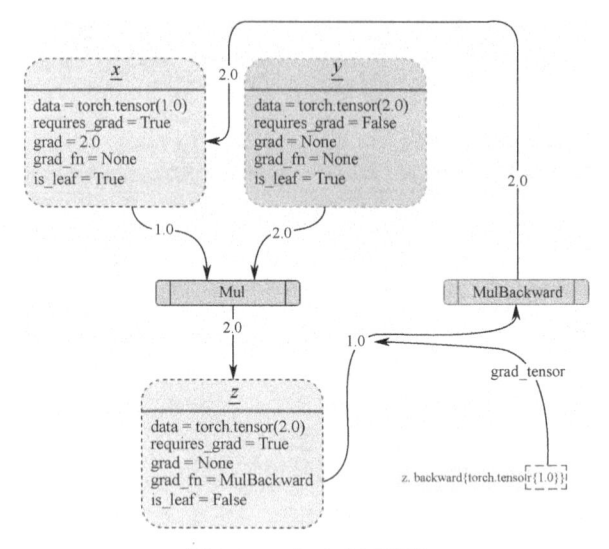

## 基于深度学习的目标检测原理与应用

图 2-4-9 自动求导流程

backward()函数通过将参数（默认为1×1单位张量）传递给后向图计算梯度，一直传递到每个可从根张量追踪的叶子节点。再将计算出的梯度存储在每个叶子节点的.grad中。这里需要注意的是，在进行前向传播时，后向图已经动态生成，而backward()函数仅使用已生成的图计算梯度，并将其存储在叶子节点中。换句话说，在调用backward()函数期间，只有叶子张量将填充梯度值。若想计算除叶子节点外的其他节点的梯度值，则可以使用retain_grad()函数，为非叶子节点张量填充梯度值，代码如下。

```
#//第2章/2.4.6 backward()函数

d = c.sum()
d.backward()    # out: tensor(1.0016,grad_fn = <SumBackward0>)
#---------------------------------------------------------------
#只有requires_grad为True,并且从其他节点调用函数backward(),才不为None
print(a.grad) # out: tensor([0.813,0.0584,0.1329])
#Tensor是默认不需要求导的,即requires_grad默认为False
a = torch.ones(3)
a.requires_grad # out: False
#---------------------------------------------------------------
#如果某个节点的requires_grad被设置为True,则它上游所有节点的requires_grad都为True
import torch as t

a = t.ones(3)
b = t.ones(3,requires_grad = True)
```

```
b.requires_grad  #Out: True
c = a + b
c.requires_grad  #Out: True
```
虽然 c 没有指定需要求导，但是由于 c 依赖 b，而 b 需要求导，所以，c.requires_grad = True

当给 backward() 函数设定一个初始梯度时，调用 z.backward() 函数，张量 torch.tensor(1.0)会自动作为 z.backward(torch.tensor(1.0))参数传递。torch.tensor(1.0) 函数是用于终止偏导连乘链式规则的外部梯度。这个外部梯度作为输入传递给 mulbackward 函数以进一步计算 x 的梯度，传递给 backward()函数的张量的维数必须与正在计算梯度的张量的维数相同，代码如下。

```
#//第 2 章/2.4.6 创建初始梯度
import torch
#创造图像
x = torch.tensor(1.0,requires_grad = True)   #初始化
z = x ** 3   #x 的立方，用 z 作为输出节点
z.backward()   #计算梯度
print(x.grad.data) #Out: tensor(3.)，并保存在 x 梯度值中
```

除此之外，若 *x* 和 *y* 不是标量，而是数组构成的叶子节点，则此时 backward() 函数不应设置为空，而人工调整的维度与需计算的 *x* 和 *y* 的维度相同，代码如下。

```
#人工调整
x = torch.tensor([0.0,2.0,8.0],requires_grad = True)
y = torch.tensor([5.0,1.0,7.0],requires_grad = True)
z = x×y
z.backward(torch.FloarTensor([1.0,1.0,1.0]))
```

### 2.4.7 PyTorch 的神经网络 nn 包

本节介绍神经网络，通过设置一些层结构，实现输出计算。如图 2-4-10 所示，输入为手写字母 A 的图像，流经卷积层、下采样层（或池化层）、全连接层，再通过高斯层，最后输出值，从而对识别的类进行打分，实现手写字符识别。

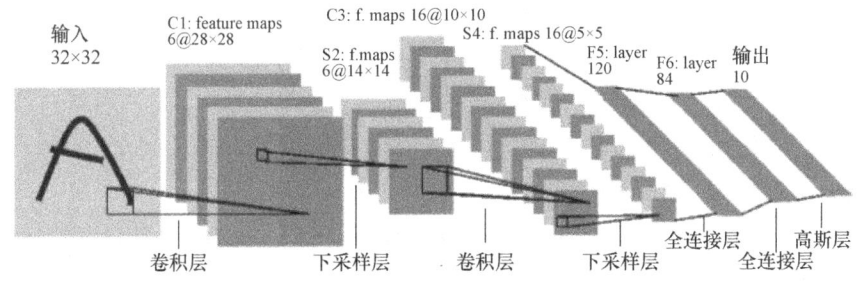

图 2-4-10　手写转换卷积神经网络

神经网络的典型训练过程如下。
（1）定义包含一些可学习参数（权重）的神经网络模型。
（2）在数据集上迭代。
（3）通过神经网络处理输入。
（4）计算损失（输出结果与正确值的差值大小）。
（5）将梯度反向传播返回网络的参数。
（6）更新网络参数。
经典 CNN 实现代码如下。

```python
#//第2章/2.4.7 经典CNN实现
import torch
import torch.nn as nn
import torch.nn.functional as F

class Net(nn.Module):

    def __init__(self):
        super(Net,self).__init__()
        self.conv1 = nn.Conv2d(1, 6, 5)
        self.conv2 = nn.Conv2d(6, 16, 5)
        #将第一层输出的6通道转为输入6通道
        #仿射操作(线性变换)：y = Wx + b
        #构造3个全连接层
        self.fc1 = nn.Linear(16 × 5 × 5, 120)
        self.fc2 = nn.Linear(120, 84)
        self.fc3 = nn.Linear(84, 10)

    def forward(self, x):      #判断数据该由哪一层流向哪一层
        #Max pooling over a (2, 2) window
        x= F.max_pool2d(F.relu(self.conv1(x)), (2, 2))
        #relu激活函数
        x = F.max_pool2d(F.relu(self.conv2(x)), 2)
        x = x.view(-1, self.num_flat_features(x))   #将层展开
        x = F.relu(self.fc1(x))
        x = F.relu(self.fc2(x))
        x = self.fc3(x)
        return x

    def num_flat_features(self, x):
        size = x.size()[1:]
        num_features = 1
        for s in size:
            num_features *= s
```

```
        return num_features
net = Net()
```

在这里，熟悉 NumPy 进行深度学习网络搭建的读者可能会存在疑问，为什么这里定义框架时没有把可学习的参数定义出？原因是 PyTorch 的 nn 包已经定义好参数，不像 NumPy 定义神经网络那样显式定义可学习参数，而是隐式定义可学习参数。可以用 parameters()函数返回可被学习的参数权重列表和值来证明这一点，代码如下。

```
#PyTorch 无须人工定义可学习参数
params = list(net.parameters()) #out: 10
print(len(params))
print(params[0].size())   #层conl的权重(参数): torch.Size ([6,1,5,5])
```

在 lens()函数中，长度不是指参数的长度，而是指该神经网络可学习的参数的层结构的数量，可以是卷积层，也可以是全连接层、激活层。

在这里有些读者会有疑问，已知输入的是 1 幅图像，为何要多此一举，特地标注图像数为 1？这是因为 torch.nn 只支持小批量输入。整个 torch.nn 只支持小批量样本，而不支持单个样本。由于一批当中存在若干图像，所以，在训练时要指定一个批量的图像个数。如果有单个样本，则只需使用 input.unsqueeze(0)来添加其他的维数，代码如下。

```
#测试随机输入
#注：这个网络期望的输入大小是 32×32
input = torch.randn(1, 1, 32, 32)
out = net(input)
print(out)     #输出10个一维的张量
#-------------------------------------------------------------
#将所有参数的梯度缓存清零，之后进行随机梯度的反向传播
net.zero_grad()
out.backward(torch.radn(1,10))
```

在进行随机梯度反向传播时，应先将所有参数的梯度缓存清零，这是因为 PyTorch 在进行梯度更新时，参数的梯度值是通过累加的方式进行的，若没有将缓存清零，则先前的训练过程会影响本次训练结果。

神经网络模型需要按一定的任务目标来更新参数，这便引入了损失函数，即任务目标函数。目标函数用来评估神经网络的输出值与真实的任务目标值之间的差距。有很多不同的损失函数，这里只用最简单的损失函数，称为均方误差函数。均方误差函数是指输出值与目标值之间相减、做平方再做平均。均方误差损失函数代码如下。

```
#//第2章/2.4.7 均方误差损失函数
output = net(input)
target = torch.randn(10)    #随机值作为样例
target = target.view(1, -1)  #使target和output的shape相同
criterion = nn.MSELoss()
loss = criterion(output, target)
print(loss)   #out: tensor(0.8109, grad_fn=<MseLossBackward>)
```

这样就构建出一个从输入到输出，再经过与真实值比较训练的完整计算图。简略总结所有步骤如下：

input（输入数据流）→conv2d（经过卷积层抽取数据特征）→激活函数 ReLU →maxpool2d（最大池化从而减少参数）→卷积层 conv2d→激活函数 ReLU→最大池化 maxpool2d→view→线性 linear→激活函数 ReLU→线性 linear→激活函数 ReLU→线性 linear（经过三个全连接层获得输出值）→MSELoss（均方误差损失函数计算差距）→loss。

因此，当调用 loss.backward()函数时，根据 loss 进行梯度反向传播，并且所有设置为 requires_grad=True 的张量都会拥有一个随着梯度累积的 grad 张量。

```
net.zero_grad()        #清除梯度
print('conv1.bias.grad before backward')
print(net.conv1.bias.grad)


loss.backward()
print('conv1.bias.grad after backward')
print(net.conv1.bias.grad)
```

结果如图 2-4-11 所示。

```
conv1.bias.grad before backward
tensor([0., 0., 0., 0., 0., 0.])
conv1.bias.grad after backward
tensor([ 0.0051,  0.0042,  0.0026,  0.0152, -0.0040, -0.0036])
```

图 2-4-11 反向传播前后梯度

最后，还剩一件事需要完成，即对参数进行更新。在实践中最简单的权重更新规则是随机梯度下降（SGD），权重计算公式如下：

$$weight = weight - learningrate \times gradient$$

运用随机梯度下降法更新权重的代码如下。

```
#//第2章/2.4.7 运用随机梯度下降法更新权重
#可以使用简单的Python代码实现SGD
learning_rate = 0.01
for f in net.parameters():
    f.data.sub_(f.grad.data × learning_rate)
```

```
#---------------------------------------------------------------
#神经网络可以使用各种不同的优化器,如 SGD、Nesterov-SGD、Adam、RMSPROP 等,
可在 PyTorch 中构建一个包"torch.optim"实现上述优化器

import torch.optim as optim
optimizer = optim.SGD(net.parameters(), lr=0.01)
optimizer.zero_grad()
output = net(input)
loss = criterion(output, target)
loss.backward()
optimizer.step()
```

# 第 3 章

# OpenCV 目标检测实战

人脸检测是目标检测中非常重要的组成部分,除具有目标检测的普遍性特征外,人脸检测还具有独特性,因为人的五官特征具有独特性。此外,人脸检测要求比较高,不像物体,可能多一个或少一个都无所谓,人脸检测中的漏检或误检,在实际应用中是不允许的。

**目标**

本章以人脸检测为 OpenCV 目标检测实战的案例进行研究,一是作为 OpenCV 学习内容的延伸;二是尽早培养目标检测的思想,为后续基于深度学习的目标检测打下基础。

## 3.1 Haar 特征与积分图像构建算法

### 3.1.1 Haar 特征

人脸检测的挑战有以下 5 点。

(1)评估数量庞大:由于在一幅图像上,脸部出现的位置和尺度是任意的,所以,必须评估数万个位置和尺度的组合。

(2)面部数量不等:一般来说,每幅图像含有数量不等的人脸,多至百余个,少至零个。

(3)人脸检测在非人脸窗口上花费时间较多,无论这幅图像是否有人脸,都需要探测,但是在非人脸窗口上,也要遍历各种位置和尺度,这样就耗费较多的时间。

(4)百万像素级的图像具有多达 $10^6$ 个像素和相当数量的候选脸部位置。

(5)为了避免在每个头像中出现假阳性,假阳性率必须小于 $10^{-6}$,其中,假

第 3 章　OpenCV 目标检测实战

阳性是指将非人脸的位置标为人脸。

基于 Haar 特征的 Viola/Jones 人脸检测器是由 Viola 和 Jones 于 2004 年提出的，该检测器为第一个可以商用的人脸检测器。其特性是训练速度慢，但检测速度快。该方法的关键思想有以下 4 点。

（1）使用类 Haar 图像特征，简单且效果好。

（2）使用积分图像可以快速进行特征评估。

（3）将 Boosting 方法用于特征选择。

（4）使用级联可快速排除非人脸窗口，只要检测到非人脸，即放弃该窗口，节约时间。

基于 Haar 特征的人脸检测算法的创新点和作用如表 3-1-1 所示。

表 3-1-1　基于 Haar 特征的人脸检测算法的创新点和作用

| 创新点 | 作用 |
| --- | --- |
| 积分图 | 加速 Haar 特征计算的巧妙之处。一劳永逸，去除冗余 |
| AdaBoost 人脸检测器 | 特征选择和分类器融合。一个 Haar 特征对应一个弱分类器，弱特征组合成强特征，弱分类器组合成强分类器 |
| 级联结构 | 由粗到精的检测策略，在加速的同时能保证精确度。先在前期用快速算法去除大量非人脸，平衡后再精细分类 |

下面以如图 3-1-1 所示的案例来解释类 Haar 特征。人脸相比于非人脸有什么独特特征呢？首先看到左上方的眉毛、眼睛的图像深度较深，其次是鼻子、嘴。在计算机视觉中，图像梯度是一个非常重要的概念，也就是像素变化的强度和方向。利用这个概念，可以设计一个简单可用的滤波器——类 Haar 滤波器，它是"黑白分明"的长方形滤波器，白色是 1、黑色是 –1。例如，眉毛比其他地方强度更大，而鼻梁比左右两侧的脸深，嘴也是比上下都深的线。用这种简单的方法，可以粗略地找到人脸的主要特征。

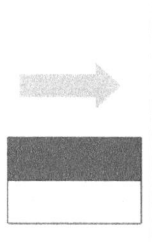

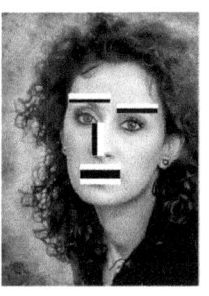

资料来源：阿什莉巴拉德肖像图。

图 3-1-1　Haar 特征示意图

更进一步，可以用如图 3-1-2 所示的形式来描述一张人脸，眼睛滤波器是在垂直方向求梯度，因为眼睛是在垂直方向图像强度有较大变化的部位，所以，用上白下黑的滤波器即可筛选出来。鼻子滤波器是水平方向图像强度有较大变化的部位，用中间为黑色的滤波器可筛选出。同样的道理，嘴巴滤波器是在竖直方向上中间为黑色的滤波器，可以检测水平方向的一条线。注意这里两个块和三个块的类 Haar 特征的区别，前者过滤出边缘，因为只要线的两侧梯度差异较大就能算出；后者过滤出线，线的两侧梯度接近，而中间差异明显。可以仅使用这 3 种 Haar 滤波器把人脸中最主要的 4 个特征检测出来。

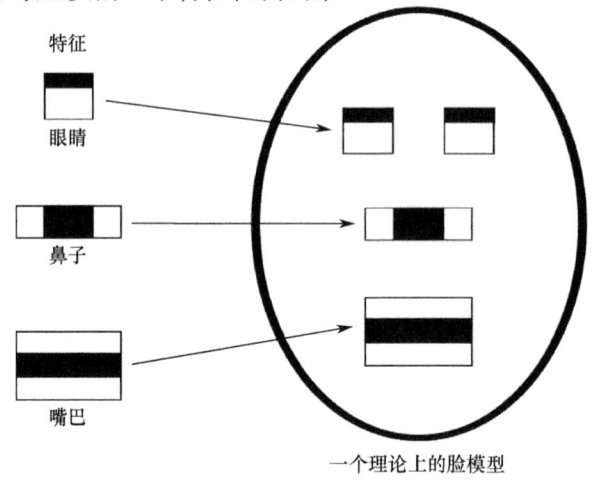

图 3-1-2 理论脸部模型

接下来从数学的角度探讨 Haar 特征。类 Haar 滤波器是由 "+1""−1" 组成的矩形区域，类似于 Haar 小波。

$$\text{Value} = \sum(\text{pixels in white area}) - \sum(\text{pixels in black area}) \qquad (3\text{-}1)$$

图 3-1-3(a)和图 3-1-3(b)均为白色+1 减去黑色−1 图像的像素值，图 3-1-3(c)指白色两块图像相加减去两倍黑色图像值，图 3-1-3(d)所示为对角线白色区域相加减去对角线黑色图像值相加。数学上来看，图 3-1-3(a)所示为 $x$ 方向的偏导数，图 3-1-3(b)所示为 $y$ 方向的偏导数，图 3-1-3(c)所示为两次 $x$ 方向偏导，图 3-1-3(d)所示为求混合偏导。

在 OpenCV 的 Haar 特征中，共使用了 14 种 Haar 特征，如图 3-1-4 所示。第一排检测的是边缘特征；第二排检测的是线特征，读者可用 3 个矩形滤波器检测；第三排检测的是中心环绕特征。其中，第一排检测的重点是竖直边缘两侧是否有明显梯度变化，第二排检测的重点是一根线的左右两侧是否一样。

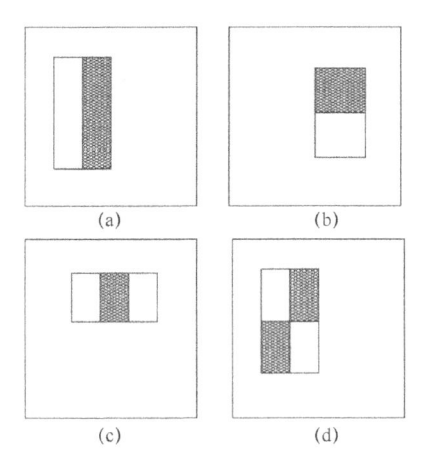

## 第 3 章 OpenCV 目标检测实战

图 3-1-3 Haar 特征分类详图

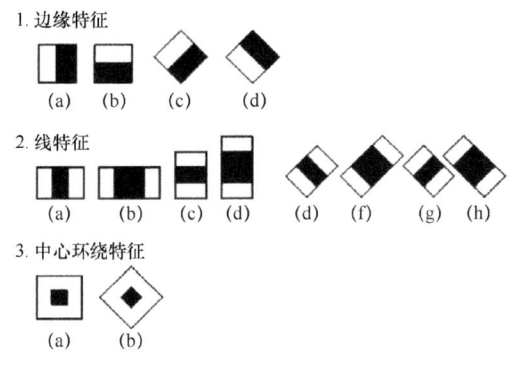

1. 边缘特征
   (a) (b) (c) (d)
2. 线特征
   (a) (b) (c) (d) (d) (f) (g) (h)
3. 中心环绕特征
   (a) (b)

图 3-1-4 特征分类举例

对于如图 3-1-4 所示的特征,由于满足$(s, t)$条件,即方块的宽能被 $s$ 整除,高能被 $t$ 整除(宽可等分为 $s$ 段,高可等分为 $t$ 段),所以,方块无论放大多少,黑白面积比不会改变。

特征模板条件如表 3-1-2 所示。

表 3-1-2 特征模板条件

| 特征模板 | 1. | 2. | 3. | 4. | 5. |
|---|---|---|---|---|---|
| $(s,t)$条件 | (1,2) | (2,1) | (1,3) | (3,1) | (2,2) |

如果黑白面积比是一样的,则块就是对称的。表 3-1-2 中特征模板的特征值计算方法如下。

$$\Omega^m = \Omega^m_{(1,2)} + \Omega^m_{(2,1)} + \Omega^m_{(1,3)} + \Omega^m_{(3,1)} + \Omega^m_{(2,2)} = 2 \times \Omega^m_{(1,2)} + 2 \times \Omega^m_{(1,3)} + \Omega^m_{(2,2)} \quad (3-2)$$

在计算特征数量时，首先要注意的是，由于目标检测需要检测不同尺度的人脸，所以，需要设计一种方案不受尺度大小影响。方案一是滤波尺寸不变，但图像以一定比例缩小；方案二是原始图像不变，但滤波模板尺寸成倍扩大。因为方案一实现起来会耗费大量时间，所以，一般采用方案二。那么，针对这种设计该如何计算特征数量呢？对于 $m \times m$ 的窗口，先要确定一个初始位置，即矩形的左上顶点 $A(x_1, y_1)$。$x_1$ 可取的值为 $1 \sim (1+m-s)$；$y_1$ 可取的值为 $1 \sim (1+m-t)$。其中，$s$ 和 $t$ 是成倍扩大的，其计算公式为

$$A(x_1, y_1): x_1 \in \{1, 2, \cdots, m-s, m-s+1\} \ y_1 \in \{1, 2, \cdots, m-t, m-t+1\} \tag{3-3}$$

Haar 特征算法数学原理如图 3-1-5 所示。

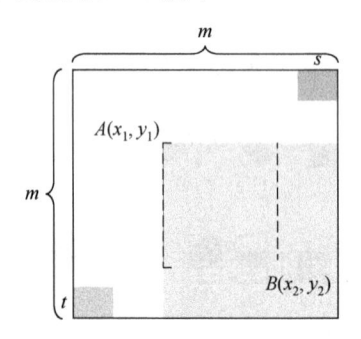

图 3-1-5　Haar 特征算法数学原理

在确定 $A$ 点后，$B$ 点只能在阴影内（包括边缘）取值，因此，$B$ 点的坐标 $(x_2, y_2)$ 为

$$x_2 \in \{x_1+s-1, x_1+2 \times s-1, \cdots, x_1+(p-1) \times s-1, x_1+p \times s-1\}$$
$$y_2 \in \{y_1+t-1, y_1+2 \times t-1, \cdots, y_1+(q-1) \times t-1, y_1+q \times t-1\}$$

其中，$x_1+s-1$ 为水平方向最小的滤波器；$y_1+t-1$ 为竖直方向最小的滤波器。$p$ 和 $q$ 的计算方式为

$$p = \frac{m-x_1+1}{s}, q = \frac{m-y_1+1}{t}$$

$$\begin{aligned} \Omega_{(s,t)}^{m} &= \sum_{x_1=1}^{m-s+1} \sum_{y_1=1}^{m-t+1} p \times q \\ &= \sum_{x_1=1}^{m-s+1} \sum_{y_1=1}^{m-t+1} \frac{m-x_1+1}{s} \times \frac{m-y_1+1}{t} \\ &= \left(\frac{m}{s} + \frac{m-1}{s} + \cdots + \frac{s+1}{s} + 1\right) \times \left(\frac{m}{t} + \frac{m-1}{t} + \cdots + \frac{t+1}{t} + 1\right) \end{aligned} \tag{3-4}$$

Haar 特征数量算法举例如表 3-1-3 所示。

表 3-1-3 Haar 特征数量算法举例

| 特征模板 | 数量 |
|---|---|
| 1. ▬<br>2. ▮ | $2 \times \Omega_{(1,2)}^{24} = 2 \times \left(\dfrac{24}{1} + \dfrac{23}{1} + \cdots + \dfrac{2}{1} + 1\right) \times \left(\dfrac{24}{2} + \dfrac{23}{2} + \cdots + \dfrac{3}{2} + 1\right)$<br>$= 2 \times (24+23+\cdots+2+1) \times (12+11+11+\cdots+2+1+1)$<br>$= 2 \times 300 \times 144 = 2 \times 43200$<br>$= 86400$ |
| 3. ▤<br>4. ▥ | $2 \times \Omega_{(1,3)}^{24} = 2 \times \left(\dfrac{24}{1} + \dfrac{23}{1} + \cdots + \dfrac{2}{1} + 1\right) \times \left(\dfrac{24}{2} + \dfrac{23}{2} + \cdots + \dfrac{4}{3} + 1\right)$<br>$= 2 \times (24+23+\cdots+2+1) \times (8+7+7+\cdots+1+1+1)$<br>$= 2 \times 300 \times 92 = 2 \times 27600$<br>$= 55200$ |
| 5. ▦ | $\Omega_{(2,2)}^{24} = \left(\dfrac{24}{2} + \dfrac{23}{2} + \cdots + \dfrac{3}{2} + 1\right) \times \left(\dfrac{24}{2} + \dfrac{23}{2} + \cdots + \dfrac{3}{2} + 1\right)$<br>$= (12+11+11+\cdots+2+1+1) \times (12+11+11+\cdots+2+1+1)$<br>$= 144 \times 144$<br>$= 20736$ |
| 总数 | $\Omega^{24} = 162336$ |

## 3.1.2 积分图像构建算法

积分图像是为了加快 Haar 滤波速度的一种计算技巧。Haar 滤波原理简单，只涉及加法和减法，但其特征数量庞大，使用积分图像可以很好地解决特征计算量惊人的问题。

如图 3-1-6 所示，$(x,y)$ 位置的积分图像等于所有从左上顶点出发到该点为止的矩形图像的像素和。构建方法为先定义行 $s(x,y)$，其值等于在行方向上的累加之和。

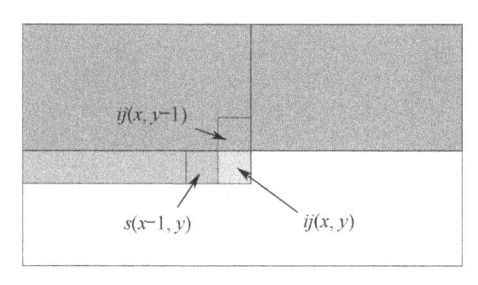

图 3-1-6 积分图像构建算法

行和计算公式为

$$s(x,y) = s(x-1,y) + i(x,y) \tag{3-5}$$

积分图像计算公式为

$$ij(x,y) = ij(x,y-1) + s(x,y) \tag{3-6}$$

## 3.2　AdaBoost 应用于 Haar 人脸特征分类

AdaBoost 算法是机器学习的一个集成算法。AdaBoost 中蕴含重要的思想、思维及数学技巧,是其他集成算法的创新基础,如弱分类思想、权重更新等。将 AdaBoost 应用于人脸特征分类是 AdaBoost 的第一次现实应用。

首先,回忆 3.1 节通过各种矩形滤波对图像进行滤波,获得各种 Haar 特征。如果想在图像的任意可能位置检测出人脸,则需要考虑所有可能的滤波器参数,如位置、尺度和类型。

Haar 滤波器样貌如图 3-2-1 所示,展示出不同大小、不同种类的 Haar 滤波器。每个 24×24 的窗口有 16 万余个特征,对于这种数据量庞大的特征,该如何筛选呢?这时就可以用 AdaBoost 来选择特征,形成分类器。

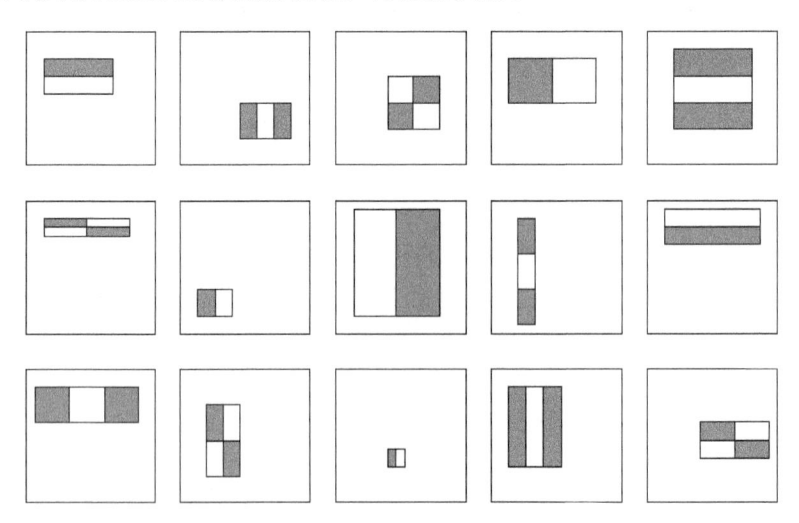

图 3-2-1　Haar 滤波器样貌

人脸检测使用所有特征是不切实际的,按照 AdaBoost 的思想,可以每次只选用一个特征来创建一个较为弱的分类器,然后把弱的分类器集成起来,变成一个强的分类器。

AdaBoost 用于特征选择包括两个方面：一是特征选择，二是分类器选择。换句话说，选择一些特征构成的弱分类器，分配权重，形成强分类器。那么，如何选择特征呢？直觉的思维是选择那些能够很好分开正、反样本的单个矩形特征和阈值，如人脸的某一部位，只在人脸中出现，而在非人脸中很少出现，那么这个特征的阈值就可以作为区分人脸与非人脸的一个重要特征。

以具体案例来说，先得到训练集中特征由小到大排序的 Haar 滤波器，用红色代表人脸，用蓝色样本代表非人脸。之后，寻找一个阈值，将样本点分成两类，在某个阈值点处，会发现左边非人脸标签较多，而右边人脸标签出现较多，此时，该 $\theta_t$ 即为分类器的阈值，操作这样的步骤，就可以形成一个弱分类器。如果 Haar 特征大于 $\theta_t$，则为人脸；小于 $\theta_t$，则为非人脸。这样只使用这一个特征即可对样本进行分类，当然，这种方法比较粗略。此处 $f_t(x)$ 是矩形特征的输出，它本身有大有小。注意，在此方法中，排序后才能进行选择。

然后，继续使用其他特征进行人脸与非人脸的分类，方法如下：对错误分类的样本加大权重，每个特征就可设计为一个弱分类器，重点关注前一个分类器分类错误的样本点。AdaBoost 应用于 Haar 特征选择，几乎是"绝配"，如图 3-2-2 所示。

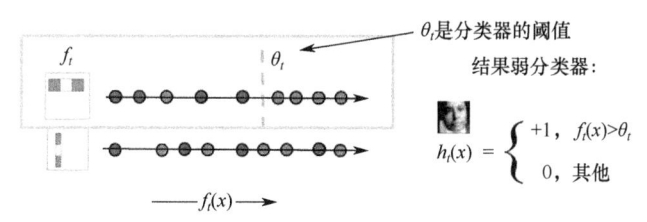

图 3-2-2　AdaBoost 流程示意图

从数学角度分析弱分类器，每个弱分类器工作在精确的矩形特征上，有 3 个相关变量：阈值 $\theta$、极性 $p$ 和权重 $\alpha$。$\alpha$ 是弱分类的权重，用于组合步骤。例如，对于极性–1 和 1 的解释，一种情况是特征大于阈值的是人脸，另一种情况是特征小于阈值的是人脸，因为这两种情况都有可能存在，所以，需要人为设置。当极性为–1 时，$f>\theta$ 为人脸；当极性为 1 时，$f<\theta$ 为人脸。

对于还未听说过 AdaBoost 的读者，可以用图像加以直观理解，如图 3-2-3 所示。每个弱分类器以至少大于 50%的准确率分割训练样本，这样选择弱分类器条件不会过分苛刻；随便画一条线进行初步区分，尽管该线有不少分类错误的点，但没有关系，这些点在以后的"回合"中会获得更多关注。第二次划分是对初步划分的错误之处进行强调，得到更好的结果。此时，还是无法避免又有两个点是分类错误的，留到下次再重视，以此类推。最终的强分类器是弱分类器的组合，能将全部的点正确分类。

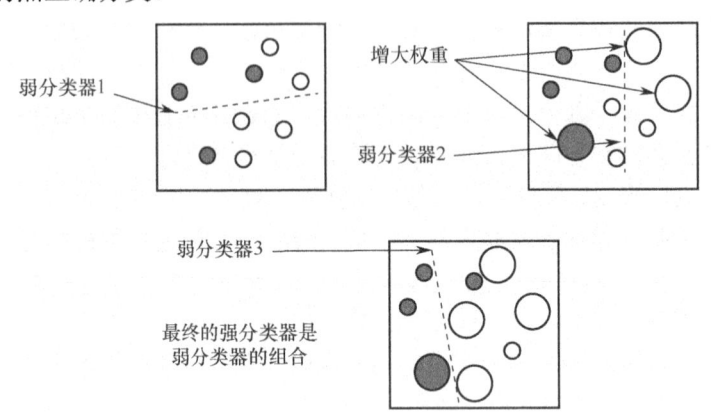

图 3-2-3 划分得到强分类器流程

最终的强分类器用公式表达如下：

$$h(x) = \begin{cases} 1, & \sum_{t=1}^{T}\alpha_t h_t \geq \frac{1}{2}\sum_{t=1}^{T}\alpha_t \\ 0, & 其他 \end{cases} \quad (3\text{-}7)$$

式中，$\alpha_t = \log\frac{1}{\beta_t}$，$\beta_t = \frac{\varepsilon_t}{1-\varepsilon_t}$ 为分类器训练误差。

由式（3-7）可知，如果弱分类器的加权组合大于或等于权重之和的 1/2，则分类结果为 1，该意义类似于少数服从多数。由式（3-7）可推导出，$\alpha_t$ 随着 $\beta_t$ 增大而减小；而由 $\beta_t$ 和 $\varepsilon_t$ 的关系式可知，$\beta_t$ 随着 $\varepsilon_t$ 的增大而增大。总结来说，第 $t$ 次的误差率越高，其权重越小。要注意，这里的权重是分类器的权重，不是样本的权重。样本权重是相反的，如果第 $n$ 次被分类错误，则其 $n+1$ 次的权重就增大。

Viola-Jones 改进的 AdaBoost 算法相比于原本标准的将 Haar 特征用于人脸识别的算法有所变化，但原理相同。首先是初始化权重，对正负样本进行平均分配，对于 $m$ 个正样本，其权重是 $1/2m$；对于 $l$ 个负样本，其权重是 $1/2l$。之后对样本进行 $T$ 轮迭代，即构造 $T$ 个弱分类器，对于每轮规范化其权重。接着，找出每个特征的最佳阈值和极性，并返回错误率。根据错误选择分类器，对样本重新分配权重，错误样本权重不变，正确样本权重减小，与标准算法有些许差异，即需要用原本权重乘一个系数，变成新的权重。正确分类时，$e_i$ 等于 0，即系数为 $\beta_t$，小于 1；错误分类时，$e_i$ 等于 1，即系数为 1，保持不变。

选择最佳分类器的具体实现方式是建立有效单通道方法，如图 3-2-4 所示。

由于通道中的样本值是按由小到大的顺序进行排序的，所以，首先用 Haar 滤波器得到一系列特征；然后找最佳切割点；最后逐个样本计算，找到最小误差 $e$，并使用相应样本的值作为阈值。

$$e = \min(S^+ + (T^- - S^-), S^- + (T^+ - S^+)) \qquad (3\text{-}8)$$

式中，$T^+$ 为全部人脸样本权重之和；$T^-$ 为全部非人脸样本权重之和；$S^+$ 为特征小于当前特征值的人脸样本权重之和；$S^-$ 为特征小于当前特征值的非人脸样本权重之和。

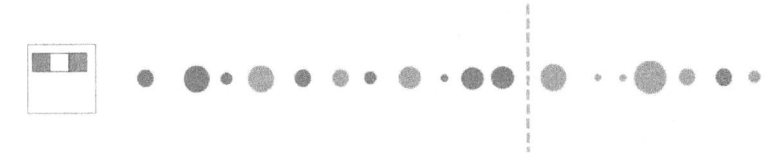

图 3-2-4 有效的单通道方法

二分类寻找特征值如图 3-2-5 所示，其本质上是一个二分类，即将所有样本分成两类。

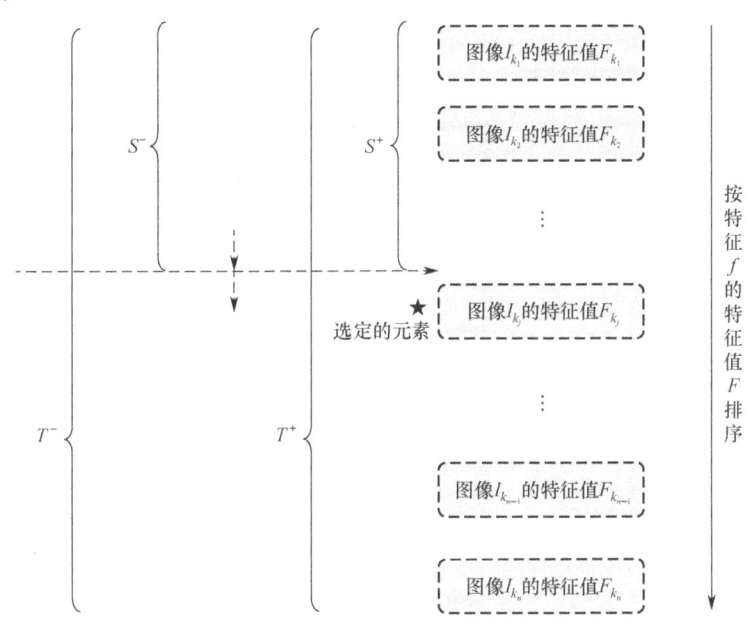

图 3-2-5 二分类寻找特征值

方便起见，假设样本权重都为 1。样本按照特征值由大到小的顺序进行排序，因为是样本，所以，已经事先知道是人脸（f）还是非人脸（b）。如图 3-2-6 所示，以左数第一个 b(4,6)为例，(4,6)中的 4 是指到目前为止的人脸数，即 0，再加上尚未遇到的背景数，即在该点之后的背景数，可知为 4，也可运用全部背景数减去已遇到（包含自身）的背景数。(4,6)中的 6 是指到目前为止的背景数，即 1，再加上还未遇到的人脸，可知为 5；再在 4 和 6 两个数字中取最小，即计算出误差 $e$。

```
0+5-1
        b      b      b   |  f      b      f      f      b      f      f
       (4,6)  (3,7)  (2,8)| (3,7)  (2,8)  (3,7)  (4,4)  (3,7)  (4,6)  (5,5)
1+5-0
        4      3      2   |  3      2      3      4      3      4      5
```

图 3-2-6　算法举例

## 3.3　AdaBoost 级联应用于 Haar 特征人脸检测

集成 Boosting 方法应用于人脸检测的评估，取前两个的特征组合，可以得到 100%的检测率和 50%的假阳性率。检测率是真正率、召回率，即是 100%的人脸都可检测出；假阳性率 50%是指有 50%的非人脸被误写成人脸，图 3-3-1 所示为 Haar 特征人脸检测错误的范例。

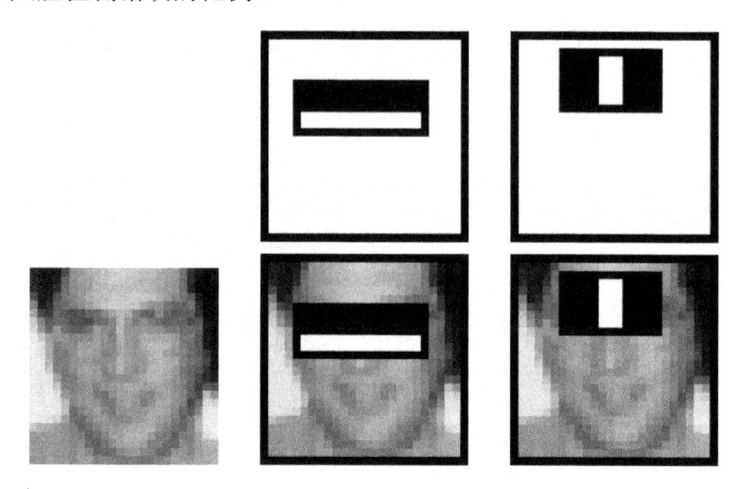

图 3-3-1 Haar 特征人脸检测错误的范例

如果选择 200 个特征的分类器，则它的检测率可以达到 95%，假阳性率可以达到 1/14084。如图 3-3-2 所示，绘制 200 个特征分类受试者的 ROC 曲线（Receiver Operating Characteristic Curve，工作特征曲线），该曲线的横坐标是假阳性率，纵坐标是检测率。只有假阳性率达到 1/1000000，才能应用于实际场景。

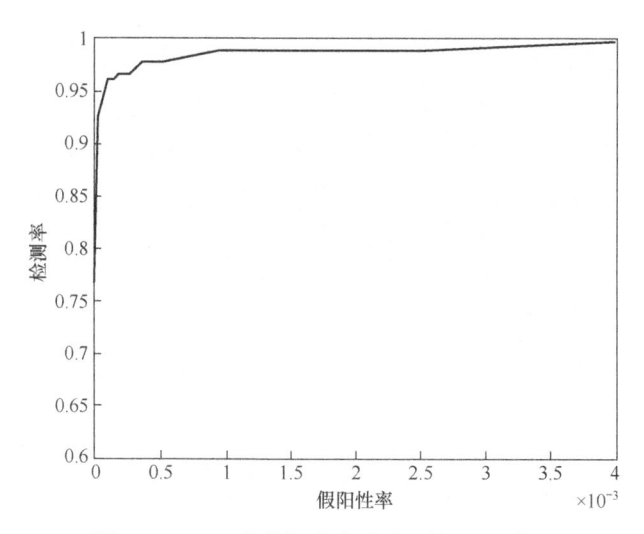

## 第 3 章 OpenCV 目标检测实战

图 3-3-2  200 个特征分类受试者的 ROC 曲线

何为假阳性？例如，在人脸识别领域，如果嘴巴被误检测为眼睛，则为假阳性。这种识别错误在现实应用中应该是零容忍的。

如何解决假阳性问题？这里可以引入注意力级联的方法。首先从单分类器开始，它拒绝负的子窗口，同时检测几乎所有正的子窗口。第一个分类器的正响应会触发第二个更复杂的分类器的计算，以此类推。任何时候，负的结果都会导致立即拒绝子窗口，这样即可减少很多计算。当到达最后一个层级时，如果是正响应，则得出的结果就是人脸，如图 3-3-3 所示。

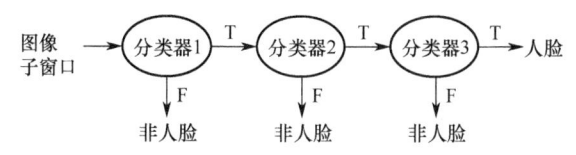

图 3-3-3  注意力级联算法逻辑

级联本质上是一个退化的决策树，退化的意义是决策树本身应有两个分支，在级联中，如果为负，则该路被拒绝，就没有后续分支出现，最终剩下的图像才是人脸，如图 3-3-4 所示。

这个注意力级联经过一系列越来越复杂、假阳性率更低的分类器，也就是不断在剔除更新、缩小范围，最后框定图像中的人脸。在受试者 ROC 曲线上的表现即为由蓝色走向绿色，最后至红色，使 ROC 曲线更加饱满，如图 3-3-5 所示。

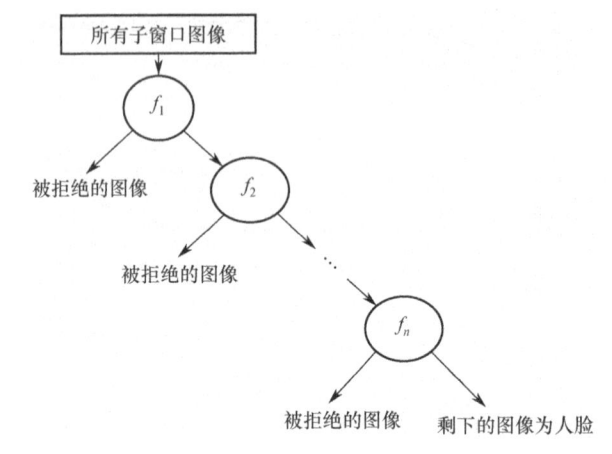

图 3-3-4  注意力级联退化决策树示意图

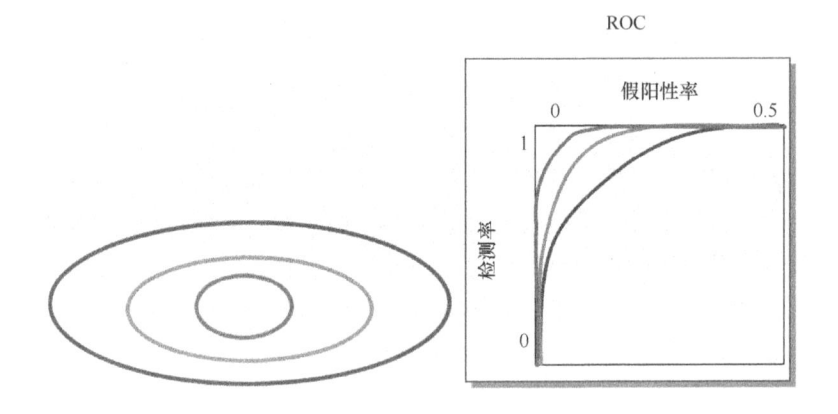

注：彩插页有对应彩色图片。

图 3-3-5  ROC 曲线解析

将各阶段的检测率相乘，可以计算级联的检测率和假阳性率。假设每级检测率为 0.99，假阳性率约为 0.3，则通过 10 级级联检测率可达到 0.9（$0.99^{10} \approx 0.9$），假阳性率为 $6 \times 10^{-6}$（$0.3^{10} \approx 6 \times 10^{-6}$），即可达到符合标准的假阳性率。

训练级联的方法如下。

（1）每个阶段都设置检测率和假阳性率目标。

（2）通过低阈值最大化检测率并在验证集上试验，继续向当前阶段添加特征，直到达到其目标率（较高阈值会产生具有较少误报和较低检测率的分类器；较低阈值会产生具有更多误报和较高检测率的分类器）。

（3）若总假阳性率不够低，则添加另一个阶段，增加级联。

（4）利用当前阶段的误报（假阳）案例作为下一阶段的负面训练实例。

AdaBoost 的级联训练集共有 5000 个正样本及 3.5 亿个负样本，如图 3-3-6 所示。用框遍历整个图像，寻找人脸，测试过程使用 38 层级联实时监测，最后一层有 6061 个特征。

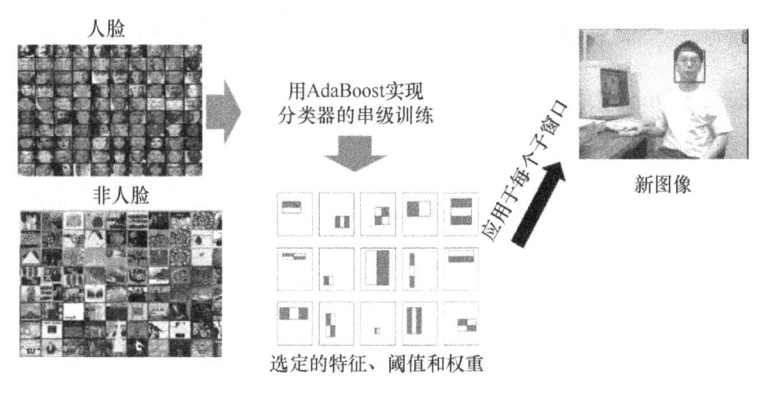

图 3-3-6 训练集

## 3.4 利用 OpenCV 进行基于 Haar 特征的人脸检测实战

运行之前，需要下载 cascade 文件。

代码如下。

```
#//第 3 章/3.4 利用 OpenCV 进行基于 Haar 特征的人脸检测
import numpy as np
import cv2

face_cascade = cv2.CascadeClassifier("haarcascade_frontalface_default.xml")

#用 imread 读取自己寻找的图像
img = cv2.imread("合影".jpg)

gray = cv2.cvtColor(img,cv2.COLOR_BGR2GRAY)

#使用 detectMultiScale 调参
faces =face_cascade.detectMultiScale(gray,scaleFactor=1.7,
minNeighbors=2,
    minSize=(20,20),
    flags=cv2.CASCADE_SCALE_IMAGE)
```

```
print("检测到",len(faces),"个人脸")

#对于检测到的人脸使用绿色(0,255,0)框标注
for (x,y,w,h) in faces:
    img = cv2.rectangle(img,(x,y),(x+w,y+h),(0,255,0),6)

img = cv2.resize(img,(640,540))
cv2.imshow("img",img)
cv2.waitKey(0)
cv2.destroyAllWindows()
```

在 detectMultiScale 调参函数中，scaleFactor 用于调整尺度大小；minNeighbors 用于设置人脸检测框的数量，值越大，检测出的人脸越少，值越小，检测出的人脸越多；minSize 用于设置最小能检测的大小；flags 表示该案例使用级联的方法进行评测。

结果如图 3-4-1 所示，前排清晰的人脸可以被检测出，后排的人脸没有被检测出。

资料来源：Sabbir GitHub。

图 3-4-1　基于 Haar 特征人脸检测代码输出结果

# 第 4 章

# 深度学习引入及图像分类实战

**目标**

本章正式进入深度学习内容,详细介绍卷积神经网络(CNN)的概念及优化方法等。

## 4.1 卷积神经网络的重要概念

在介绍深度学习之前,已经做足很多传统目标检测方法的铺垫,目的是让读者可以更好地理解、对比深度学习比传统方法的强大之处。本节讲解深度学习中的重要概念——卷积神经网络。在某种程度上,卷积神经网络等同于深度学习。

卷积神经网络(Convolutional Neural Networks,CNN)来源于仿生学,是对人体结构的学习与模仿。在经典的卷积神经网络结构中,首先,输入一幅多通道图像,并进行卷积(运用卷积核或滤波器,按从左到右、从上到下的顺序对图像进行卷积)+ReLU 激活;接下来,对结果进行池化(Pooling),相当于对图像进行下采样,此时输出结果较原始图像缩小;然后,继续对上层进行卷积+ReLU 激活、池化,反复进行;最后,像列向量一样将结果摊平,经过全连接,送入 Softmax 分类器,得出预测结果的分数。

整个过程可以分为两部分:第一部分是包含卷积的部分,是一个特征提取、特征学习的过程;第二部分运用已有特征进行分类,是一个分类的过程,如图 4-1-1 所示。

在读者能够把握这种经典结构后,即可创新更多复杂的网络架构。了解了整体框架,我们进行层层剖析,首先讲解卷积网络中最重要的卷积层的概念。卷积核对输入进行卷积的过程可以理解为卷积核与输入的二维数字矩阵以从左到右、从上到下的顺序进行点积,对应相乘后求和。

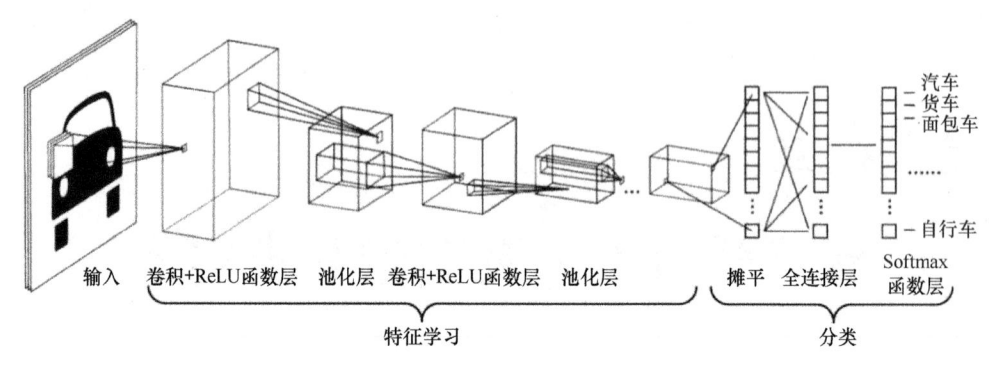

## 基于深度学习的目标检测原理与应用

图 4-1-1 经典卷积神经网络示意图

图 4-1-2 所示为神经网络计算原理示意图。其中，最右侧为 3 个通道（R、G、B），右侧共有 8 个卷积核，每个卷积核需要对 3 个通道分别进行卷积，对结果求和，卷积层（滤波器）的权重在感受野（用来表示网络内部不同位置的神经元对原始图像感受范围的大小）之间共享，即一个特定卷积层对一个特定通道进行卷积时，权重参数不改变。其中，卷积层（滤波器）的层数与输入的通道数相同，即 3 个通道需要 3 个滤波器；并且需要满足输出的通道数与滤波器个数相同，即输出的深度与滤波器个数相同，输入为 3 个通道，输出变为 8 个通道。

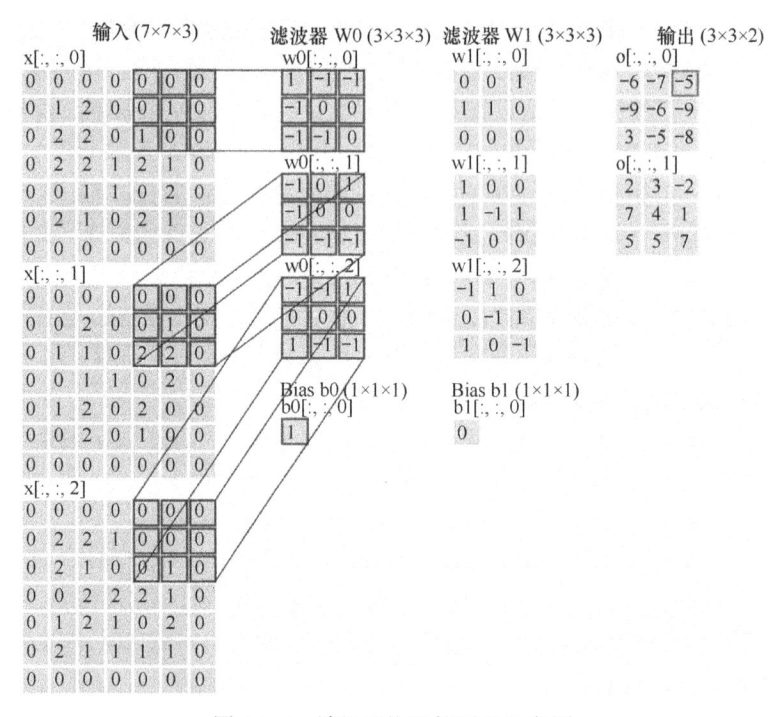

图 4-1-2 神经网络计算原理示意图

## 第4章 深度学习引入及图像分类实战

除了卷积核的宽（$W_1$）、高（$H_1$）、深度或通道（$D_1$），还需要卷积核的大小（$F$）、个数（$K$）、每次卷积的步长（$S$）及图像周围用零填充（$P$）。卷积层前后尺寸的变化关系满足

$$D_1 = K \tag{4-1}$$

$$W_2 = \frac{W_1 - F + 2P}{S} + 1 \tag{4-2}$$

$$H_2 = \frac{H_1 - F + 2P}{S} + 1 \tag{4-3}$$

输入经过特定步长的卷积层前后尺寸计算示意图如图 4-1-3 所示。

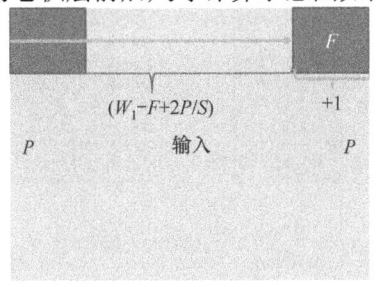

图 4-1-3 输入经过特定步长的卷积层前后尺寸计算示意图

在神经网络中，激活层是一个重要概念。在普通神经网络中，通常使用 Sigmoid 函数激活，而在深度卷积神经网络中，通常使用 ReLU 函数激活。ReLU 函数是指将小于或等于 0 的函数强制设定为 0，将大于 0 的函数设定为 $y = x$。ReLU 函数的优点有以下 3 个：第一个是在增强非线性因素的同时不影响卷积层的感受野；第二个是因为 ReLU 函数简单，所以训练速度更快；第三个是如果在 $x$ 轴的负半轴加梯度，可以采用 LeakyReLU 解决消失梯度的问题。常见的 Sigmoid 函数图像及 ReLU 函数图像如图 4-1-4 所示。

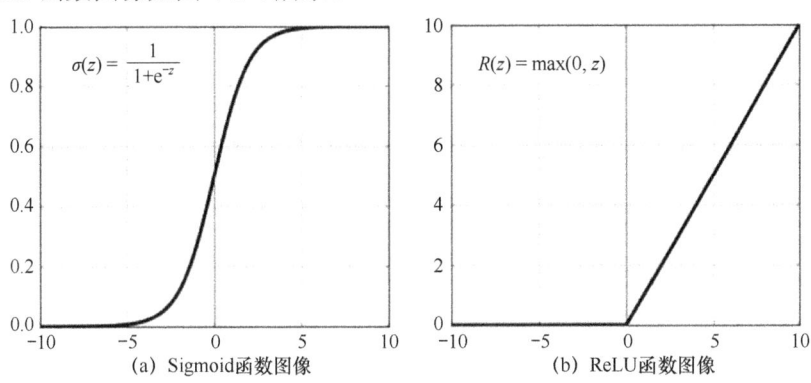

图 4-1-4 常见的 Sigmoid 函数图像及 ReLU 函数图像

可以将 Softmax 函数看作一种分类器,本质是一种特殊的激活层,通常位于全连接层末端;也可以将其看作花式规范化器,即归一化指数函数而得到的离散概率分布向量。

池化层原理与卷积层类似,只是卷积层提供激活映射,而池化层在激活映射的基础上进行非线性下采样。池化层的意义在于抓住事物的主要矛盾,丢弃次要信息。由于池化层丢弃信息,所以,未来在神经网络的应用方面,趋势是使用更小的滤波尺寸并放弃池化。池化层原理如图 4-1-5 所示。

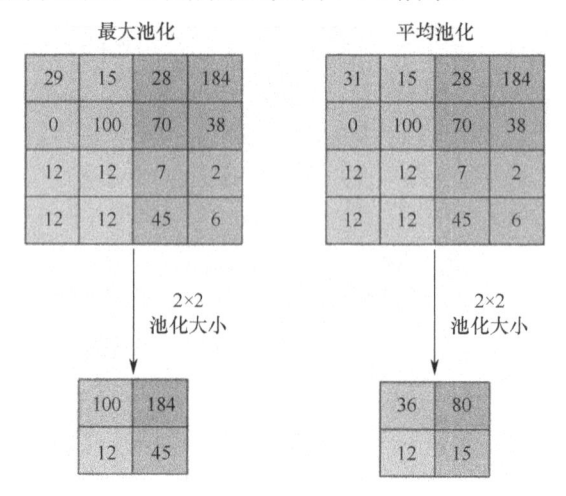

图 4-1-5　池化层原理

池化层前后尺寸的变化用数学表达如下:

$$D_2 = D_1$$

$$W_2 = \frac{W_1 - F}{S} + 1 \tag{4-4}$$

$$H_2 = \frac{H_1 - F}{S} + 1 \tag{4-5}$$

池化不使用填充,除此之外,推理过程与卷积层一样。

最后介绍全连接层。全连接层是传统神经网络的连接方式,在深度神经网络中处于最终学习阶段,该阶段将提取的视觉特征映射到所需的输出,即将特征摊平,形成一个列向量并向分类方向映射,因此其适用于分类/编码任务。通常输出为一个向量,将其传递至 Softmax 以表示分类的置信度。

由此,组合以上步骤,可形成一个整体流程的卷积神经网,如图 4-1-6 所示。

图 4-1-6 卷积神经网络整体流程

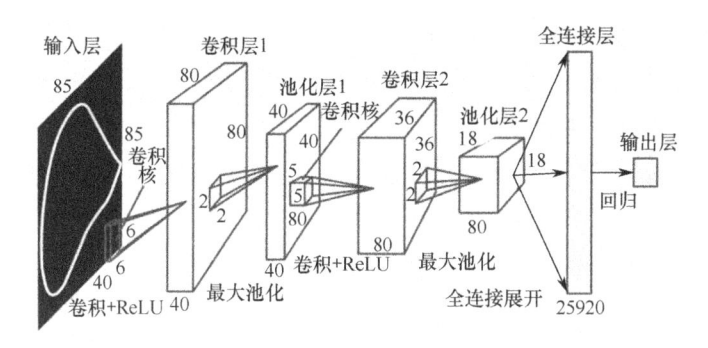

## 4.2 卷积神经网络训练技巧及经典架构

4.1 节已为读者介绍卷积神经网络的经典架构及各层意义,使读者了解了神经网络的大致设计架构。随着神经网络的纵深发展,我们会发觉神经网络越来越深,层数越来越多,如何训练神经网络变得十分重要。本节将带领大家深入了解神经网络的训练技巧。

首先介绍的训练技巧是丢弃(Dropout)。在神经网络中,随着层数的增多、节点的增多,会造成神经网络过拟合及巨大的计算量,解决办法是随机丢弃一些神经单元,相当于运用集成的思想。丢弃的大致原理如下:在训练期间,以概率随机忽略一些激活(有部分节点不激活),在测试期间,使用所有激活,但是按概率 $p$ 倍缩放;通过丢弃,减少神经元之间的相关性,从而有效防止过拟合。

批归一化(Batch Normalization,BN)是设计深度神经网络的标配技巧,在一定程度上可以缓解深层网络中"梯度弥散"的问题,加快训练速度。批归一化通常在激活层之间插入,通过批归一化来减少协变量偏移,使网络对错误的权重初始化具有鲁棒性。

批归一化是对小批次样本进行标准化,即根据小批次样本的均值方差进行标准化,如果只标准化操作,则会将数据自身的分布信息抹去,因此,还做了一些偏移与缩放。其中,$\gamma$ 和 $\beta$ 用于控制偏移和缩放。在偏移和缩放后,会有一定的信息损失,此时要在损失和速度中寻找平衡。

输入:批处理(mini-batch) 输入 $x:B=\{x_1,\cdots,m\}$

输出:规范化后的网络响应 $\{y_i=BN_{\gamma,\beta}(x_i)\}$

(1) $\mu_B \leftarrow \dfrac{1}{m}\sum\limits_{i=1}^{m}x_i$,计算批处理数据平均值

(2) $\sigma_B^2 \leftarrow \dfrac{1}{m}\sum_{i=1}^{m}(x_i-\mu_B)^2$，计算批处理数据方差

(3) $\hat{x}_i \leftarrow \dfrac{x_i-\mu_B}{\sqrt{\sigma_B^2+\varepsilon}}$，规范化，$\varepsilon$ 用来防止分母为0

(4) $y_i \leftarrow \gamma \hat{x}_i + \beta = BN_{\gamma,\beta}(x_i)$，尺度变换和偏移

(5) 返回学习的参数 $\gamma$ 和 $\beta$

AlexNet 是在 2012 年被提出的一个经典的 8 层神经网络架构，是深度学习兴起的标志，其带来了新一轮人工智能产业的爆发。AlexNet 先经过初始两轮卷积和池化（共 4 层），第三轮经过 3 次卷积后最大池化（共 4 层），共 256 个通道（总和为 8 层），9216 个特征"摊平"成列向量，进入两次全连接，最终输出 1000 个类别的分数，使用 Softmax 最终得出对于类别的预测。如果读者是第一次接触神经网络，则会认为 AlexNet 网络深，但学习之后的网络，再回头审视 AlexNet，会发现它其实属于浅网络。AlexNet 示意图如图 4-2-1 所示。

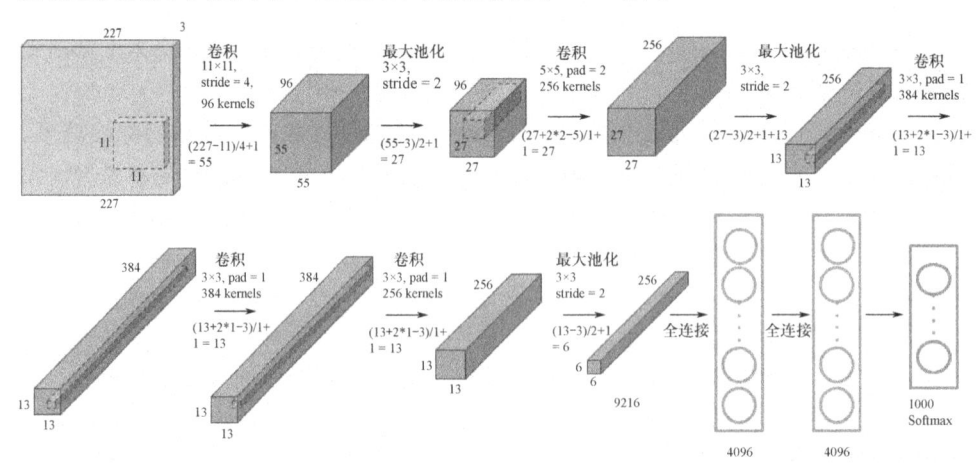

图 4-2-1　AlexNet 示意图

VGGNet 是深度学习网络中另一个经典的架构，有 VGG-16 和 VGG-19。其特点是采用小的滤波器，由更深的网络构成。VGGNet 中只用 3×3 的卷积核，其步幅是 1，填充是 1，最大池化仅为 2×2，步幅是 2。那么，为什么 VGGNet 采用更小的滤波器？其原因是堆叠的 3 个 3×3 的卷积层与一个 7×7 的卷积层具有相同的有效感受野，但因为 3 个 3×3 的滤波器更深，所以，能够提取更多的非线性特征且其参数更少，便于训练。假设输入通道及输出通道都为 $C$，则二者的参数数量分别为

# 第 4 章 深度学习引入及图像分类实战

$$3 \times (C \times (3 \times 3 \times C)) = 27C \times C \quad (4\text{-}6)$$

$$C \times (7 \times 7 \times C) = 49C \times C \quad (4\text{-}7)$$

AlexNet 与 VGGNet（包含 VGG-16 及 VGG-19）层数对比如图 4-2-2 所示。AlexNet 与 VGGNet 的相同点如下：两者都从输入到卷积层，到池化层，再到全连接层，最后经过 Softmax 函数进行输出；不同点如下：VGGNet 只使用 3×3 的小型滤波器。VGGNet 的成功带给我们的启示是，在设计卷积神经网络时，要使用尽可能多的小型滤波器。

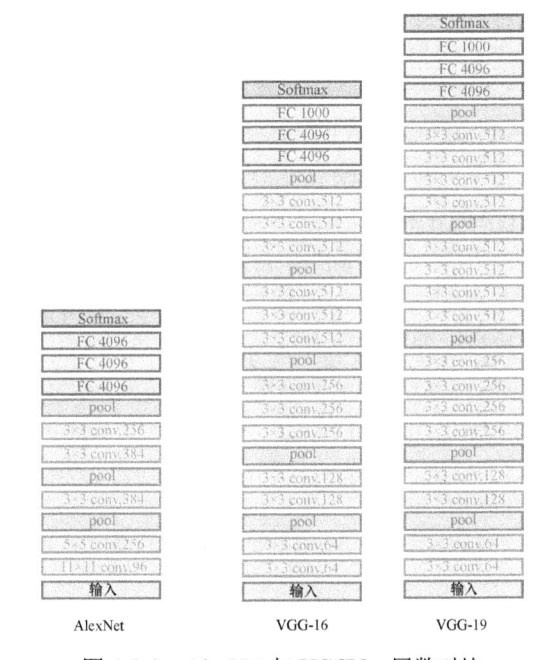

图 4-2-2 AlexNet 与 VGGNet 层数对比

ResNet 有深的网络，其强大之处在于可以跳过连接，因此，其深度可以达到 100 层之多。深的网络，由于梯度消失和维度诅咒的问题，无法学习恒等映射之类的函数。使用跳过连接，即可学习此类函数。若 $F(x)$ 没有学习到预期结果，或学习的方向有些偏移，则可运用跳过连接的 $x$ 将其纠正，实现保驾护航。跳过连接之所以强大，另一个观点是通过添加跳过连接，可将本不清楚的网络所需最佳层数视为重要的超参数进行调整。跳过连接所运用的恒等映射，从哲学上看是保持事物的本来面貌，从数学上看是时刻应有原特征的参照。

## 4.3 设计卷积神经网络进行图像分类

图像分类与目标检测的区别如下：图像分类主要基于图像的内容对图像进行标记，而目标检测涉及识别各种子图像并在每个识别的子图像周围绘制一个边界框。本节主要讲解如下 4 部分内容：①图像的处理与加载，主要讲解像素值归一化，实现从图像数据到张量的转变；②卷积神经网络的设计，注意全连接层的输入参数个数及张量变化；③网络的训练，选择迭代轮次及优化器选择；④测试与评估。

在处理数据时，可以使用标准的 Python 包将数据加载到一个 NumPy 数据组中，再把数据转换成 torch.×Tensor。图像数据可以使用 Pillow、OpenCV 导入；音频数据可以使用 SciPy、librosa 导入；文本可以使用原始的 Python 和 Cython 来加载，或者使用 NLTK 或 spaCy 处理。

本次实践使用 CIFAR10 数据集，包含如下 10 个类别："飞机"（airplane）、"汽车"（automobile）、"鸟"（bird）、"猫"（cat）、"鹿"（deer）、"狗"（dog）、"青蛙"（frog）、"马"（horse）、"船"（ship）、"货车"（truck），如图 4-3-1 所示。CIFAR10 的图像大小都是 3×32×32，即 3 颜色通道、32 像素×32 像素。

首先使用 torchvision 包（PyTorch 自带）加载和归一化 CIFAR10。

torchvision 的输出是[0,1]的 PILImage 图像，使用 transforms.Compose()函数将其转换为归一化范围为[-1,1]的张量的代码如下。

```
#//第 4 章/4.3 加载训练集包
import torch
import torchvision
import torchvision.transforms as transforms

transform = transforms.Compose(
    [transforms.ToTensor(),transforms.Normalize((0.5,0.5,0.5),(0.5,0
.5,0.5))])   #ToTensor 将 0～255 的图像数据转换成 0～1 的数据并且形成张量，
Normalize 计算方法为(原值-0.5)/0.5，将 0～1 区间中的数据转换到[-1,1]中

trainset = torchvision.datasets.CIFAR10(root="./data", train=True,
download=True, transform=transform)
trainloader = torch.utils.data.DataLoader(trainset, batch_size=4,
shuffle=True, num_workers=2)
 #加载数据，数据集为 trainset；4 表示批量大小；shuffle 打乱数据；2 个线程
testsets = torchvision.datasets.CIFAR10(root="./data", train=False,
download=True, transform=transform)
```

```
testloader = torch.utils.data.DataLoader(testset, batch_size=4,
shuffle=False, num_workers=2)

classes = ("plane","car","bird","cat","deer","dog","frog","horse",
"ship","truck")
```

飞机
汽车
鸟
猫
鹿
狗
青蛙
马
船
货车

图 4-3-1　CIFAR10 数据集示例

若结果显示为 Files already downloaded and verified，则表示数据已经加载好，接下来先直观感训练集中的图像，代码如下。

```
#//第4章/4.3 显示训练集中图像
import matplotlib.pyplot as plt
import numpy as np

#展示图像的函数
def imshow(img):
  img = img / 2 + 0.5    #unnormalize 反归一化，实现由[-1,1]转为[0,1]
  npimg = img.numpy()
  plt.imshow(np.transpose(npimg, (1, 2, 0)))

#获取随机数据
dataiter = iter(trainloader)
images, labels = dataiter.next()

#展示图像
imshow(torchvision.utils.make_grid(images))
#显示图像标签
print(' '.join('%5s' % classes[labels[j]] for j in range(4)))
```

图 4-3-2 所示为训练图像。

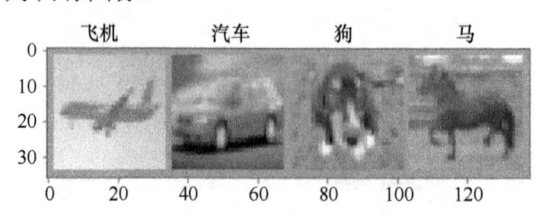

资料来源：CIFAR 数据集。

图 4-3-2 训练图像

如何自己定义一个卷积神经网络？代码如下（源于 PyTorch 官网给出的范例）。

```
#//第4章/4.3 自己定义一个卷积神经网络
import torch.nn as nn
import torch.nn.functional as F

class Net(nn.Module):
    def __init__(self):
        super(Net, self).__init__()
        self.conv1 = nn.Conv2d(3, 6, 5)
        3个输入通道，6个输出通道，卷积核大小为5×5
        self.pool = nn.MaxPool2d(2, 2)    #2×2池化跨度；步长为2
        self.conv2 = nn.Conv2d(6, 16, 5)
        self.fc1 = nn.Linear(16 × 5 × 5, 120)    #定义3个全连接层
        self.fc2 = nn.Linear(120, 84)            #输入120，输出84
        self.fc3 = nn.Linear(84, 10)

    def forward(self, x):                       #组合，x输入代表图像张量
        x = self.pool(F.relu(self.conv1(x)))
print(x.shape)
        x = self.pool(F.relu(self.conv2(x)))
        print(x.shape)
        x = x.view(-1, 16 × 5 × 5)
        print(x.shape)
        x = F.relu(self.fc1(x))
        x = F.relu(self.fc2(x))
        x = self.fc3(x)
        return x

net = Net()
print(net)
```

## 4.4 选择卷积神经网络损失函数及优化器

在设计完成卷积神经网络后，下一步要定义损失函数和优化器。使用交叉熵作为损失函数，使用带有动量的随机梯度下降法，代码如下。

```
#//第4章/4.4 定义损失函数和优化器
import torch.optim as optim

criterion = nn.CrossEntropyLoss()
#运用随机梯度下降(SGD)法，将学习率设置为0.001，将动量设置为0.9
optimizer = optim.SGD(net.parameters(), lr=0.001, momentum=0.9)

#Adam 参数 betas=(0.9, 0.99)
#optimizer = torch.optim.Adam(net.parameters(), lr=0.001, betas=(0.9, 0.98))
```

接下来，只需在数据迭代器上循环，将数据输入网络并优化，代码如下。

```
#//第4章/4.4 数据迭代
for epoch in range(2):    #设置迭代轮次

    running_loss = 0.0
    for i, data in enumerate(trainloader, 0):   #遍历数据集加载器
        #获取输入
        inputs, labels = data

        #梯度归零
        optimizer.zero_grad()

        #正向传播，反向传播，优化
        if i==0:
            print(inputs.shape)
        outputs = net(inputs)
        loss = criterion(outputs, labels)
        loss.backward()
        optimizer.step()    #一步优化

        #输出状态信息
        running_loss += loss.item()
        if i % 2000 == 1999:     #每2000批次输出一次
            print('[%d, %5d] loss: %.3f' %
                  (epoch + 1, i + 1, running_loss / 2000))
```

```
            running_loss = 0.0

print('Finished Training')
```

第一轮输出结果为 torch.Size([4, 3, 32, 32])，即 4 幅图像，每幅图像都有 3 个通道，图像尺寸为 32×32，结果显示，损失值在区间内振荡。第二轮输出结果为 torch.Size([4, 3, 32, 32])，损失值下降不多，结果如下。

| | |
|---|---|
| [1, 2000] loss: 1.288 | [2, 2000] loss: 1.285 |
| [1, 4000] loss: 1.264 | [2, 4000] loss: 1.289 |
| [1, 6000] loss: 1.283 | [2, 6000] loss: 1.278 |
| [1, 8000] loss: 1.326 | [2, 8000] loss: 1.304 |
| [1, 10000] loss: 1.292 | [2, 10000] loss: 1.289 |
| [1, 12000] loss: 1.331 | [2, 12000] loss: 1.287 |

完成训练后，通过预测神经网络输出的类别标签与实际情况标签进行对比，在测试集上测试网络。如果预测正确，则将该样本添加到正确预测列表中。

第一步，显示测试集中的图像并熟悉图像内容，代码如下。

```
#//第 4 章/4.4 显示测试图像
dataiter = iter(testloader)
images, labels = dataiter.next()
images, labels = dataiter.next()

# 显示图像
imshow(torchvision.utils.make_grid(images))
print('GroundTruth: ', ' '.join('%5s' % classes[labels[j]] for j in range(4)))
```

初步观察测试图像，如图 4-4-1 所示，其中，Ground Truth 为真值框，frog 为青蛙，car 为汽车。

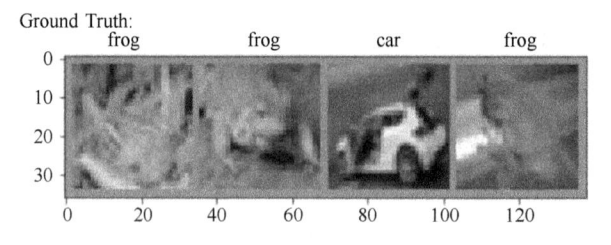

资料来源：CIFAR 数据集。

图 4-4-1 测试图像

第二步，查看自己设计好的神经网络的结果，使用 torch.max() 函数获取 10 个类别中类别能量最大的结果，1 表示在行中显示，代码如下。

```
#获取结果
outputs = net(images)
_, predicted = torch.max(outputs, 1)

print('Predicted: ', ' '.join('%5s' % classes[predicted[j]]
                              for j in range(4)))
```

神经网络输出结果为 Predicted：frog　frog　car　frog。预测完全正确。接下来扩展到整个测试集，查看其结果，代码如下。

```
#//第4章/4.4 带入整体测试集中
correct = 0
total = 0
with torch.no_grad():
    for data in testloader:
        images, labels = data
        outputs = net(images)
        _, predicted = torch.max(outputs.data, 1)
        #print(labels.size(0))
        total += labels.size(0)
        correct += (predicted == labels).sum().item()

print('Accuracy of the network on the 10000 test images: %d %%' % (
    100 × correct / total))
```

输出结果：在10000个测试图像中的准确率为54%。只训练两轮，可以得到该结果已经很不错，至少比随机选择的正确率（10%）要高。

接下来，查看10个类别之间准确率的差异，代码如下。

```
#//第4章/4.4 查看类别之间准确率的差异
class_correct = list(0. for i in range(10))
class_total = list(0. for i in range(10))
with torch.no_grad():
    for data in testloader:
        images, labels = data
        outputs = net(images)
        _, predicted = torch.max(outputs, 1)
        c = (predicted == labels).squeeze()
        #print(c)    #1为预测正确，0为预测错误
        for i in range(4):
            label = labels[i]
            class_correct[label] += c[i].item()
            class_total[label] += 1

for i in range(10):
```

```
    print('Accuracy of %5s : %2d %%' % (
        classes[i], 100 * class_correct[i] / class_total[i]))
```

10个类别正确率结果分别如下：飞机（plane），58%；汽车（car），65%；鸟（bird），33%；猫（cat），40%；鹿（deer），47%；狗（dog），25%；青蛙（frog），82%；马（horse），48%；船（ship），80%；卡车（truck），64%。青蛙有最高的正确率（82%）。对于只涉及两层并只训练两轮的剪辑神经网络，这已经是很优秀的结果，卷积神经网络确实学习到了重要的类别特征。

## 4.5 改进卷积神经网络以提高图像分类准确率

在 4.4 节，设计只有两层卷积层的卷积神经网络且只训练两轮，准确率即可达到 54%。该准确率还可进一步提升，有如下两种方法。

第一种改进方法是采用小尺寸的卷积层，代码如下。

```
#//第 4 章/4.4 采用小尺寸的卷积层来改进网络
self.conv1 = nn.Conv2d(3, 6, 3)   #卷积核大小从 5×5 改为 3×3，借鉴 VGGNet
self.conv11 = nn.Conv2d(6, 12, 3) #增加卷积层，借鉴深度神经网络，层数
多，抽取的特征更具有区分度
self.pool = nn.MaxPool2d(2, 2)
self.conv2 = nn.Conv2d(12, 24, 3) #最后一层卷积层增加通道

#全连接层
self.fc1 = nn.Linear(24 × 6 × 6, 120)
self.fc2 = nn.Linear(120, 84)
self.fc3 = nn.Linear(84, 10)
```

得到 torch.Size([4,3,32,32])，大小相同，但由于多加一层训练过程，所以，明显比之前训练速度慢，优点是损失值减小的幅度比原先大。第二轮结束，其损失值减小至 1.128，具体如下：

[1, 2000] loss: 1.922          [2, 2000] loss: 1.210
[1, 4000] loss: 1.641          [2, 4000] loss: 1.207
[1, 6000] loss: 1.530          [2, 6000] loss: 1.174
[1, 8000] loss: 1.414          [2, 8000] loss: 1.144
[1, 10000] loss: 1.353         [2, 10000] loss: 1.132
[1, 12000] loss: 1.296         [2, 12000] loss: 1.128

此时，10000 个数据总体准确率结果为 62%，确实比原先 54%的正确率有所提高。

第二种改进方法是利用批归一化，代码如下。

```
#//第 4 章/4.4 利用批归一化来改进网络
self.conv1 = nn.Conv2d(3, 16, 3)      #卷积层通道个数增加至 16 个，尺寸不变
self.batch1 = nn.BatchNorm2d(16)      #经过第一个批归一化
self.conv2 = nn.Conv2d(16, 32, 3)     #第二次卷积，卷积个数由 16 变为 32
self.batch2 = nn.BatchNorm2d(32)      #经过第二个批归一化
self.pool2 = nn.MaxPool2d(2, 2)

self.conv3 = nn.Conv2d(32, 32, 3)     #第三次卷积
self.batch3 = nn.BatchNorm2d(32)      #经过第三个批归一化
self.pool3 = nn.MaxPool2d(2, 2)

#全连接层
self.fc1 = nn.Linear(32 × 6 × 6, 120)
self.fc2 = nn.Linear(120, 84)
self.fc3 = nn.Linear(84, 10)
```

因为增加卷积通道，所以，训练时间较之前再次有所延长。因为归一化，所以，初始损失值已经较原先大幅下降。结果如下：

[1, 2000] loss: 0.953　　　　　　　　　[2, 2000] loss: 0.887

[1, 4000] loss: 0.971　　　　　　　　　[2, 4000] loss: 0.925

[1, 6000] loss: 0.935　　　　　　　　　[2, 6000] loss: 0.911

[1, 8000] loss: 0.964　　　　　　　　　[2, 8000] loss: 0.917

[1, 10000] loss: 0.967　　　　　　　　 [2, 10000] loss: 0.918

[1, 12000] loss: 0.956　　　　　　　　 [2, 12000] loss: 0.967

第二次改进后，准确率提升至 66%，因此，增加批归一化层的改进方向是正确有效的。

# 第 5 章

# 目标检测的两阶段深度学习方法

## 目标

本章讲解目标检测的两阶段深度学习方法，从深度学习方法之于目标检测的"开山鼻祖"R-CNN，到它的改进版本 Fast R-CNN、Faster R-CNN，详细讲解算法的思想及原理、改进方法、创新细节、网络架构及模型的训练、评估，重点讲解 Faster R-CNN，因为这个方法是 R-CNN 系列中最为成熟和应用最广泛的方法。

## 5.1 R-CNN 目标检测思想

目标检测主要解决两个问题：分类（Classification）和定位（Localization），如图 5-1-1 所示。目标检测既要检测出图像中的猫（Cat），又要框出图像中猫的位置。如果图像中有多个目标，就要框出多个目标的位置与多个目标的类别，如狗（Dog）、鸭子（Duck）。

图 5-1-1 目标检测回顾

### 5.1.1 目标检测数据集

目标分类的数据集通常使用目标检测竞赛的数据集 Pascal VOC、COCO，如图 5-1-2 所示。其中，Pascal VOC 数据集比较小，只有 20 个分类、10000 幅图像、25000 个带注释对象。注释对象之所以比图像多，是因为一幅图像中有多个需要检测的目标。相对于 ImageNet 数据集，Pascal VOC 较小，因为目标检测初期检测速度是很慢的，所以如果直接使用 ImageNet 数据集，则时间消耗非常大；如果使用 100000 幅图像来做竞赛，则检测时间就需要几天，比赛无法接受这个时间长度。而 COCO 数据集就比较大，有 200 个分类，共 3 种标注类型：目标实例（Object Instances）、目标上的关键点（Object Keypoints）和看图说话（Image Captions）。

图 5-1-2　目标检测数据集

### 5.1.2 从滑动窗口到选择搜索

如何进行目标检测呢？最简单的检测方法就是使用滑动窗口，如图 5-1-3 所示，即通过一个扫描窗口，从图像左上角开始，从左到右，从上到下，一直扫到右下角。例如，需要检测下图中人物的脸，先预设一个用来框定人脸的方框，由于人脸可能出现在图中任何位置，所以，需要使用预设的窗口在图像中滑动，并搜索图像的每个可能区域，直到检测完所有位置，在某个位置可能会检测到人脸。

资料来源：VOC 数据集。

图 5-1-3 滑动窗口

虽然滑动搜索是一种非常简单的、符合人类直觉的目标检测方法，但是这种方法有一个问题：计算量过大，方框中大部分都是背景，浪费算力。这个缺点正是入手改进的突破点，因为人脸通常是由相似的像素和结构组成的，背景也是由相似的像素点组成的，所以，应该想办法把目标和背景区分开。这就诞生了区域建议算法，近来有很多研究都提出了产生类别无关区域推荐的方法，如选择性搜索（Selective Search）、类别无关物体推荐（Category-Independent Object Proposals）等。一幅图像中包含的信息非常丰富，图像中的物体有不同的形状、尺寸、颜色、纹理，而且物体间还有层次关系。R-CNN 采用 Selective Search，基于颜色、纹理、大小和形状进行分组。

选择搜索的基本步骤共分为 5 步，如图 5-1-4 所示。

（1）使用 Felzenszwalb 等人在论文中描述的方法生成输入图像的初始分割，如图 5-1-4(a)与图 5-1-4(d)所示。

（2）递归地将较小的相似区域组合成较大的区域。使用贪心算法将相似的区域组合成更大的区域。贪心算法过程如下：从一组区域中选择两个最相似的区域，将它们组合成一个更大的区域，多次迭代，重复上述步骤，过程如图 5-1-4(b)和图 5-1-4(e)所示。

（3）使用分割的区域提议来生成候选框位置，过程如图 5-1-4(c)与图 5-1-4(f)所示。将图 5-1-4(b)与图 5-1-4(e)相似的候选框区域合并。

第 5 章 目标检测的两阶段深度学习方法

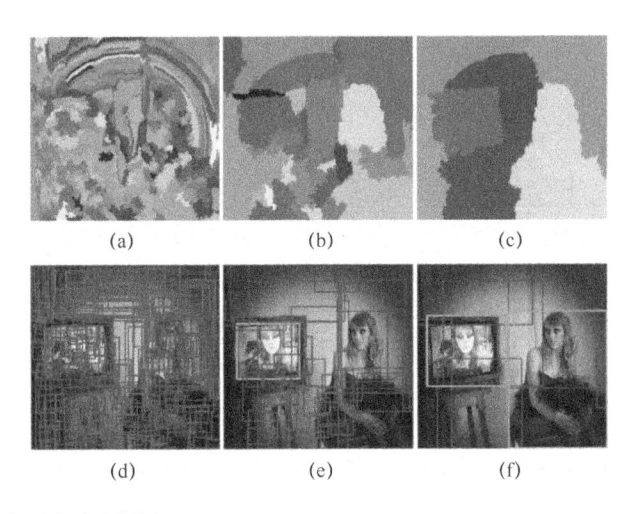

(a) (b) (c)
(d) (e) (f)

注：彩插页有对应彩色图片。

图 5-1-4 选择搜索的步骤

## 5.1.3 R-CNN 网络架构及训练过程

R-CNN 是深度学习应用于目标检测领域的"开山之作"，于 2014 年由 Ross Girshick 提出。正因为是初期的算法，所以其保留了一些传统的检测方法。之所以说 R-CNN 是深度学习的检测方法，是因为 R-CNN 使用 CNN 代替传统认为提取特征的方式，而提取特征正是神经网络的强项所在，如图 5-1-5 所示。

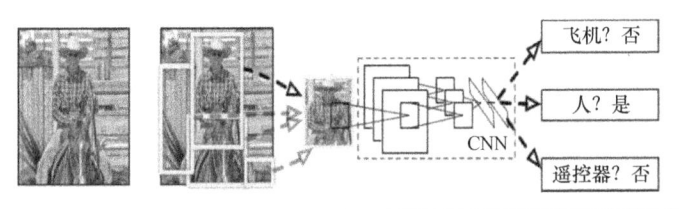

| 方法 | 定位 | 特征提取 | 分类 |
|------|------|----------|------|
| 传统方法 | 约束参数最小切割、滑动窗口等 | HOG、SIFT、LBP、BoW、DPM等 | SVM、神经网络、逻辑回归等 |
| R-CNN | 选择搜索 | 深度学习CNN | 二元线性SVM |

图 5-1-5 R-CNN 流程对比

R-CNN 的主要提升在于使用 CNN 提取特征，CNN 在训练的过程中是很慢的，而在测试的时候非常快。图 5-1-6 所示为 R-CNN 训练过程，共包括 3 步。

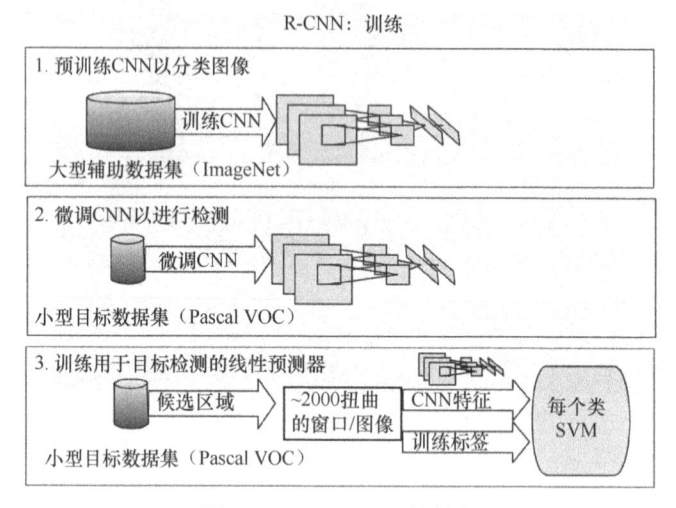

图 5-1-6  R-CNN 训练过程

（1）预训练 CNN 以分类图像，预训练的具体方式是先在大型数据集 ImageNet 分类任务上训练 CNN 并保存模型，如图 5-1-7 所示。Pascal VOC 数据集比较小，而在深度神经网络训练中，小数据集是非常容易过拟合的。在相似任务中训练的网络参数是可以迁移过来用在其他相似的任务上的，这就是迁移学习思想的应用。对于迁移学习，这里不做展开，读者可以参阅相关资料。

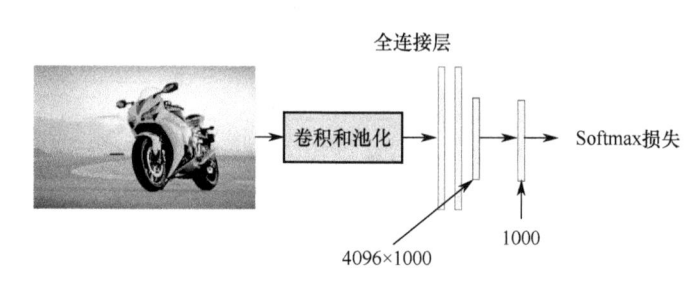

图 5-1-7  使用 ImageNet 数据集训练 R-CNN 的第一步

（2）微调 CNN 以检测，如图 5-1-8 所示，包含如下 3 步。

① 通过选择搜索算法提出与类别无关的候选区域，每个图像有约 2000 个候选框。对应区域可能包含目标对象，也可能只是背景，并且它们的大小不同。

② 根据 CNN 的要求，候选区域被扭曲（或称重塑，Reshape）为固定大小。

③ 继续在 $K+1$ 个类别（对于 Pascal VOC 数据集，就是 20 个类别+1 个背景）的候选区域上微调 CNN，额外的一类是指背景。在微调阶段，应该使用更小的学

## 第 5 章 目标检测的两阶段深度学习方法

习率，并且小批量地对正例进行过采样，因为大多数候选区域只是背景。

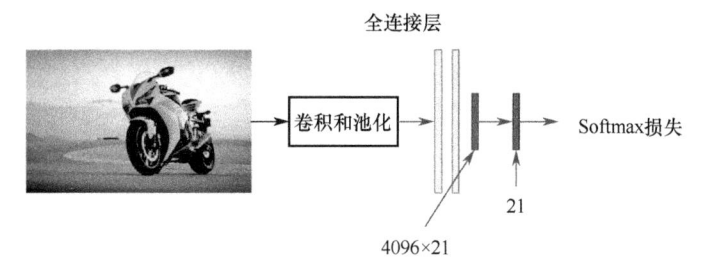

图 5-1-8 训练 R-CNN 第二步

（3）训练用于目标检测的线性预测器，包含如下两步。

① 开始训练预测器，把 2000 个候选框输入 CNN 进行特征提取，然后输入到针对每个类别独立训练的二分类 SVM 分类器中，最后得到该框属于每个类别的概率。正样本是真值标记框，负样本是低于阈值的其他框。

② 为了减少定位误差，训练回归模型以对候选框进行修正，这些候选框是 CNN 得到的。

具体操作方法如下：重塑图像大小，对图像进行剪切及扭曲，如图 5-1-9 所示。对每幅图像进行选择搜索后得到的框不能直接放入网络，必须剪切成 227×227 大小后再送入网络，这是因为网络的最后分类中有全连接层，全连接层的输入必须相同。存储第五层池化后的所有特征，并保存。

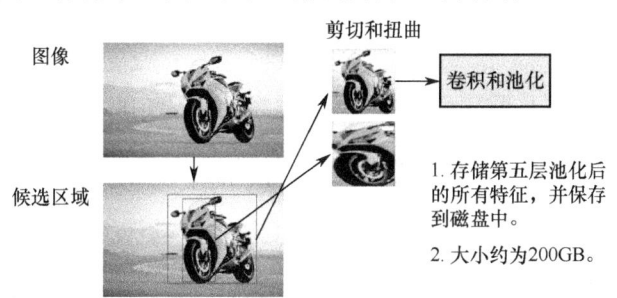

图 5-1-9 扭曲图像使大小一致

最后，确定正负样本。如图 5-1-10 所示，使用 SVM 对框出来的样品分类。为什么摩托车的一部分是负样本呢？因为该图相对于真值框（Ground Truth）的交并比（IoU）小于重叠阈值 0.3，所以，把它分为负样本，设置的阈值越小，对检测器的精度要求越高。

### 基于深度学习的目标检测原理与应用

针对每个类训练SVM

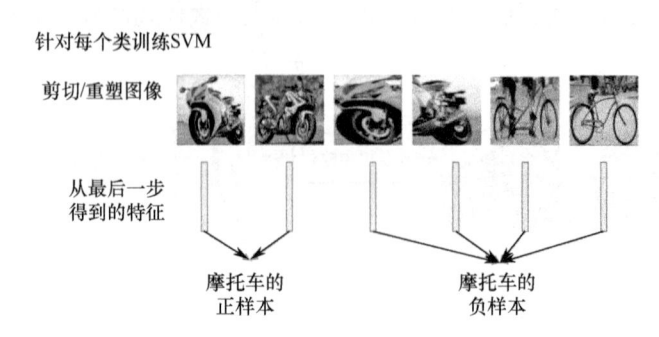

剪切/重塑图像

从最后一步
得到的特征

摩托车的
正样本

摩托车的
负样本

资料来源：LFW 数据集。

图 5-1-10　训练 R-CNN 第四步

注意，微调和 SVM 正负样本阈值设置不同，在微调时，设置 0.5 为阈值，即将与真值框有最大交并比重叠的框标记为正样本，所有其他候选区域标记为负样本。为什么在微调 CNN 与训练 SVM 时，正例和负例的定义有所不同？对于训练 SVM，仅将所有的真值标记框作为其各自类别的正例，而将与该类下的所有真值框交并比小于 0.3 的候选目标作为该类别的负例，交并比超过 0.3 的候选区将被忽略。这样的区别是由训练效果决定的，当开始微调时，最初使用与用于 SVM 训练相同的正例和负例定义，发现结果比使用当前对正负样本的定义所获得的结果差得多。

图 5-1-11 所示为 R-CNN 最终效果。

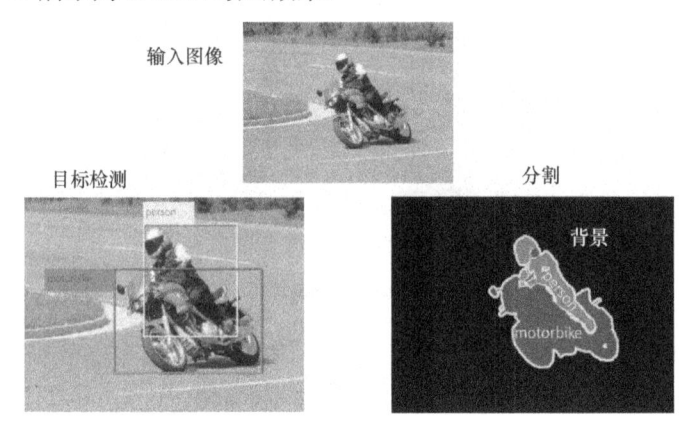

输入图像

目标检测　　　　　　　　　　　　　　　　分割

资料来源：VOC 数据集。

图 5-1-11　R-CNN 最终效果

上文已经说过，为了减少定位误差，对边界框使用回归技术进行校正，使边框恰好框住目标物体，对于这部分内容，会在5.9节详细展开，一方面，因为Faster R-CNN算法是R-CNN系列中最强大的，应用更广；另一方面，R-CNN算法原理和架构对于初学者来说已经很有挑战了，把边界框回归放于后边，有利于读者更好地专注于R-CNN原理。

## 5.2 目标检测指标——二分类器

如果仅仅是目标分类问题，则非常简单：直接看其分类的准确性即可。对于目标检测网络，既要看目标检测框的位置是否准确，还要看其分类效果是否精确，这样就比较困难。

mAP（mean Average Precision，平均精度均值）是目标检测常用的指标，其中，mean和Average都是均值的意思，为什么mAP是平均均值呢？下面将分阶段讲解。

首先要讲的是 Ground Truth。Ground Truth 是一种人为标定的真值框，如图 5-2-1 所示。任何深度学习的真实值都是人为标定（认定）的真实值，如图 5-2-1 中框出的马（Horse）、人（Person）、狗（Dog），将目标框出来以后再进行分类。因此，目标检测的目标有两个：一个是将物体框出来；另一个是对物体进行分类。

资料来源：VOC 数据集。

图 5-2-1 Ground Truth 结果

表 5-2-1 所示为 Ground Truth 实例。这 5 个值就可以定位所有的真值框。在物体检测网络中会产生大量候选框（如 R-CNN 会产生 2000 个左右的候选框）。但是在真实图像中，通常只有 3~4 个目标需要检测，大部分候选框框到的是背景，因此，使用交并比衡量候选框的置信度（前景、背景置信度），交并比越高，则置信度越高。

表 5-2-1　Ground Truth 实例

| 类别 | 横坐标 | 纵坐标 | 宽度 | 高度 |
|---|---|---|---|---|
| 狗 | 100 | 600 | 150 | 100 |
| 马 | 700 | 300 | 200 | 250 |
| 人 | 400 | 400 | 100 | 500 |

首先需要从二分类器说起，因为目标检测作为一个多分类器，其评估指标是从二分类器迁移过来的。二分类器根据标签正负与预测结果为正负可以分为 4 个不同的样本：如果标签为正，预测结果也为正，则称为真正（TP）；如果标签、预测结果都为负，则称为真负（TN）；同理，如果标签为正，预测为负，则称为假负（FN）；如果标签为负，预测为正，则称为假正（FP）。

将这 4 个指标一起呈现在表 5-2-2 中，称为混淆矩阵（Confusion Matrix），其中，Positive 为正，Negative 为负。

表 5-2-2　二分类器分类标准

| 混淆矩阵 | | 真实值 | |
|---|---|---|---|
| | | Positive | Negative |
| 预测值 | Positive | TP | FP<br>Type I |
| | Negative | FN<br>Type II | TN |

预测性分类模型越准越好。那么，对应到混淆矩阵中，希望 TP 与 TN 的数量大，而 FP 与 FN 的数量小。当得到模型的混淆矩阵后，需要去看有多少观测值在第二、第四象限对应的位置，这里的数值越多越好；反之，在第一、第三象限对应位置出现的观测值越少越好。

在目标检测中，标签为正表示物体框中有物体，标签为负表示物体框中的是背景。如果一个模型的背景框检测率为 99%，而物体检测率为 10%，那么没人会认为这是一个合格的模型，因此，应更关心物体的检出率，这就衍生出精确率、召回率来衡量模型性能，具体公式如下。

（1）准确率。准确率等于所有预测正确的样本/总样本。

$$准确率 = \frac{TP+FN}{TP+FN+FP} \tag{5-1}$$

（2）精确率。精确率是就预测结果而言，表示的是预测为正的样本中有多少是真正的正样本。

## 第5章 目标检测的两阶段深度学习方法

$$精确率 = \frac{TP}{TP+FP} \quad (5\text{-}2)$$

（3）召回率。召回率是就原来的样本而言的，它表示的是样本中的正例有多少被预测正确。

$$召回率 = \frac{TP}{TP+FN} \quad (5\text{-}3)$$

精确率显示所有预测正确的正样本在所有预测为正的样本中的表现情况，而召回率就是所有预测正确的正样本在所有标签为正的样本中的表现情况。可以看到精确率、召回率分子只有 TP，而分母没有 TN，说明指标最关心物体预测正确率，而不关心背景预测错误率。

PR 曲线是以精确率和召回率为变量做出的曲线，其中，召回率为横坐标，精确率为纵坐标，如图 5-2-2 所示。随着数据的增多，精确率慢慢降低，召回率慢慢增高。这是因为检测器不是一个完美的检测器，如果检测器是完美的，则 PR 曲线将是一条横线。

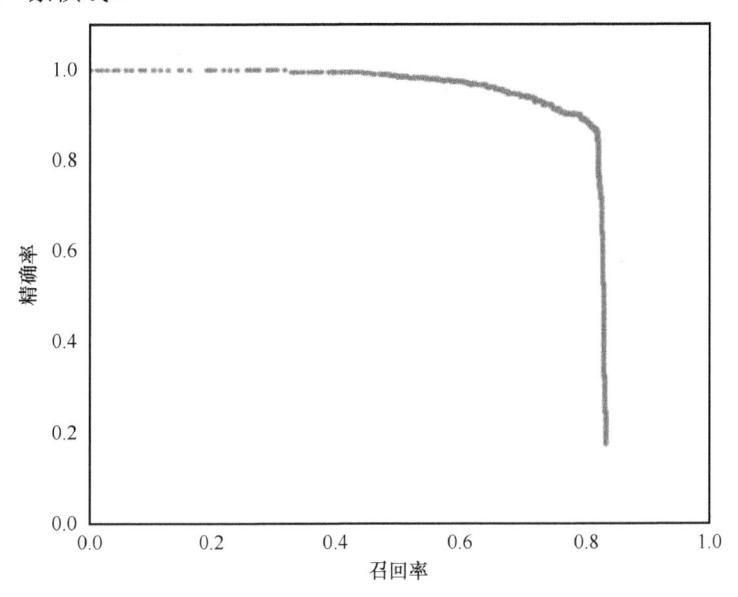

图 5-2-2 PR 曲线示意图

如图 5-2-3 所示的 PR 曲线是理想曲线，因为在现实问题中候选框都是整数，所以，真实的 PR 曲线是一个离散的曲线，并且会因为召回率不变、精确率一直下降的情况而出现尖角。为了方便计算，可以将尖角抹平，因此，图 5-2-3 中阶梯式的黑色实线就是需要计算的 PR 曲线，而且其是一个近似值。

图 5-2-3　真实的 PR 曲线

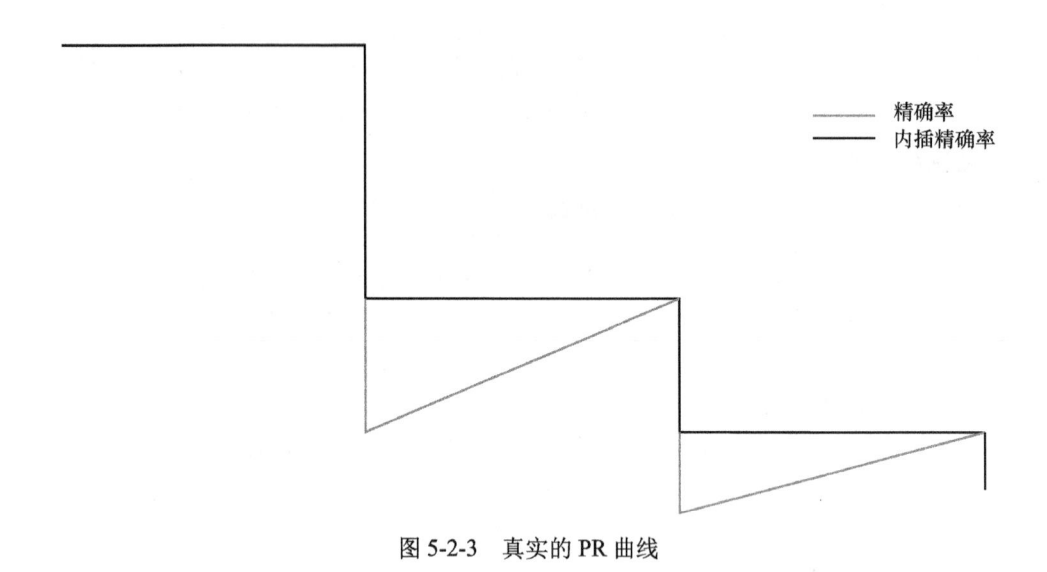

如果 PR 曲线是连续的，则只要对曲线进行积分就能计算 AP；对于离散的 PR 曲线，取 11 个召回率值（如 0, 0.1, 0.2, …, 1）作为阈值，则有

$$AP = \frac{1}{11} \sum_{r \in \{0,0.1,0.2,\cdots,0.9,1\}} p_{\text{inter}}$$
$$= \frac{1}{11}(1+1+1+0.67+0.67+0.67+0.5+0.5+0.5) \quad (5\text{-}4)$$
$$\approx 0.728$$

式中，$p_{\text{inter}}$ 为内插精确率。

以上是对二分类器计算 AP 的情况，对于多分类器的 AP，只需将不同类别的 AP 进行平均，形成 mAP。

## 5.3　R-CNN 目标检测模型评估结果

5.2 节讲解了目标检测的评估方法，本节讲解 R-CNN 的评估结果：每个分类效果如何、错误主要体现在哪里及其 R-CNN 在其他地方的应用。

传统方法的 mAP 为 33.7%左右，而 R-CNN 的 mAP 最高达 58.5%，差不多翻一番，如表 5-3-1 所示。

具体到每个类，其分辨效果如何？如图 5-3-1 所示，因为自行车的框比较大，几乎占完整个画面，所以，自行车的检测效果是最好的，其 AP 为 62.5%。

# 第 5 章 目标检测的两阶段深度学习方法

最差的就是鸟类，如图 5-3-2 所示，其 AP 为 41.4%，因为该类的框比较小，物体也比较小，所以，检测效果比较差。

表 5-3-1 传统方法及 R-CNN mAP 表

| | 模型 | VOC 2007 | VOC 2010 |
|---|---|---|---|
| 参考 | DPM v5 | 33.7% | 29.6% |
| | UVA sel. Search | — | 35.1% |
| | Regionlets | 41.7% | 39.7% |
| 预训练模型 | R-CNN pool5 | 44.2% | — |
| | R-CNN fc6 | 46.2% | — |
| | R-CNN fc7 | 44.7% | — |
| 微调 | R-CNN pool5 | 47.3% | — |
| | R-CNN fc6 | 53.1% | — |
| | R-CNN fc7 | 54.2% | 50.2% |
| | R-CNN fc7（边界框回归） | 58.5% | 53.7% |

自行车（AP 为62.5%）

资料来源：COCO 数据集。

图 5-3-1 自行车类

这些 AP 高低差异及检测错误是如何产生的呢？

以猫的 AP 图作为案例，如图 5-3-3 所示，其中 Loc 是 Location 的简写，意思是位置错误；Sim 是 Similarity 的简写，表示与猫相似的物体导致其出错；BG 为

BackGround 的简写，表示背景错误（交并比<0.5 表示背景）；Oth 为 Other 的简写，表示非相似物体的错误，如将人识别成猫。由图 5-3-3 可知，CNN 最差的就是位置错误，对于非相似物体错误较少，说明 CNN 取到的特征是比较好的。对于传统模型 DPM，猫的 AP 比较低，主要错误为相似物体错误，而位置错误比较小，这是因为传统方法使用的是滑动窗口法，把所有位置都考虑进去，相似物体错误比较多，说明传统方法人为设置的不同物体特征比较相似。CNN 对相似物体的识别比较好，说明 CNN 自动提取特征能力较强。

鸟（AP 为 41.4%）

资料来源：COCO 数据集。

图 5-3-2　鸟类检测

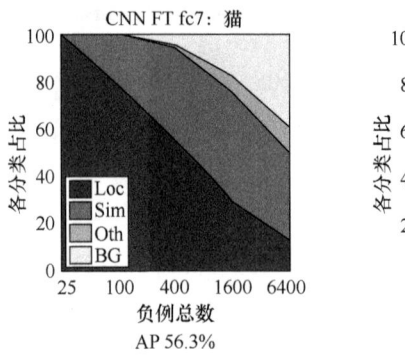

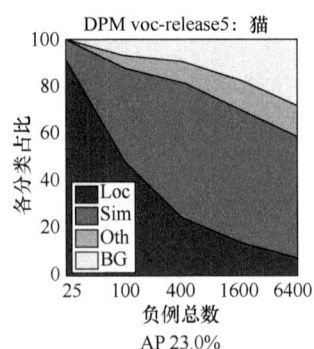

猫（AP 为 56.3%）

图 5-3-3　猫的检测 AP 图

# 第 5 章 目标检测的两阶段深度学习方法

回到 CNN 的网络结构，如图 5-3-4 所示，CNN 提取特征是在池化层，换句话说，在全连接层（dense）之前结束，而全连接层是最后用来分类的。

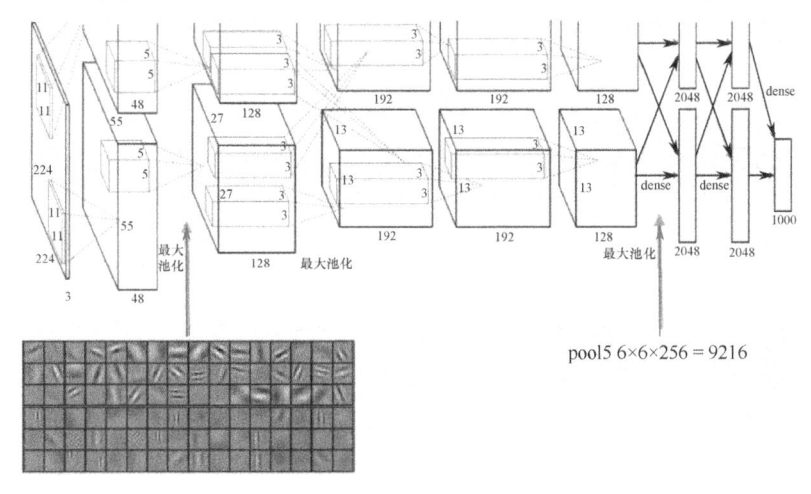

图 5-3-4 CNN 的网络结构

具体看一下效果，对于 CNN 提取到的特征，仅留下交并比大于 0.5 的特征，其余的在 R-CNN 中剔除。植物的特征如图 5-3-5 所示。

资料来源：COCO 数据集。

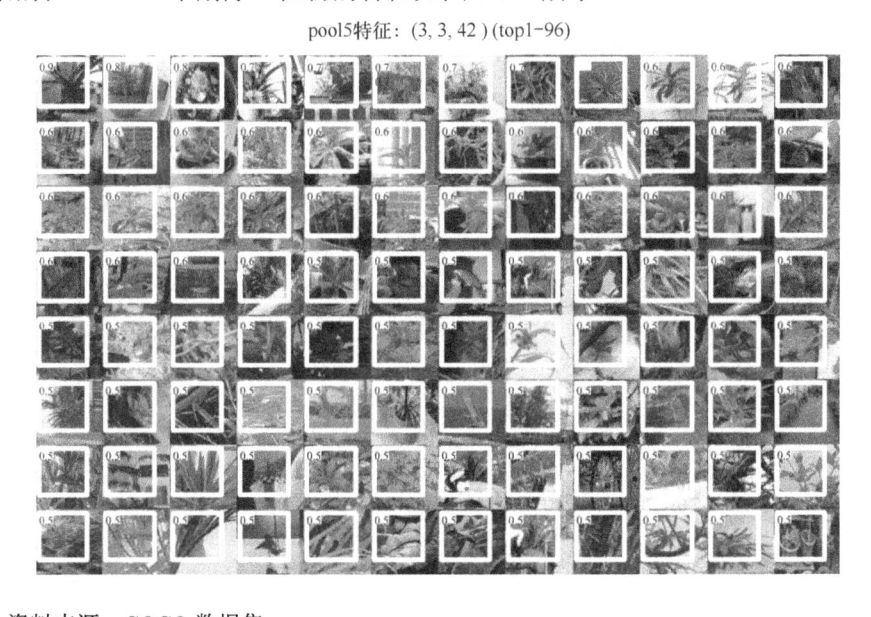

图 5-3-5 植物的特征

电视机的特征如图 5-3-6 所示。

pool5特征：(3, 4, 80) (top1-96)

资料来源：COCO 数据集。

图 5-3-6　电视机的特征

猫的特征如图 5-3-7 所示。

pool5特征：(4, 5, 110) (top1-96)

资料来源：COCO 数据集。

图 5-3-7　猫的特征

第 5 章 目标检测的两阶段深度学习方法

人脸的特征如图 5-3-8 所示。

pool5特征：(3, 5, 129) (top1-96)

资料来源：COCO 数据集。

图 5-3-8 人脸的特征

光的特征如图 5-3-9 所示。

pool5特征：(4, 2, 26) (top1-96)

资料来源：COCO 数据集。

图 5-3-9 光的特征

花纹的特征如图 5-3-10 所示。

pool5特征：(3, 3, 39) (top1-96)

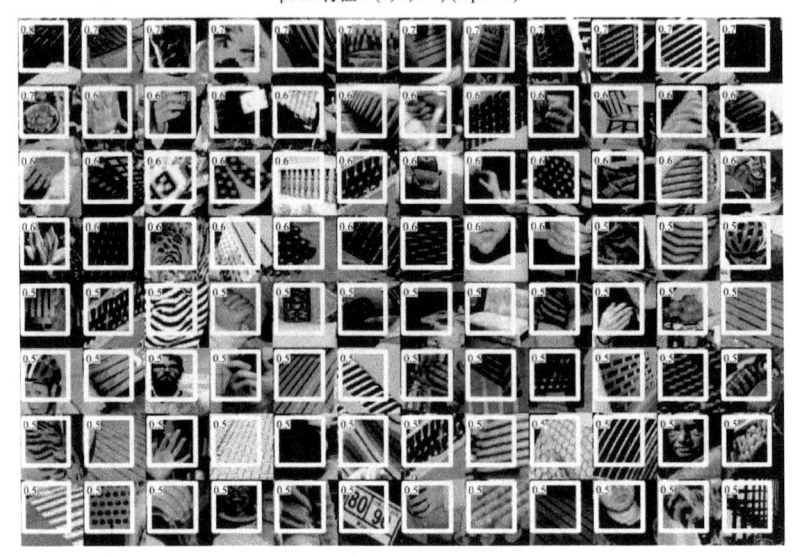

资料来源：COCO 数据集。

图 5-3-10　花纹的特征

夜晚灯光的特征如图 5-3-11 所示。

pool5特征：(5, 6, 53) (top1-96)

资料来源：COCO 数据集。

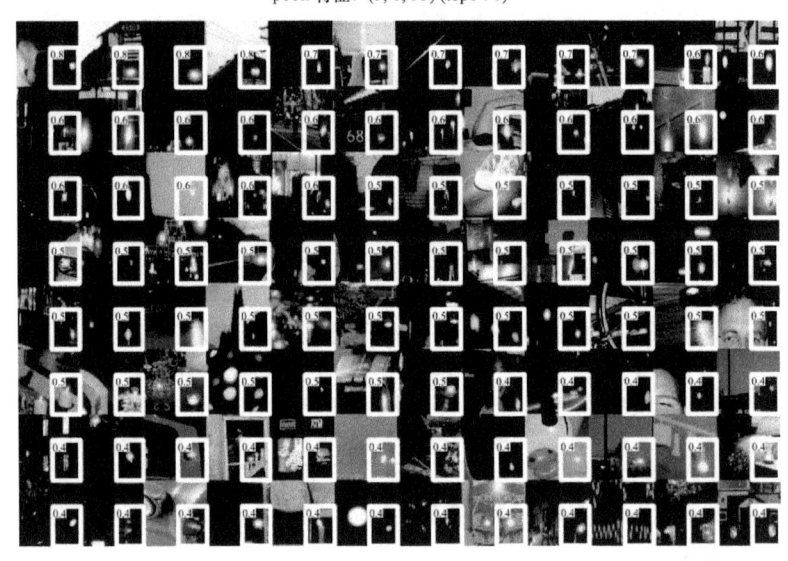

图 5-3-11　夜晚灯光的特征

狗的特征如图 5-3-12 所示。

pool5特征：(3, 3, 139)(top1-96)

资料来源：COCO 数据集。

图 5-3-12　狗的特征

标志牌的特征如图 5-3-13 所示。

pool5特征：(1, 4, 138)(top1-96)

资料来源：COCO 数据集。

图 5-3-13　标志牌的特征

虽然 CNN 在大部分模型上准确率都比较高，都比人更好，但是人设计出来的特征更加灵活，人可以根据不同的情况设计不同的特征。例如，检测人脸动物可以用 HOG，检测车牌可以用 SIFT。对于不同的情况，人可以建立不同的特征工程来适应问题，而机器的泛化性比较高。例如，对于单个人脸特征/人设计的特征并不比深度学习差，但是对于 100 个分类的特征设计，机器是强于人的。

### 5.3.1 R-CNN 用于细粒度类别检测

细粒度类别检测的含义是把类别分到一定"细"。例如，在检测鸟类时，除了检测鸟类，还需要检测出鸟的种类，Caltech-UCSD 鸟类数据集（CUB 200—2011）中有 200 余种鸟类的图像，共 12000 幅图像。该项目使用强监督设置，真值框的全部对象和部分对象是给定的，如一幅鸟的图像，鸟的头和身体是给定的；将"每个部分加完整目标"作为独立的目标类别来训练原始 R-CNN 管道中的支持向量机；最后运用集合约束。

R-CNN 用于细粒度类别鸟检测如图 5-3-14 所示。

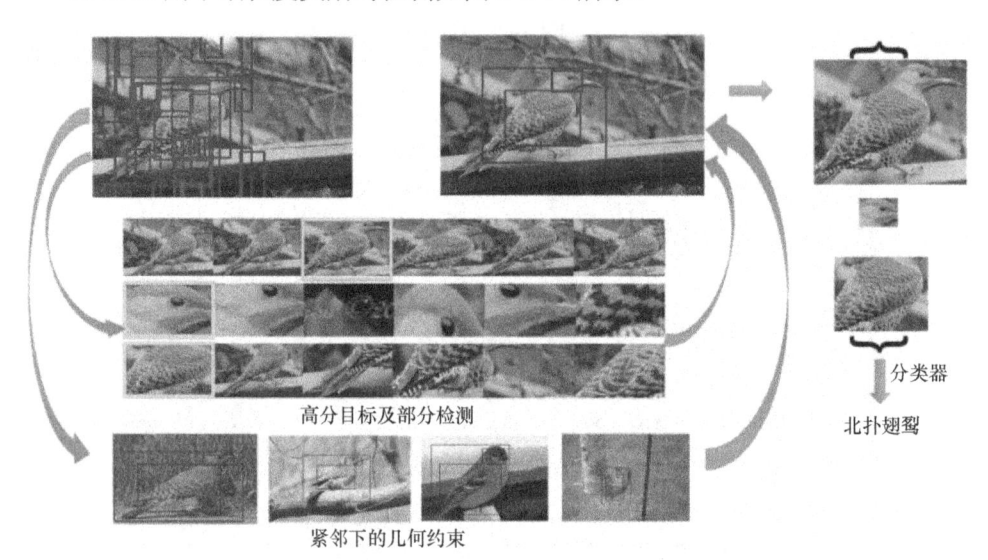

图 5-3-14 R-CNN 用于细粒度类别鸟检测

传统方法与 R-CNN 方法的结果比较如图 5-3-15 所示。

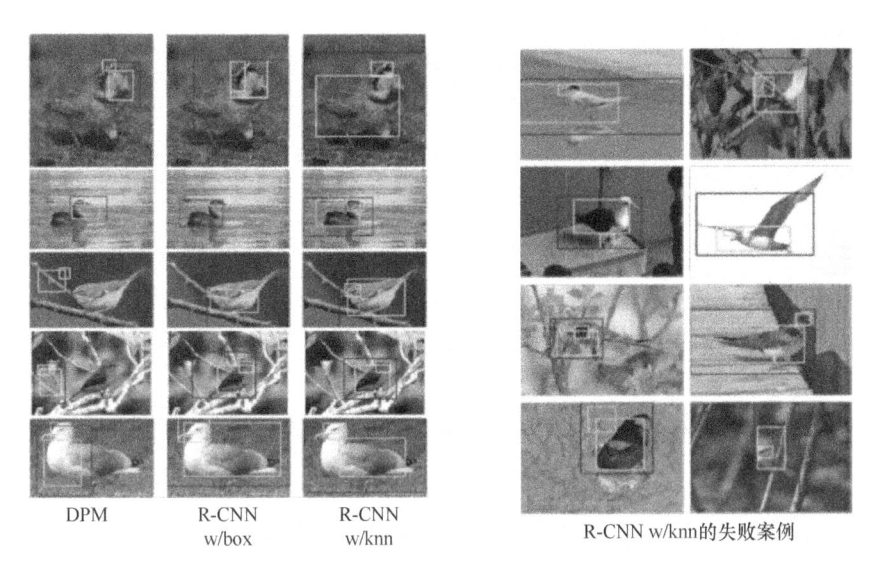

DPM　　R-CNN　　R-CNN
　　　　w/box　　w/knn

R-CNN w/knn的失败案例

图 5-3-15　传统方法与 R-CNN 方法的结果比较

## 5.3.2　R-CNN 用于目标检测与分割

当输入数据为图像时，还需加入深度信息（浅色离得近，深色离得远），生成候选框，再分别用 Depth CNN（深度）、RGB CNN 提取特征，最后进行目标检测与分割。使用 RGB 图像在 ImageNet 上预先训练，对 NYUD2（400 幅图像）和合成数据进行微调，支持向量机在 pool5、fc6、fc7 上训练，如图 5-3-16 所示。

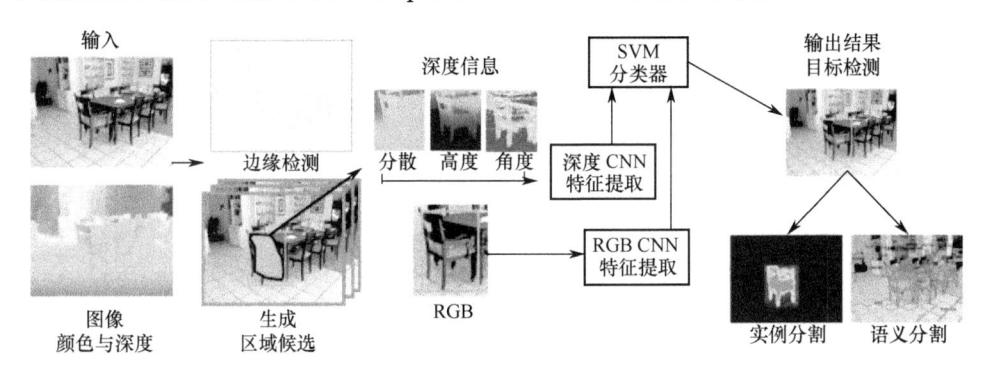

资料来源：NYUD2 数据集。

图 5-3-16　R-CNN 用于目标检测与分割

## 5.4 R-CNN 的缺陷和 Fast R-CNN 的改进

### 5.4.1 R-CNN 的缺陷

虽然 R-CNN 的精确度超过了传统的算法，但是 R-CNN 在深度学习中性能是最低的，因此，R-CNN 又被称为 Slow R-CNN，其检测速度很慢，大约需要 47s 才能检测完一幅图像。首先回顾一下 R-CNN：先生成 2000 多个候选框并重塑成同样大小，再将图像输入卷积神经网络（CNN），并用 SVM 进行二分类回归，每个类训练一个 SVM，并且进行边框回归（Bounding Box Regression），如图 5-4-1 所示。

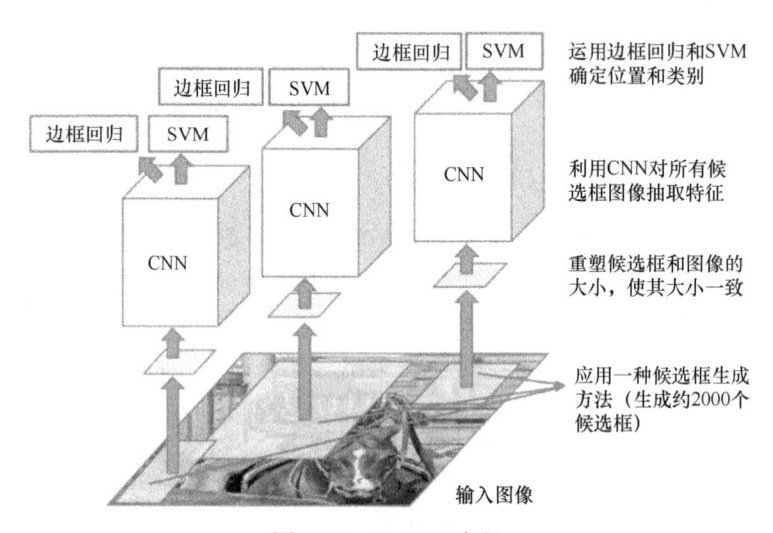

图 5-4-1 R-CNN 流程

那么，R-CNN 为什么这么慢呢？原因有如下两点。

（1）多阶段训练，3 个模型没有共享计算。第一个模型是在 ImageNet 上训练的用于图像分类和特征提取的卷积神经网络；第二个模型是在检测数据集上训练的用于目标识别的二元 SVM 分类器；第三个模型是在检测数据集上训练的用于收紧边界框的回归模型。

（2）非常高的空间和时间复杂度。在对网络进行微调之后，在训练 SVM 和边界框回归器之前，每幅图像都会产生 2000 多个候选框，并输入 CNN，将获得的特征缓存到磁盘中。生成这些特征需要很多时间，还需要 20GB 的空间来存储它们。

结果就是训练过程很缓慢,大约需要84h,使用VGG-16进行检测的速度是47s/幅。

在R-CNN中,先产生候选区域,再经过CNN抽取特征,因为候选框重叠,所以重叠的部分会被反复经过CNN计算。而SPP-Net将整幅图像输入到CNN中得到特征图,之后直接在特征图上产生候选框,这样效率会非常高。但是,在特征图上产生的候选框是大小不一的,无法统一放入后面的全连接层进行分类,因为全连接层要求输入尺寸统一。在R-CNN中产生候选框后就将候选框重塑成统一大小,但是特征图上产生的候选框不能简单地重塑统一大小,SSP-Net使用SSP层(空间金字塔池化层)将候选框变成统一大小后再放入SVM进行分类。

### 5.4.2 感兴趣区域池化

感兴趣区域池化(Region of Interest Pooling,RoI池化)是Fast R-CNN借鉴SPP-Net的SPP层而提出的。

上一节讲到,SSP-Net将整幅图像输入CNN而得到特征图,之后直接在特征图上产生候选框。在特征图上产生的候选框不能简单地重塑统一大小,那么,SPP-Net是怎么做到的呢?那就是使用大小不同的核对特征图进行池化,只产生3种尺寸的特征图。图5-4-2所示为一个8×4的特征图,分别通过3种尺寸(2×1、4×2、8×4)的核的池化,得到的特征图的大小为4×4、2×2、1×1。同理,如果是16×8的特征图,也要输出4×4、2×2、1×1,那么,池化层大小为4×2、8×4、16×8,最后合并成一个向量,进入全连接层。

Fast R-CNN是R-CNN的作者Ross Girshick对R-CNN的改进。

Fast R-CNN池化层是空间金字塔池化SPP层的特例,只有一个金字塔层。该层将来自候选框的特征划分为大小为 $h/H×w/W$ 的子窗口,并在这些子窗口中的每一个中都执行池化操作。无论输入的大小如何,都会产生 $H×W$ 的固定大小的输出特征。选择 $H$ 和 $W$ 使输出与网络的第一个全连接层兼容。Fast R-CNN论文中 $H$ 和 $W$ 的选择值为7。与常规池化一样,RoI池化在每个通道中单独进行。

在Fast R-CNN中,候选框是怎么产生的?

在Fast R-CNN中,图像只被送入底层CNN一次,而选择搜索则像往常一样运行。然后,这些由选择搜索生成的区域建议(候选框)被投影到由CNN生成的特征图上。这个过程称为感兴趣区域投影(RoI Projection,RoI投影)。

在介绍 RoI 投影之前,需要了解子采样率(Subsampling Ratio)。子采样率是特征图大小与图像原始大小的比率,如图 5-4-3 所示。一个 18×18 的输入图像,经过 3 次卷积,得到 2×2 特征图,子采样率是 1/9。

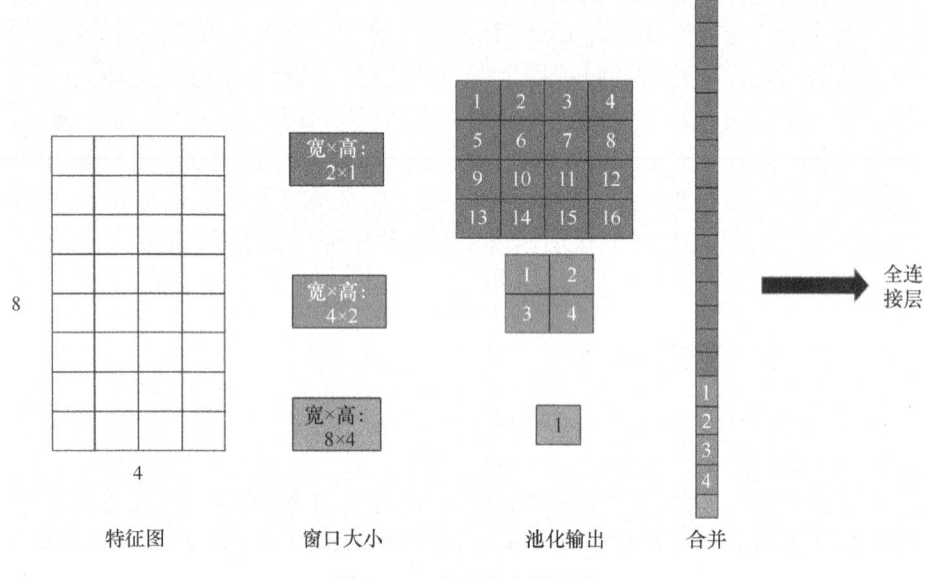

图 5-4-2　空间金字塔池化

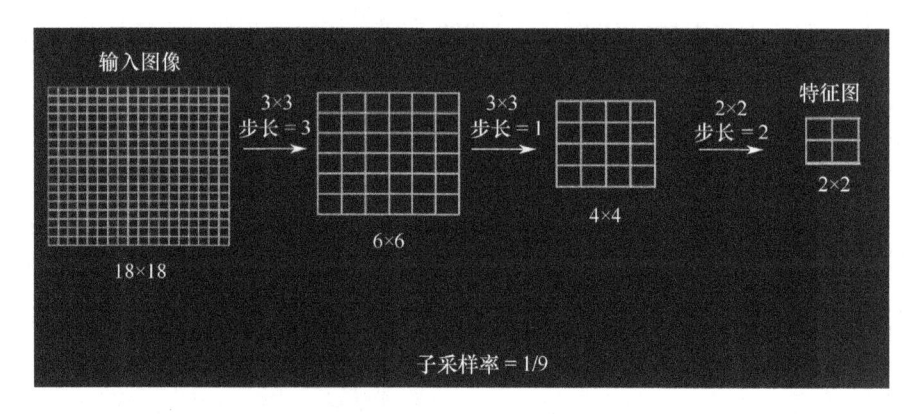

资料来源:3Blue1Brown 公开博文。

图 5-4-3　子采样原理示意图

RoI 投影的思想是从感兴趣区域获得边界框的坐标,通过"RoI 投影"将它们投影到特征图上。这相当于子采样:在特征图上采样出边界框对应的特征。

# 第5章 目标检测的两阶段深度学习方法

如图 5-4-4 所示,将大小为 688×920 的图像馈送到子采样率为 1/16 的 CNN 中。生成的特征图的大小为 688/16×920/16=43×58。类似地,RoI 投影的大小为 320×128,经过二次采样后为 20×8。通常,边界框的坐标以两种方式表示。

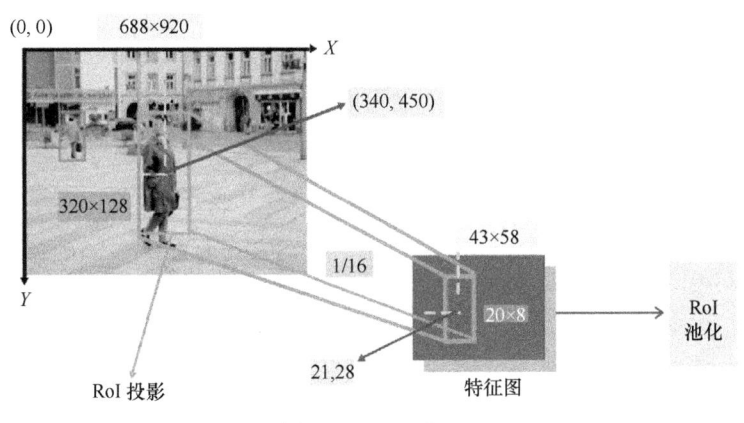

图 5-4-4  RoI 投影

一种表示方法是将框的中心点$(X, Y)$与框的宽、高$(W, H)$合并共同构成四维坐标,即$[X, Y, W, H]$。

另一种表示方法是用边界框左上顶点和右下顶点,构成四维坐标,即$[X_1, Y_1, X_2, Y_2]$。

在这里,以第一种方法为例。从图 5-4-4 中可以看出,RoI 投影中心点是(340,450),对应特征图中的中心点坐标为(21,28)。通过这种方式,把 RoI 建议框投影到特征图上。

RoI 池化和 RoI 投影是 Fast R-CNN 借鉴 SSP-Net 实现的重要创新。

## 5.4.3 Fast R-CNN 创新损失函数设计

对于损失函数,R-CNN 预训练的分类网络使用的是 Softmax 函数,针对单个类别的二元 SVM 使用的是合页损失,边界框回归使用的是均方损失,最后得出 3 个损失使得效率比较低。实际上,3 个目标不同的损失本质上没有不同,Fast R-CNN 将 3 个损失函数加权求和变成一个总的损失函数,即分类损失加边界框回归损失:$\mathcal{L} = \mathcal{L}_{cls} + \mathcal{L}_{box}$。对于图像中的背景 RoI,边界框损失 $\mathcal{L}_{box}$ 将被忽略,通过指示函数 $1[u \geq 1]$ 来控制。

$$1[u \geq 1] = \begin{cases} 1, & u \geq 1 \\ 0, & u < 1 \end{cases} \tag{5-5}$$

此外，这两个损失函数不能直接相加，如果直接相加就会因为损失函数本身数值大小等问题导致损失函数不平衡。式（5-6）中的 $\lambda$ 就是边界框损失的权重，为什么需要 $\lambda$ 呢？因为边界框的损失一般只有 4 个值：$x, y, w, h$，最多再加一个置信度，而分类损失往往有 100 个甚至更多类别，显然不能将两种损失同等对待，由于边界框损失相比分类损失要少，所以，要增加一个 $\lambda$ 来均衡，这可以看作样本不平衡问题：边界框的样本很少，分类的样本很多，因此，加入一个大于 1 的因子。

$$\mathcal{L}(p,u,t^u,v) = \mathcal{L}_{cls}(p,u) + \lambda \cdot 1[u \geq 1] \mathcal{L}_{box}(t^u,v) \tag{5-6}$$
$$\mathcal{L}_{cls}(p,u) = -\log p_u$$

式中，$p$ 为 RoI 分类预测值；$u$ 为 RoI 分类真实值；$t^u = (t_x^u, t_y^u, t_w^u, t_h^u)$ 为预测的边界框；$v = (v_x, v_y, v_w, v_h)$ 为真实的边界框；$\lambda$ 用来均衡两类损失比重；$\mathcal{L}_{cls}(p,u)$ 使用负对数损失函数，即 $\mathcal{L}_{cls}(p,u) = -\log p_u$。

对于分类中的正负样本划分问题，Fast R-CNN 与 R-CNN 一样，正负样本的比例是 1:4，即占总样本数 25% 的 RoI 具有与真值目标边界框的交并比至少为 0.5，这些样本，对于该特定类别将是正的，并且会被标记为适当的 $u=1\cdots K$。

占总数 75% 的 RoI 与真值边界框的交并比属于区间[0.1, 0.5)，这些 RoI 被标记为属于类别 $u=0$，即背景类别，为什么要设置最低阈值 0.1？因为这给我们的检测器以更高的要求，让检测器对这些框都认为是背景框。

$\mathcal{L}_{box}(t^u, v)$ 使用平滑 $L_1$ 损失函数 $L_1^{smooth}$，如下式：

$$\mathcal{L}_{box}(t^u, v) = \sum_{i \in \{x,y,w,h\}} L_1^{smooth}(t_i^u - v_i) \tag{5-7}$$

$L_1$ 函数存在的问题为在零点处不可导，而 $L_1^{smooth}$ 修正 $L_1$ 函数使之在零点处可导，变成一个光滑的曲线。为什么不使用 $L_2$ 损失？因为 $L_1$ 的计算效率高于 $L_2$，$L_2$ 中存在平方运算，浮点数进行平方计算时，效率将大大下降；$L_1$ 对异常点容忍度比 $L_2$ 高，因为平方运算会使得异常点按平方放大。$L_1^{smooth}$ 公式如下：

$$L_1^{smooth}(x) = \begin{cases} 0.5x^2, & |x| < 1 \\ |x| - 0.5, & \text{其他} \end{cases} \tag{5-8}$$

图 5-4-5 所示为 $L_1^{smooth}$ 图形及其导数，可见 $L_1^{smooth}$ 在 0 处是光滑可导的，其导数在-1 到 1 是线性的。

以上就是两大主要改进，Fast R-CNN 创新之处可以用一句话概括：将整个问题转化成端到端的问题。

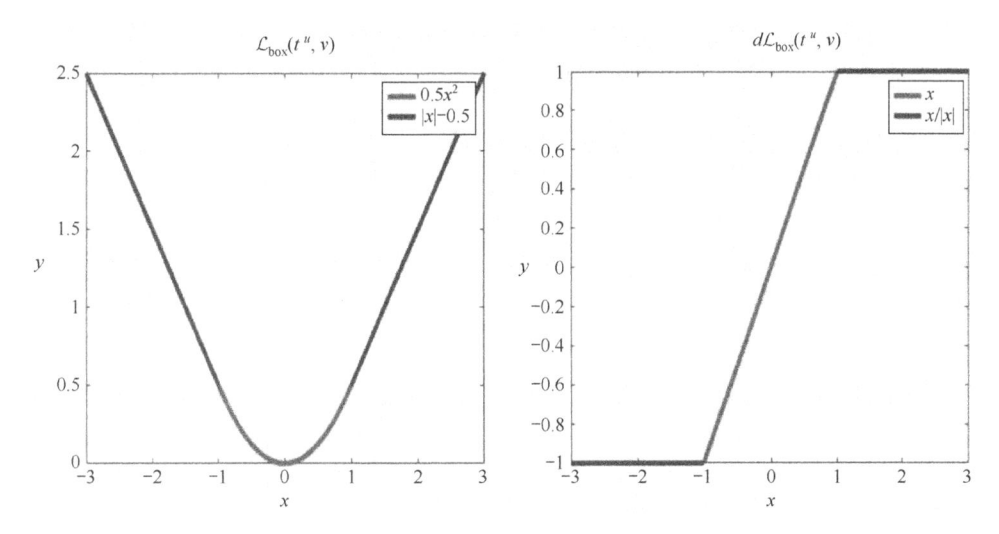

注：彩插页有对应彩色图片。

图 5-4-5　$L_1^{smooth}$ 图形及其导数

## 5.5　Fast R-CNN 网络架构和模型评估

至此，已经把 Fast R-CNN 对 R-CNN 的两大创新改进之处阐述清楚，接下来介绍 Fast R-CNN 整个网络架构及模型评估。

### 5.5.1　Fast R-CNN 模型工作流程

Fast R-CNN 模型工作流程如下。
（1）在图像分类任务上预训练卷积神经网络。
（2）通过选择搜索产生候选框（每幅图像约有 2000 个）。
（3）改变预训练的 CNN。
- 用 RoI 池化层替换预训练 CNN 的最后一个最大池化层，RoI 池化层输出候选框的固定长度特征向量。共享 CNN 计算很有意义，因为相同图像的许多候选框高度重叠。
- 将最后一个全连接层和最后一个 Softmax 层替换为一个全连接层和 $K+1$ 个类别上的 Softmax。

（4）模型分为两个输出层：
- $K+1$ 个类别的 Softmax 分类器，输出每个 RoI 的离散概率分布。
- 边界框回归模型，它预测相对于 $K$ 个类别中每个类别的原始 RoI 的偏移量。

### 5.5.2 Fast R-CNN 网络架构

现在从全局视角看一下 Fast R-CNN 全景网络架构,如图 5-5-1 所示。5.5.1 节讲的 Fast R-CNN 模型的工作流程都在这个图中有所体现。

首先,输入一幅图像,分为两路,一路就是选择搜索,另一路经过 VGGNet 或 AlexNet 等经典网络。两路产生的结果,可以进行感兴趣区域映射,得到候选框的特征图。

其次,经过 RoI 池化,得到大小一致的特征图。

最后,将来自 RoI 池化层的特征张量 $N×7×7×512$(其中 $N$ 是候选框的数量)输入到连续的全连接层中,进入 Softmax 分类和边界框回归,在两个分支中,Softmax 分类分支产生每个 RoI 属于 $K+1$ 个类别的概率值,边界框回归分支的输出使区域提议算法的边界框更精确。

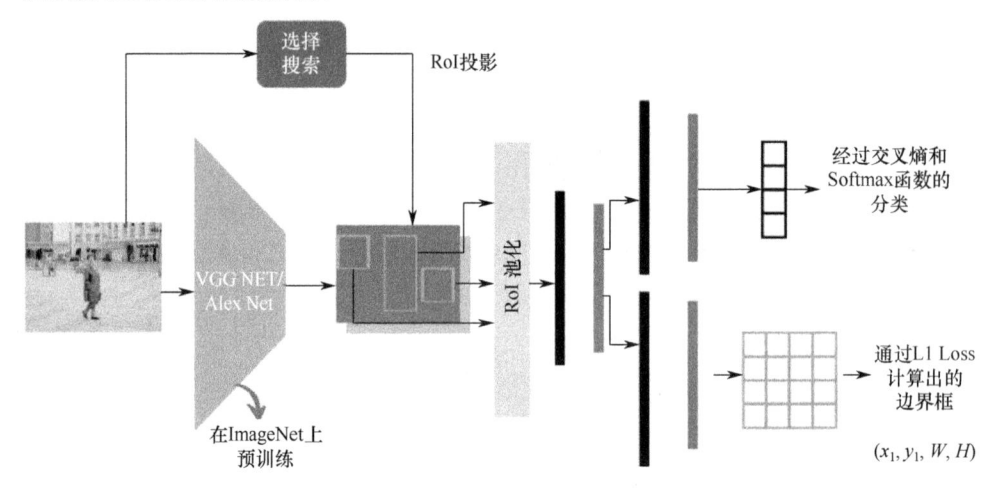

图 5-5-1 Fast R-CNN 的网络架构

### 5.5.3 RoI 池化反向传播方法

以最大池化为例,只需在选定范围内取最大值,而其输出就是选定的子窗口的最大值,因此,导数就为 1。

RoI 池化会在一幅特征图上产生多个 RoI,而多个 RoI 极有可能重叠。如图 5-5-2 所示,感兴趣区域 $r_0$、$r_1$ 特征图 $x_{23}$ 处出现重叠,$r_0$、$r_1$ 经过池化后都变成 $2×2$ 大小的特征图。池化后的 $r_0$、$r_1$ 也都包含 $x_{23}$ 这个点,$x_{23}$ 在特征图 $r_0$ 的右下角记为 $y_{0,2}$,$x_{23}$ 在特征图 $r_1$ 特征图的右上角记为 $y_{1,0}$,因此,反向传播过程中属于 $r_0$、$r_1$ 的 $x_{23}$ 特征都要反传,这样就出现两个梯度,需要累加。

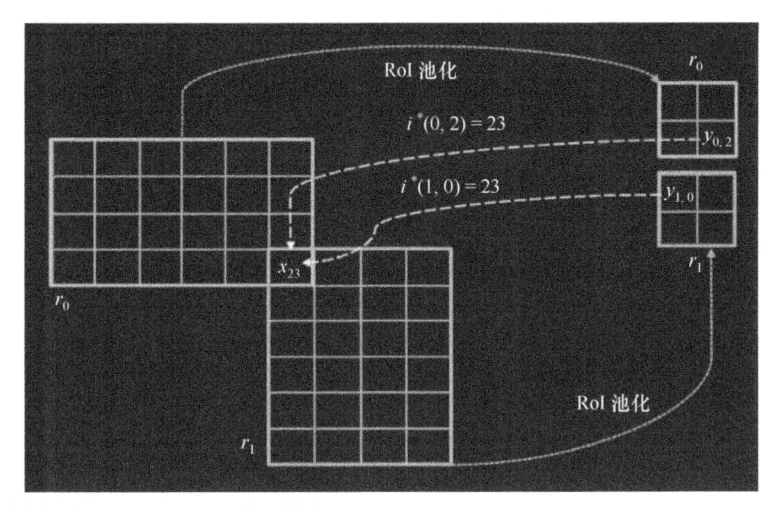

资料来源：3Blue1Brown 公开博文。

图 5-5-2 反向传播示意图

RoI 池化层反向传播计算公式如下：

$$\frac{\partial L}{\partial x_i} = \sum_r \sum_j (i = j(r,j)) \frac{\partial L}{\partial y_{rj}} \tag{5-9}$$

式中，$x_i$ 为输入层的节点；$y_{rj}$ 为第 $r$ 个候选区域的第 $j$ 个输出节点（每个 $y_j$ 的输入是 $x_i$），则该重叠点的梯度就是多个占有该重叠点的梯度之和。

换句话说，对于每个小批量，感兴趣区域 $r$ 和每个池化输出单元 $y_{rj}$，如果 $i$ 是为得到 $y_{rj}$ 通过最大池化方法选择的最大像素值索引，则累积偏导数 $\frac{\partial L}{\partial y_{rj}}$。在反向传播中，偏导数 $\frac{\partial L}{\partial y_{rj}}$ 已经由 RoI 池化层顶部的反向函数计算出来。

### 5.5.4 Fast R-CNN 结果评估

R-CNN 的训练用时为 84 h，SPP 的训练用时为 25 h，而 Fast R-CNN 的训练用时为 9.5 h，其效率大约是 R-CNN 的 8.8 倍。Fast R-CNN 的测试速度为每个图像 0.32s，提速 146 倍，Fast R-CNN 的 mAP 相对 R-CNN 提高 0.9 个百分点，如表 5-5-1 所示。

综上所述，Fast R-CNN 具有如下特点：①端到网络端训练，训练速度快；②使用 VGG 开源网络架构，易于实践。不过 Fast R-CNN 依旧存在问题，首先候选框生成使用的"选择搜索"方法仍是传统方法，不够准确且不够高效。至于如何改进，下一节将进一步讲解。

表 5-5-1 Fast R-CNN 测试结果

| | Fast R-CNN | R-CNN | SPP 网络 |
|---|---|---|---|
| 训练时间（h） | 9.5 | 84 | 25 |
| 提速 | 8.8× | 1× | 3.4× |
| 测试时间/图像（s） | 0.32 | 47.0 | 2.3 |
| 测试提速 | 146× | 1× | 20× |
| mAP | 66.9% | 66.0% | 63.1% |

## 5.6 Fast R-CNN 的创新

Faster R-CNN 是 Ross Girshick 对 Fast R-CNN 的创新改进。

Faster R-CNN 相对于 Fast R-CNN，最重要的创新之处就是使用区域建议网络（RPN）来生成候选框，因为 Faster R-CNN 就相当于 Fast R-CNN 加上 RPN，所以，Faster R-CNN 又被称基于区域建议网络的实时目标检测，因此，理解 RPN 是理解 Faster R-CNN 的关键。

### 5.6.1 Faster R-CNN 的创新思想

思想先于方法，如果刚开始就直接研究方法，则往往很难抓住方法的源头，要站在思想的高度上来看待这个算法，以便于掌握创新的技巧。要想真正掌握 Faster R-CNN，就要抓住并深挖其背后的指导思想，这样，才能真正掌握设计新的目标检测网络的能力。

Faster R-CNN 之前的目标检测比较简单，来源于非常朴素的思想：首先由 CNN 来获得特征，然后获得区域建议。获得特征是 CNN 的特长，在 R-CNN 中，先获得区域建议，然后利用区域的 CNN 特征进行分类；而 SPP-Net 把获取的区域建议放到 CNN 中后，从特征来获取区域建议；Fast R-CNN 借鉴 SPP-Net，并且有较大的改进：使用感兴趣区域池化层，把目标分类和边界框的回归同时进行训练。

即使取得了这些进步，Fast R-CNN 过程中仍然存在一个瓶颈，即区域建议。众所周知，检测目标的第一步是在目标对象周围生成一组潜在的边界框。在 Fast R-CNN 中，区域建议是使用 Selective Search 算法生成的，这是一个非常缓慢的过程，是整个目标检测过程的瓶颈。

因此，需要一种更好的技术，它提供少于 2000 个的区域建议，比选择搜索更快，与选择搜索一样准确或更好，并且应该能够提出具有不同纵横比和尺度的重叠 RoI。

从 Fast R-CNN 中我们知道区域建议取决于已经使用 CNN 的前向传递计算出的图像特征。

## 5.6.2 替代选择搜索的锚框

为了避免造成读者理解困难,这里说一下本书涉及的各种框。这里的锚框与之前的候选框的概念是一样的,都是建议框,也就是图像中可能存在目标的矩形区域。

让我们了解一下具有不同纵横比和尺度的重叠 RoI 的概念,如图 5-6-1 所示。

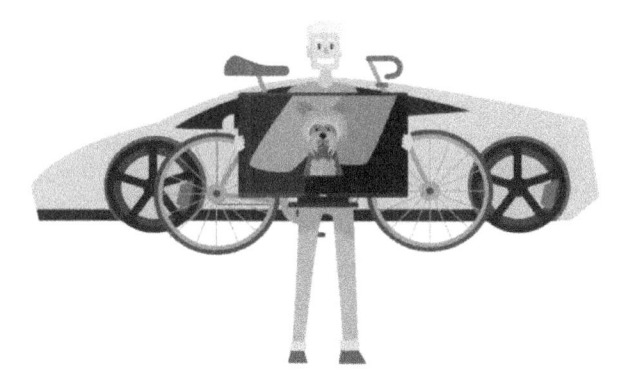

图 5-6-1 多个目标重叠的图像

图 5-6-1 中有很多物体相互重叠。我们在电视机里看到一辆汽车、一辆自行车、一个拿着电视机的人和一只狗。选择搜索可以解决这个问题,但最终会得到大量的 RoI。我们需要一个能有效解决这个问题的方法。

在不同的对象周围绘制边界框,结果如图 5-6-2 所示。

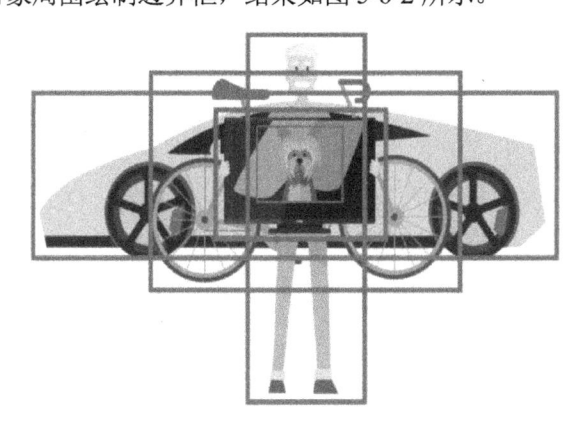

图 5-6-2 目标重叠图像的边界框

实现这一点有点复杂,但锚框(Anchor Boxes)的想法使它变得简单。下面介绍锚框的含义。

通常，可以用矩形框来框住目标物体。从广义上讲，这些框可以是大的、小的或中等的，并且可以有不同的宽高比。通过实验发现，可以使用 3 种不同比例和 3 种不同纵横比的框检测图像中的任何对象，如图 5-6-3 所示。

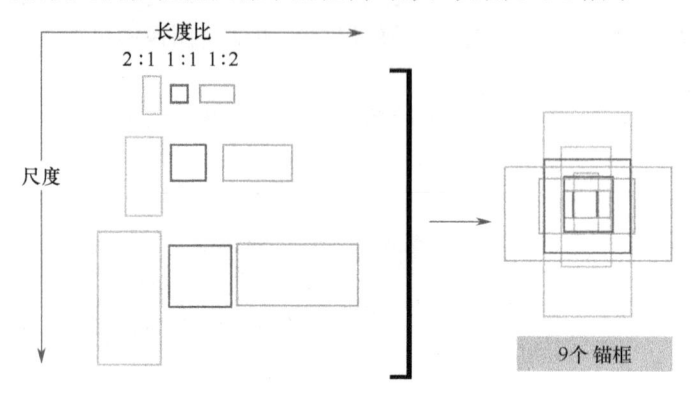

图 5-6-3　3 个尺度 3 个比例的锚框

为了对比以产生最优方案，考虑如下方案。

（1）不使用选择搜索算法，而是在最上层特征图应用滑动窗口，但是这样一来，就变成了主要检测单一尺度的对象。

（2）为了处理多个尺度，必须在输入处使用图像金字塔。但是，要想检测到每个对象，必须至少使用 5 种不同比例的图像，而这会使网络慢 1/4。

（3）在特征图上使用不同大小的滑动窗口，如 9 个。这个概念被称为特征金字塔。这涉及在最上层特征图使用 9 种不同大小的滑动窗口。

对于 600×1000 的图像，会有一个大小为 40×60 的特征图，并且在每个位置使用 9 个不同的滑动窗口，那么，有 40×60×9 =21600 个建议框。与仅提供 2000 个建议的 Selective Search 相比，建议框数量增加了近 10 倍，这在计算上会更昂贵，也会有更多的误报。

在这个想法的基础上，考虑使用简单的 CNN BBox（Bounding Box）回归器代替选择搜索来获得图像的近似区域建议，这些建议可以进一步馈送到底层的 Fast R-CNN 架构。这是 Faster R-CNN 背后的核心思想。接下来，深入挖掘一下。

## 5.6.3　区域建议网络

与 Fast R-CNN 网络架构对比，区域建议网络（Region Proposal Networks，RPN）的网络架构如图 5-6-4 所示。

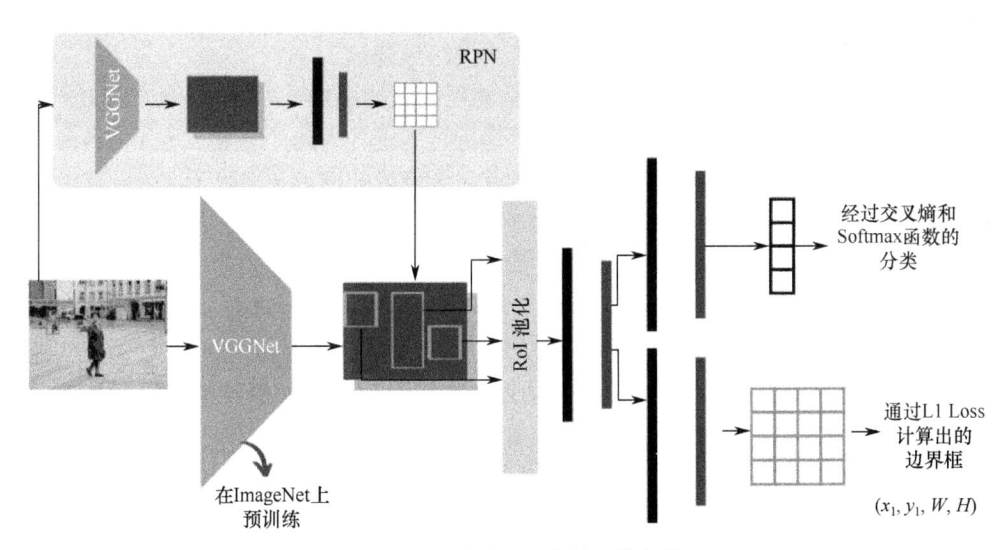

图 5-6-4　区域建议网络的网络架构

这个为我们提供近似 RoI 的网络被称为区域建议网络。那么，如何设计这个 RPN，以便它为我们提供可以进一步处理的近似 RoI？

可以利用上面讨论的 9 个框，这些框被称为锚框。在图像上的任何一点都会得到 9 个不同尺寸和纵横比的边界框。

在特征图上使用一个大小为 3×3 的滑动窗口，滑动过程中的任何位置，将这 9 个框放在中心以检测相应窗口中可能存在的任何目标。放大 RPN，如图 5-6-5 所示。

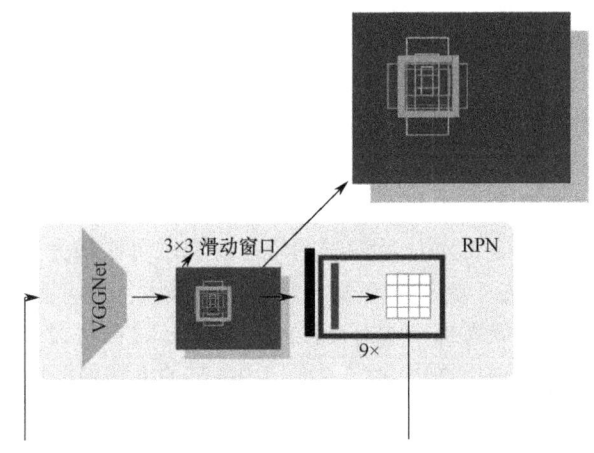

图 5-6-5　RPN 局部网络架构

9×表示对于 9 个不同的锚点，该部分重复 9 次。由此，我们获得了所需的

RoI。但这又引入一个新的问题：会生成大量区域建议。

考虑 40×60 特征图的相同示例，我们将得到大约 20000（40×60×9=21600）个区域建议。大多数框没有任何物体，应该消除这些框。为此，使用二元分类器来预测框是否包含前景或任何背景。这样，所有包含背景的框都被消除了，假设有大约 15000 个背景框，还剩下 5000 个框。由于分类包括最后的 Softmax 层，我们得到每个框的置信度分数，表明该框内存在对象的概率。通过这种方式，可以根据置信度得分对框进行排名，并使用 top-$n$ 建议作为 RoI，可以相应地调整 $n$。

另外，需要注意的是，由于没有在 RPN 中使用 RoI 池化，所以，在 RPN 中使用了卷积操作，它的作用类似于滑动窗口，这里的全连接层被类似于 Overfeat（R-CNN 的前身）的卷积操作所取代，如图 5-6-6 所示。

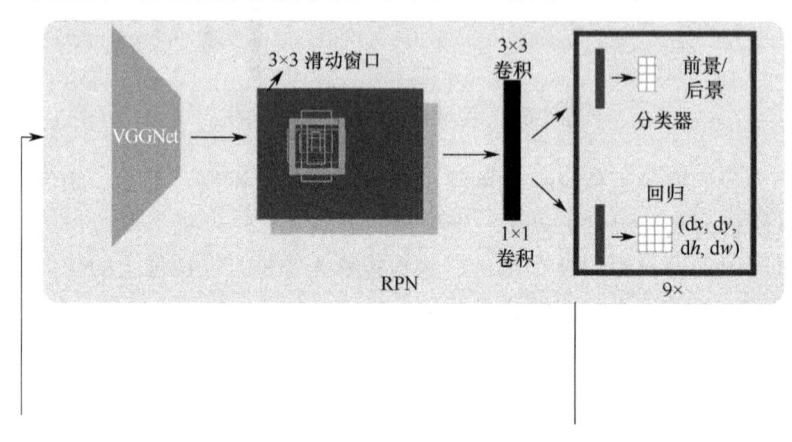

图 5-6-6　更加详细的 RPN 局部网络架构

因此，特征图首先与 3×3 窗口滤波器进行卷积，提供所需的锚点，然后对每个分类和回归部分进行 1×1 卷积。

图 5-6-7 所示是 RPN 中的锚框。用红、绿、蓝 3 种颜色表示 3 种尺度，3 种尺度中每个又有 3 种比例，分别是 1:1、1:2、2:1。例如，在 VGGNet 中经过 4 次窗口为 2×2、步长为 2 的池化后获得的特征，经过每次最大池化后其特征的尺度计算为 $(F-2)/2+1 = F/2$（参考第 4 章）。经过 4 次最大池化，就变成原来的 1/16，也就是说每个锚点在原始图像中都有 16×16 个像素，这样每对一个锚点进行操作就相当于对 256 个像素进行操作。对于大小为 $W×H$ 的卷积特征映射，共有 $W×H×K$ 个锚框，假设原始图像大小为 600×800，先除以 16（4×4），就得到 $W×H$=600×800/16=30000，再乘以 9，则 30000×9=270000 就是锚框个数。

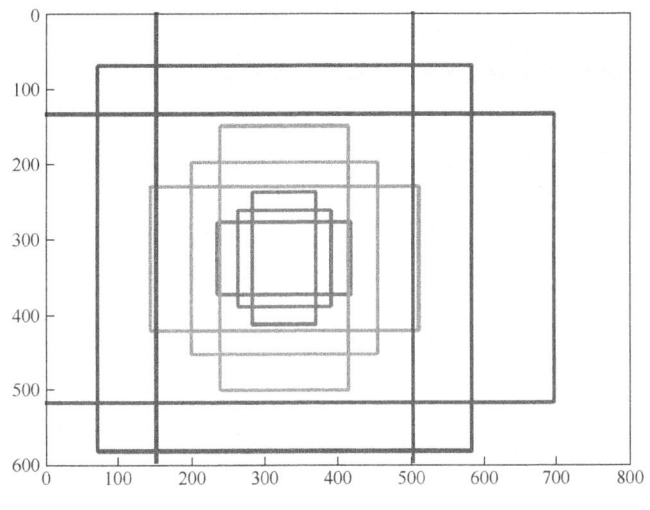

图 5-6-7 RPN 中的锚框

RPN 使用的主干网络是经过预训练的,即迁移学习,如图 5-6-8 所示,这里使用的是 VGGNet,其中红色的为最大池化层,经过 4 层窗口大小为 2×2、步长为 2 的池化,子采样率为 1/16(前面叙述过)。特征图共有 512 个通道,每个通道的特征图尺寸是 7×7。

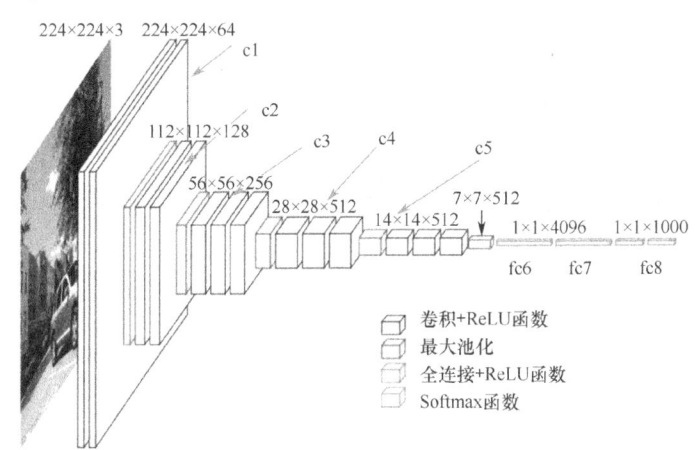

注:彩插页有对应彩色图片。

图 5-6-8 主干网络

## 5.7 深入剖析 Faster R-CNN 中边界框回归

很多人在学习 R-CNN 系列的目标检测算法过程中,不明白边界框回归,为何边界框也能回归呢？机器学习中平时使用的回归方式用在边界框上让人感到有些困惑。边界框回归的创新思想非常重要，因为在 Faster R-CNN 之后的很多目标检测算法也使用边界框回归来调整预测框的大小与位置。

### 5.7.1 为什么使用边界框回归

使用边界框回归的目的是微调边界框。R-CNN 和 Fast R-CNN 都使用了边界框回归，用以使边界框更加精确。刚开始接触目标检测，概念比较多，为了减少一些初学者的理解困难，把边界框回归放在 Faster R-CNN 这部分讲，它们边界框回归的思想及方法都是一样的。

在 5.6 节讲过：Faster R-CNN 通过各种锚框提取不同尺度的区域建议，这些建议框在锁定目标的程度上是不同的，最好的建议框是与真值框十分接近的，但是不可能把所有框都穷尽，因此，最好的建议框与真值框还是有差距的，最好的办法就是微调建议框，使用回归的方法进行微调。

例如，在图 5-7-1 中，红色框是真值框，黑色框是比较好的建议框，如何将建议框微调到真值框呢？一个框有 4 个决定性参数：中心点的位置坐标$(x,y)$、宽高$(w,h)$。而图中中心点记为$(P_x,P_y)$。将建议框的$(P_x,P_y)$微调至真值框的$(P_x,P_y)$，也就是将黑色中心点平移到红色中心点处。

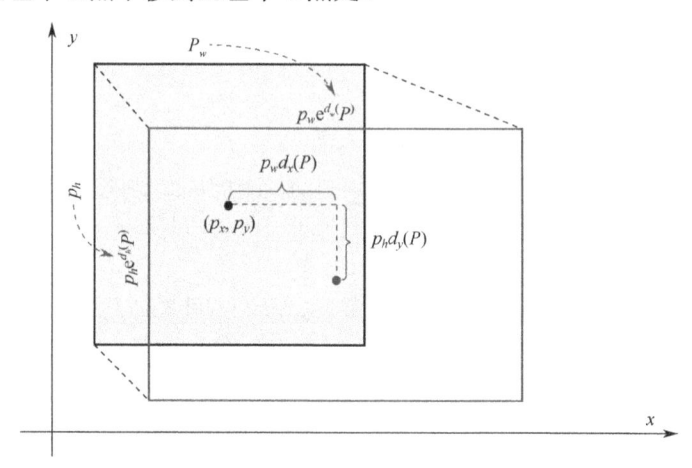

注：彩插页有对应彩色图片。

图 5-7-1 微调边界框回归原理

中心点横坐标平移 $\Delta x = P_w d_x(P)$，纵坐标平移 $\Delta y = P_h d_y(P)$，其中，$d_x(P)$是横向坐标 $x$ 的变换函数，$d_y(P)$是纵坐标 $y$ 的变换函数，将 $d_x(P)$再乘以建议框的宽度$P_w$，实现横坐标平移，将 $d_y(P)$乘以建议框的高度 $P_h$，实现纵坐标的微调。

继续微调建议框的长和宽，其中，$P_w$、$P_h$ 分别为建议框的长和宽。那么宽和高的微调量分别是 $\Delta w$、$\Delta h$，其中，$e^{d_w(P)}$ 是以 e 为底关于宽度 $w$ 的函数，$e^{d_h(P)}$ 是以 e 为底关于长度 $h$ 的函数。

$$\Delta w = P_w e^{d_w(P)}$$
$$\Delta h = P_h e^{d_h(P)} \quad (5\text{-}10)$$

这样就能实现建议框的中心点平移与建议框的宽、高缩放，其数学表达式为

$$G_x = p_w d_x(P) + P_x$$
$$G_y = p_h d_y(P) + P_y$$
$$G_w = p_w e^{d_w(P)}$$
$$G_h = p_h e^{d_h(P)} \quad (5\text{-}11)$$

这样一来，由建议框预测真实物体框就成了一个优化问题，目标就是学习 4 个函数——$d_x(P)$、$d_y(P)$、$d_w(P)$、$d_h(P)$，使预测框与真值框差距最小，由于是在建议框与真值框非常接近的时候做的微调，所以，这也是符合线性关系的，相当于线性回归。

在训练的过程中就是要让网络学会自己微调，如图 5-7-2 所示，从建议框 $P$ 学习到真值框 $G$，但从学习的过程中知道网络不一定能真正学习到真值框 $G$，而学到一个中间的状态 $\hat{G}$，其结果很接近于真值框，也有可能学习到更接近真值框的预测框，甚至与真值框重叠。这就是一种通过回归进行学习的过程。

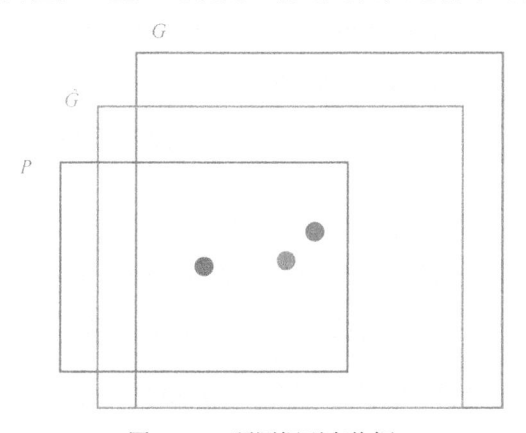

图 5-7-2 预测框到真值框

## 5.7.2 边界框回归的数学支撑

边界框回归需要学习 4 个函数：$d_x(P)$、$d_y(P)$、$d_w(P)$、$d_h(P)$，实际上只有 4 个参数：$t_x$、$t_y$、$t_w$、$t_h$，其数学公式为

$$t_x = \frac{(G_x - P_x)}{P_w}$$

$$t_y = \frac{(G_y - P_y)}{P_h}$$

$$t_w = \log\left(\frac{G_w}{P_w}\right)$$

$$t_h = \log\left(\frac{G_h}{P_h}\right)$$

(5-12)

那么，如何学习以上目标呢？学习的基础是什么？R-CNN 论文中是使用的第五层卷积输出作为特征图，这里就使用 $\phi_5$ 来表示此特征图，而 $P$ 表示 RPN 产生的 9 种不同尺寸的候选框坐标，然后将特征图中产生的候选框坐标乘以一个可学习的权重矩阵 $W^T$，让预测框不断逼近边界框，也就是让 $W_*^T \phi_5(P)$ 不断逼近真实值，公式为

$$d_*(P) = W_*^T \phi_5(P) \tag{5-13}$$

函数优化目标为

$$W_* = \arg\min_{\hat{W}_*} \sum_i^N (t_*^i - \hat{W}_*^T \phi_5(P^i))^2 + \lambda \|\hat{W}_*\|^2 \tag{5-14}$$

优化函数理解为：使得预测值 $d_*(P)$ 与真实值 $t_*^i$ 的差距越来越小，后面的 $\lambda \|\hat{W}_*\|^2$ 是为了利用正则化约束参数 $w$。

在训练时，与真值框非常接近的建议框要平移和缩放，这里的建议框中的像素与真值框是有差别的。这里就要用这个与真值框有差别的 $x$ 去预测真值框 $y$，如图 5-7-3 所示。

资料来源：马术俱乐部宣传册。
注：彩插页有对应彩色图片。

图 5-7-3 框回归

我们就是要训练网络去学习这样一种回归映射。

这种回归映射，会引起很多人的疑惑。因为橙色框对应的 RoI 的张量不一定包含真值框对应张量的全部，怎么能拿来回归？

这就涉及卷积神经网络的感受野了，尽管经过一系列的卷积，从表面上看，RoI 特征图含有部分真值框张量，但实际上这个 RoI 特征图在原始图像上的感受野是很大的。这个已经与真值框很接近的建议框的特征图是完全包含可预测真值框的全部信息的，但框外的信息在经过多次具有下采样功能的卷积后，是弱化的，要选与真值框非常接近的框来训练。

因此，在选择要使用的训练对$(P,G)$时必须谨慎。直觉上，如果 $P$ 远离所有真值框，那么，将 $P$ 通过回归转换为真值框 $G$ 的任务没有意义，使用像 $P$ 这样的例子会导致一个"无望"的学习问题。

因此，只从建议框 $P$ 中学习，如果它至少与一个真值框接近，并且重叠大于阈值，那么，所有未分配的建议框都将被丢弃。对每个对象类都这样做一次，以学习一组特定于类的边界框回归器。

在测试时，对每个建议框进行评分并仅预测其新的检测窗口一次。原则上，可以迭代这个过程，即对新预测的边界框重新评分，然后从中预测一个新的边界框，以此类推。然而，发现迭代并没有改善结果。

## 5.8 Faster R-CNN 的全景架构和损失函数

RPN 的网络架构如图 5-8-1 所示。RPN 先经过 3×3 的卷积层并且激活，接下来 RPN 分成两路：一路进行分类，另一路进行回归。

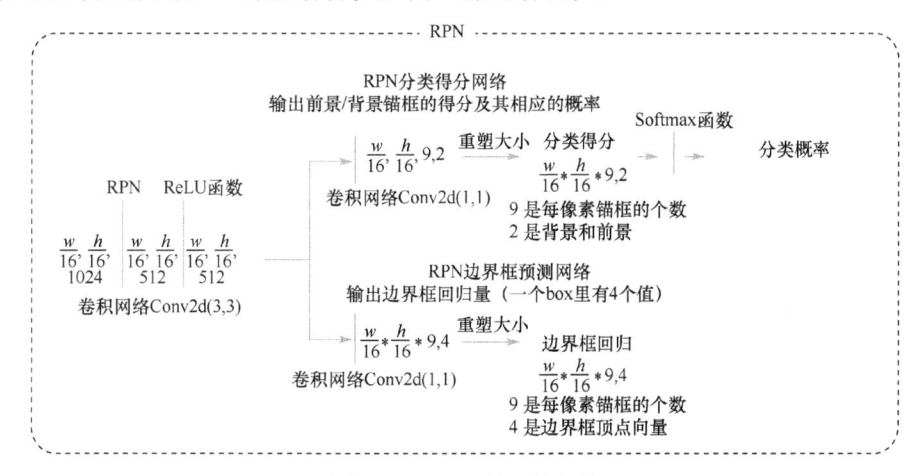

图 5-8-1 RPN 的网络架构

对于分类，其尺寸为 w/16、h/16（特征图的尺寸是原始图像的 1/16），再乘以不同尺寸与比例的 9 个锚框，接着进行 Softmax 二分类，也就是对前景和背景进行分类，最后输出是前景、背景的两个概率。

对于回归，其尺寸仍然是 w/16、h/16。再乘以不同尺寸与比例的 9 个锚框，但是这次输出的 4 个值，分别为锚框的中心点：x、y，锚框的宽高：w、h。可见 RPN 是根据特征图的像素生成锚框进行分类和回归的。总的来说，RPN 就是从前面的迁移网络接过特征，经过卷积、激活后分成两路：一路计算前景/背景概率；另一路微调锚框，让其框住物体。这样看来思路就愈加清晰。参考图 5-8-1，更容易理解 RPN。

接下来看全景架构图，如图 5-8-2 所示，加入了 Faster R-CNN 的头部网络和后面尾部网络。头部网络的输入维度也就是图像的尺寸：w（宽）、h（高）、3（3 通道），经过一系列的卷积、激活、批归一化、池化，得到的结果尺寸就是 w/16、h/16、1024 个通道，也就是说有 1024 层这样的特征图。

接下来将特征图送入 RPN 进行前景/背景分类与边界框回归，这里的前景/背景分类其实就是为了达到一个目的：使检测器能更好地框住物体。注意这里的类别是前景/背景，不是具体的类别。RPN 的目标是从锚框产生好的区域建议。

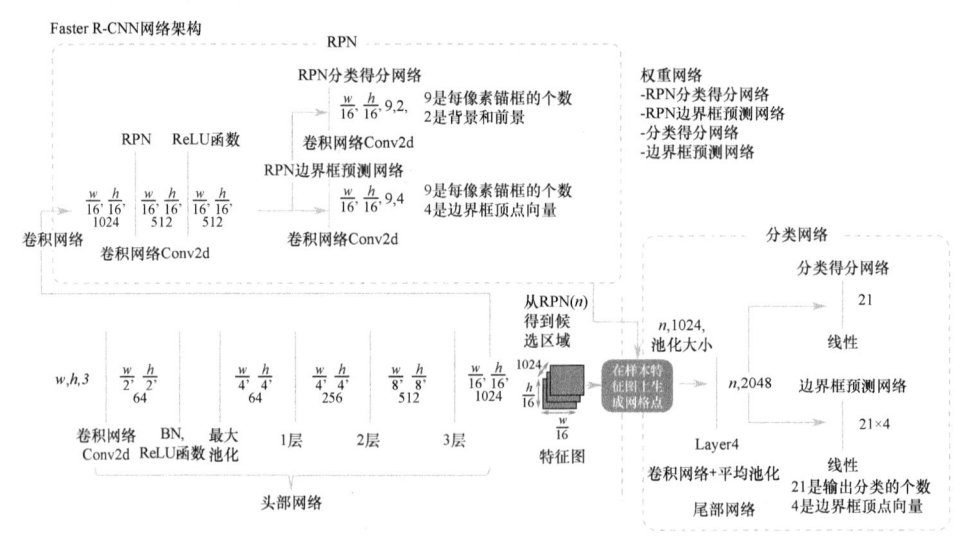

图 5-8-2　Faster R-CNN 全景架构图

接下来，就把 RPN 得到的结果（也就是区域建议）输入分类网络，经过卷积、池化，再进行分类与回归。分类网络就是确定最终物体的类别。分类网络的目标是从好的区域建议到最后精准对象分类和定位。

下面分析 Faster R-CNN 的两类损失函数。RPN 损失函数公式为

## 第5章 目标检测的两阶段深度学习方法

$$L(\{p_i\},\{t_i\}) = \frac{1}{N_{cls}}\sum_i L_{cls}(p_i,p_i^*) + \lambda\frac{1}{N_{reg}}\sum_i p_i L_{reg}(t_i,t_i^*) \tag{5-15}$$

总损失函数 $L(\{p_i\},\{t_i\})$ 中的 $\{p_i\}$ 表示的是锚点 $i$ 是物体的预测概率，$\{t_i\}$ 表示的是锚点 $i$ 预测边界框的坐标，$i$ 就是小批量中的锚框的索引。

损失函数第一项 $L_{cls}(p_i,p_i^*)$ 是交叉熵损失函数，也就是对预测标签与真实标签做交叉熵，其中，$p_i$ 是预测标签，$p_i^*$ 是真实标签，也就是用交叉熵做二分类来预测物体是前景还是背景，将所有的计算的前景/背景交叉熵损失累加起来再除以 $N_{cls}$，即小批量大小，通常为 256。

第二项就是锚框位置回归的损失，即损失函数 $L_{reg}(t_i,t_i^*)$。其中，$t_i$ 为预测框的坐标，$t_i^*$ 为真值框的坐标，注意 $L_{reg}(t_i,t_i^*)$ 前面有一个 $p_i^*$，也就是说只计算前景物体的边界框回归损失，因为对背景框计算损失是毫无意义的。然后除以 $N_{reg}$，即锚框的数量，约为 2400。

$N_{reg}$ 大约是 $N_{cls}$ 的 10 倍，因此，要将锚框回归损失乘以 $\lambda$，Faster R-CNN 论文中取 10，这就是 RPN 损失函数。

为了训练 RPN，为每个锚框分配一个二维类标签，正类表示物体，负类表示背景，给予以下两种锚框正类标签：

（1）与完全真值框的重叠交并比最高的锚框。

（2）与任何真值边界框的重叠交并比高于 0.7 的锚框。

注意，单个真值框可以为多个锚框分配正类标签。通常第二个条件足以确定正样本，但仍需要第一个条件，因为在极少数情况下，第二个条件可能找不到正样本，也就是用来预测真值框的锚框并不具有大于 0.7 的交并比。

如果锚框与所有真值框的交并比低于 0.3，则会给予该锚框负类标签。既不是正类也不是负类的锚框，对训练目标没有贡献。

Faster R-CNN 分类网络，使用 Fast R-CNN 中的多任务损失函数，正负样本划分也与 Fast R-CNN 一样。分类网络的损失函数公式为

$$L(p,u,t^u,v) = L_{cls}(p,u) + \lambda[\mu \geq 1]L_{loc}(t^u,v) \tag{5-16}$$

## 5.9 Faster R-CNN 的训练步骤及测试步骤

### 5.9.1 Faster R-CNN 的训练步骤

之前已经把 Faster R-CNN 的各主要训练模块讲解清楚，现在就要将这些环节组合起来，从训练的角度看整个过程，把这些环节组合成一个完整的目标检测系统。

之前也讲解过，Faster R-CNN 就是 Fast R-CNN 检测网络加上 RPN，要将其

融合成一个算法，就要训练它们的共享特征。

Faster R-CNN 的训练步骤如下。

（1）训练 RPN。使用数据集 ImageNet 预训练模型，初始化共享卷积和 RPN 的权重，端到端训练 RPN，然后获得区域建议，如图 5-9-1 所示。

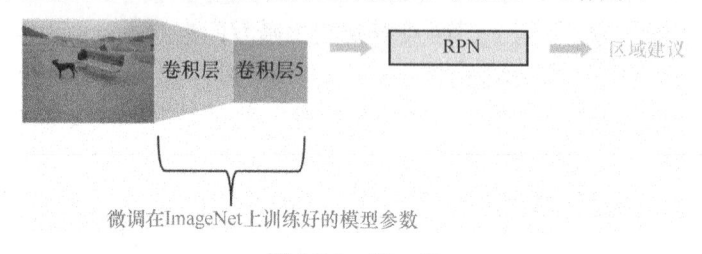

图 5-9-1　第一步

（2）训练 Fast R-CNN，将区域建议输入 Fast R-CNN，这样就能训练 Fast R-CNN，如图 5-9-2 所示。

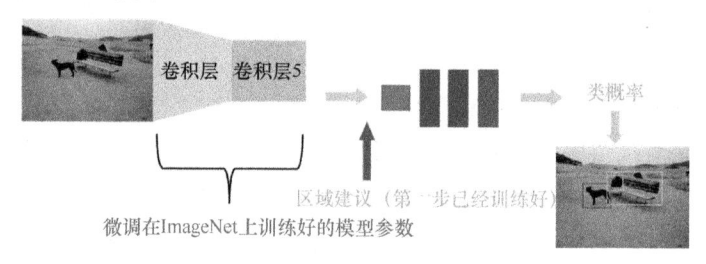

图 5-9-2　第二步

（3）调优 RPN。注意，这一步非常重要，相当于将前面两步融合起来，前面两步相当于各自训练且其权重是不共享的。这一步，RPN 和 Fast R-CNN 之间公共层的权重保持不变，只有 RPN 独有的层被微调。这就实现了 RPN 与 Fast R-CNN 的权重共享，如图 5-9-3 所示。

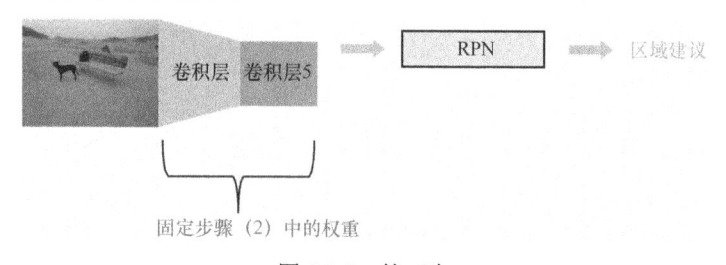

图 5-9-3　第三步

（4）再次使用新的 RPN 对 Fast R-CNN 进行微调。同样，只有 Fast R-CNN 特有的层被微调，公共层权重是在步骤（3）中已经训练好的。最后就完成整个训练，如图 5-9-4 所示。

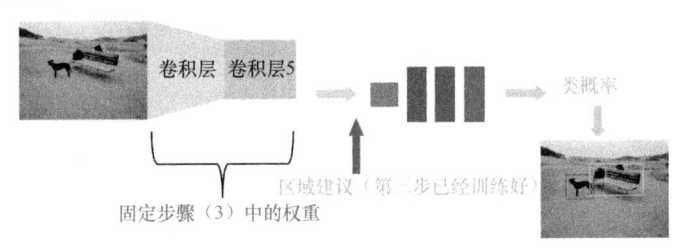

图 5-9-4 第四步

整个训练过程比之前学习普通神经网络复杂得多，这也是深度学习目标检测学习的难点。

### 5.9.2 Faster R-CNN 的测试步骤

RPN 已经学会了如何将锚框分为背景框和前景框，以及如何生成良好的边界框系数。建议层仅将边界框系数应用于排名最高的锚框，然后执行 NMS 来消除具有大量重叠的框。

在图 5-9-5 中，框之间有明显重叠，通过应用非最大值抑制（NMS）来解决此冗余问题，NMS 原理在第 2 章详细介绍过，Faster R-CNN 的重叠阈值是 0.7。

资料来源：VOC 数据集。

图 5-9-5 RPN 实践真值框

NMS 每轮对应一个目标物体，因此，需要进行多轮 NMS，并将对象检测阈值应用于类分数。然后，绘制 NMS 后的边界框，结果如图 5-9-6 所示。

资料来源：VOC 数据集。

图 5-9-6　RPN 实践真值框结果显示

## 5.10　详细讲解 Faster R-CNN 关键部分 RoI 代码

RoI 池化是 Faster R-CNN 中最重要的部分，正因为有 RoI，整个 Faster R-CNN 才能进行端到端的训练，从而速度非常快，比 Faster R-CNN 提升 10 倍以上。GitHub 上有很多 RoI 池化，但是很多都是用 C 语言写的，可以将其改成用纯 Python 语言来实现，代码如下。

```
#//第 5 章/5.13.1/RoI 池化详细代码
def roi_pooling(input,rois,output_size=(7,7),spatial_scale=1.0):
    """
    800×600
    50×38
    Args:
        Input variable.the shape is expected to be 4 dimentional:
        (n:batch,c:channel,h,height,w:width).
        rois  (~pytorch.autograd.Variable):Input  roi  variable.The shape is
        expected to be (m:num-rois,5 ),and each roi is set as below:
        (batch_index,x_min,y_min,x_max,y_max).
        output_size (int or tuple):the target output size of the image of the
```

```
        form H x W.Can be a tuple (H,W) or a single number H for a
square
        image H x H.
        spatial_scale(float):scale of the rois if resized.

        """
        assert input.dim()==4
        assert rois.dim()==2
        assert rois.size(1)==5
        output = []
        rois = rois.data.float()
        num_rois = rois.size(0)

        rois[:,1:].mul_(spatial_scale)
        rois = rois.long()
        for i in range(num_rois):
            roi = rois[i]
            im_inx = roi[0]
            im = input.narrow(0,im_idx,1)[...,
                                    roi[2]:(roi[4]+1),
                                    roi[1]:(roi[3]+1)
                                    ]
#F.adaptive_max_pool2d为自适应池化：不论输入尺寸多大，都按固定尺寸输出
            output.append(F.adaptive_max_pool2d(im,output_size))

    return torch.cat(output,0)
```

# 第 6 章

# 目标检测的一阶段学习方法

> **目标**
>
> 前面章节深入细致地讲解了 R-CNN 系列的目标检测方法。在 R-CNN 系列中，目标检测通过两个阶段完成：第一阶段是候选框产生阶段，产生可能有目标的边界框；第二阶段是分类与回归阶段，用于从第一阶段粗略的候选框到真正框住物体的边界框。本章将讲解一阶段目标检测方法的代表——YOLO 系列的目标检测方法。YOLO 统一了目标检测的所有阶段，是一种更简单的算法，训练速度也更快，使用单个深度卷积网络直接预测类别概率和边界框。

使用一幅简单的图像作为讲解 YOLO 的例子，如图 6-1-1 所示。

资料来源：Zhang Handuo's Site 网站。

图 6-1-1 待检测图像

YOLO 系列最初为 v1 版本，之后逐渐进化，形成 v2 版本、v3 版本、v4 版本，现已出至 v5 版。如图 6-1-2 所示，该结果显示 YOLOv1 检验出了人（person）、货车（truck）、交通信号灯（traffic light）、汽车（car）、自行车（bicycle）。

第 6 章 目标检测的一阶段学习方法

图 6-1-2 YOLOv1 测试结果

## 6.1 YOLO 目标检测思想

YOLO 源自论文 *You Only Look Once: Unified, Real-Time Object Detection*，是一阶段目标检测方法，与两阶段检测方法不同。如图 6-1-3 所示，在 R-CNN 系列中，目标检测需要两个阶段完成：第一，输入图像经过候选框生成阶段，例如，利用选择搜索或者 RPN 产生候选框；第二，将候选框对应的图像输入卷积网络，提取特征，再进行分类。

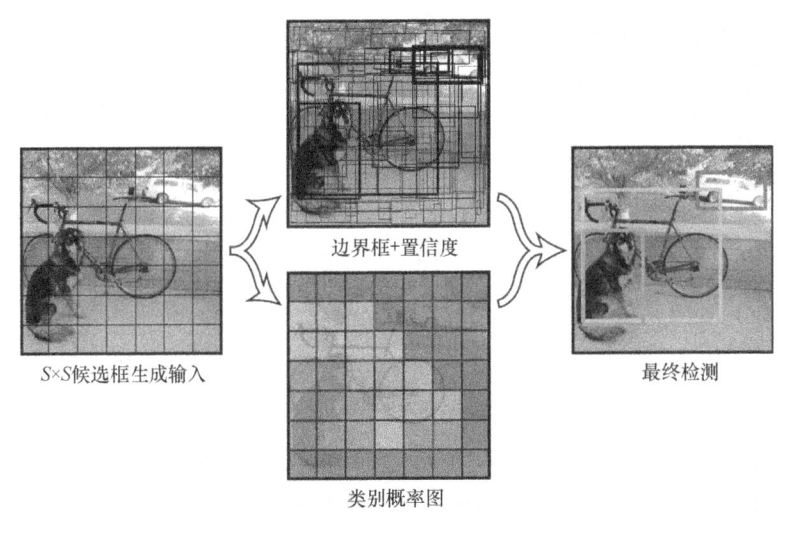

图 6-1-3 YOLOv1

两阶段深度学习方法有如下两个缺点。

（1）速度慢，实时检测效果差。因为需要大量候选框选择定位可能的目标物体，然后才进行分类识别，所以，不能一步到位。

（2）训练慢。RPN 和分类网络被隔离开来，导致训练过程烦琐：在训练 RPN 的时候不能训练分类网络，在训练分类网络的时候不能训练候选框选择网络。

YOLO 目标检测方法统一两阶段网络来进行目标检测，是对两阶段方法的极大创新改进，实现端到端的训练网络。如图 6-1-3 所示，YOLO 算法直接将原始图像分割成互不重合的小方块，然后通过卷积；最后产生特征图。特征图的每个单元格对应原始图像的一个小方块，用每个单元格可以预测那些中心点在该小方格内的目标，这就是 YOLO 算法的朴素思想。

### 6.1.1 改进思想

YOLO 将输入图像划分为 $S \times S$ 个网格，每个网格单元仅预测一个对象。如图 6-1-4 所示，白色网格单元试图预测中心点落在其内部的"人"（对象）。

图 6-1-4 分类网络与回归网络

这是 YOLO 算法实现一阶段端到端检测的最关键的原理。

YOLO 在进行预测时会对图像进行全局推理。与基于滑动窗口和区域提议的技术不同，YOLO 在训练和测试期间看到整个图像，因此，它隐式编码了关于类及其外观的上下文信息。Fast R-CNN 是一种顶级检测方法，由于无法看到更多的上下文，所以，会出现将图像中的背景误认为是对象的错误。与 Fast R-CNN 相比，YOLO 的背景错误数量不到 Fast R-CNN 的一半。YOLO 是在 2016 年 5 月被

# 第 6 章 目标检测的一阶段学习方法

提出的,而 Fast R-CNN 是在 2015 年 9 月被提出的,因此,YOLO 的改进,经常被拿来与 Fast R-CNN 比较。

## 6.1.2 网格单元

> YOLO 统一两阶段的关键就是 YOLO 的网格化思想。这个思想也是解决候选框产生问题的关键,思路更加规整、简洁,相当于从单元格视角看图像的"细胞"。

每个网格单元都预测固定数量的边界框,注意这里边界框与上述"对象"的区别。在此示例中,黄色单元格进行两个边界框的预测(蓝色框)以定位人的位置,如图 6-1-5 所示。这样,以单元格作为图像"细胞",相当于对图像进行一次遍历,然后在每个遍历位置(单元格)检测可能的对象,为了确定对象大小,又设置不同的边界框,考虑可能的不同形状,这样,以非常利索的方式解决 R-CNN 中的选择搜索或 RPN 问题。

注:彩插页有对应彩色图片。

图 6-1-5　每个网格单元仅检测一个对象

但是,单元格的单对象规则限制了所检测对象的接近程度。为此,YOLO 在对象距离很接近时,确实会有部分对象检测不到的情况。对于图 6-1-6,左下角有 9 个圣诞老人,但 YOLO 只能检测到 5 个,这是需要改进的。

资料来源：Jonathan Hui medium 博文。

图 6-1-6　YOLO 在距离太近的物体上发生错误

### 6.1.3　YOLO 创新细节

YOLO 使用 $B$ 个边界框，共进行 $S×S$ 个对象预测，如图 6-1-7 所示。

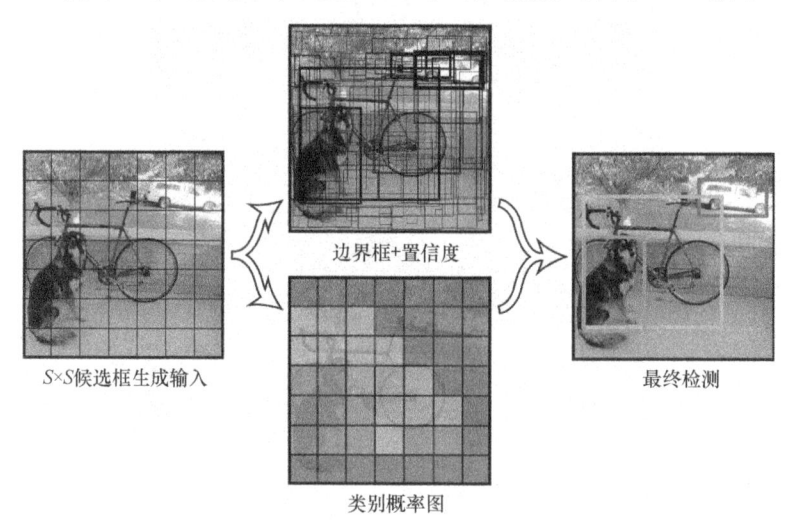

图 6-1-7　YOLO 使用 $B$ 个边界框共进行 $S×S$ 个对象预测

对于每个网格单元：
- 预测 $B$ 个边界框，每个框都有一个置信度分数。

- 预测 C 个类的概率，对应检测目标的 C 个类别的概率。YOLO 使用 7×7（S×S）个网格，每个网格只负责检测一个目标。同时每个网格输出 2（B）个边界框。

每个边界框包含 5 个元素：x、y、w、h 和一个框的置信度分数。(x, y) 坐标表示相对于网格单元边界的框中心；宽度 w 和高度 h 是相对于整个图像预测的；置信度得分反映了框包含对象的可能性及边界框的准确性，如果手动计算，则用 P(Object)×IoU 表示，这里的 IoU 是预测框与真值框的 IoU。

注意，由于 YOLO 没有锚框，每个单元格的两个框都是直接预测的，所以，上述 IoU 是预测框与真值框的 IoU。

通过图像的宽度和高度对边界框的宽度 w 和高度 h 进行归一化，因此，x、y、w 和 h 都在 0 和 1 之间。每个框都有 20 个类的概率。该概率是检测到的对象属于特定类别的概率，每个类别都有一个概率。所以，一个单元格预测两个框共 10 个数值，再加 20 个类别，共 30 个，因此，YOLO 的预测形状为(S, S, B×5 + C)=(7, 7, 2×5 + 20)=(7, 7, 30)。每个类别概率表示为 $P(\text{Class}_i|\text{Object})$，框内某个类别对象的置信分数为联合概率乘以 IoU，即 $P(\text{Class}_i, \text{Object}) \times \text{IoU} = P(\text{Object}) \times P(\text{Class}_i|\text{Object}) \times \text{IoU}$。

现在总结一下 YOLO 的具体步骤，如图 6-1-8 所示。

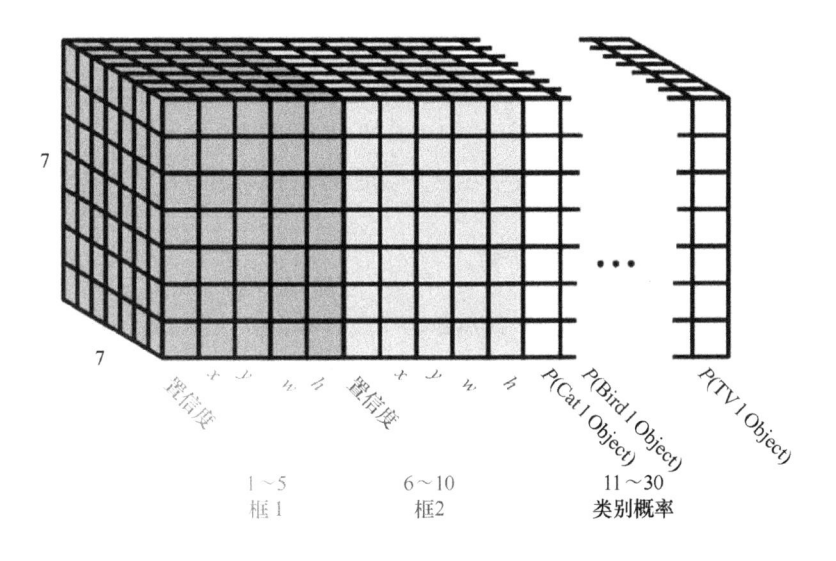

图 6-1-8　YOLO 具体步骤示意图

（1）将图像分成 S×S 个网格（此处 S=7），这个不用实际操作，在最后的特征图上划分即可。如果有对象中心落入网格中，则该网格就负责该对象的检测。

（2）每个网格预测 $B$ 个框（框1、框2）和该框的置信度。

每个边界框由 5 个元素组成：$x$、$y$、宽度 $w$、高度 $h$ 和置信度。置信度表示预测框与任何真值框之间的 IoU；每个网格单元还预测条件类概率 $P(Class_i|Object)$。

（3）因为多个框可能预测同一个物体，所以，还需要通过阈值去除可能性较低的框，最后通过非极大值抑制（NMS）去除冗余窗口即可。整个过程很简单，不再需要中间的候选区域，直接回归、分类合二为一，实现端到端、一步到位的目标检测。

另外，在 YOLO 中，$S=7$；$B=2$。总框的数量为 $7×7×(2×5+20)=1470$。相对于 $S×S$ 网格中 1470 个框，与 Faster R-CNN 的 17000 多个框比起来，真是"小巫见大巫"。

因此，YOLO 有 3 个优秀特征：①极快（每秒 45 帧）；②在整幅图像上进行全局推导，不是滑动窗口在图像上滑动以获得局部特征；③YOLO 学到的图像特征更为通用。

## 6.2 YOLO 的网络结构、网络与损失函数

上一节介绍了 YOLO 目标检测思想，即通过将输入图像分成 $S×S$ 个网格，每个单元格预测 $B$ 个框，每个框有 $x$、$y$、$w$、$h$ 和置信度 5 个元素，同时，每个单元格预测 $C$ 个类别，最终输出 $S×S×(B×5+C)$ 的张量。

### 6.2.1 YOLO 的网络结构

YOLO 具有 24 个卷积层，其后是两个全连接层。一些卷积层交替使用 $1×1$ 卷积来减少特征图的深度。对于最后一个卷积层，它输出形状为 $(7, 7, 1024)$ 的张量，然后将张量展平。使用两个完全连接的层作为线性回归的形式，它输出 $7×7×30$ 个参数，然后重塑为 $(7, 7, 30)$，即每个位置两个边界框预测，如图 6-2-1 所示。

YOLO 每层组成如表 6-2-1 所示。该表展示了 YOLO 整个网络详细尺寸的计算过程，"大小"是卷积池化及尺寸，"/2"表示步长为 2；"输入"是输入张量的尺寸。"输出"是输出张量的尺寸。注意，YOLOv1 仍然保留全连接层，这一状况在后续版本有优化。

# 第6章 目标检测的一阶段学习方法

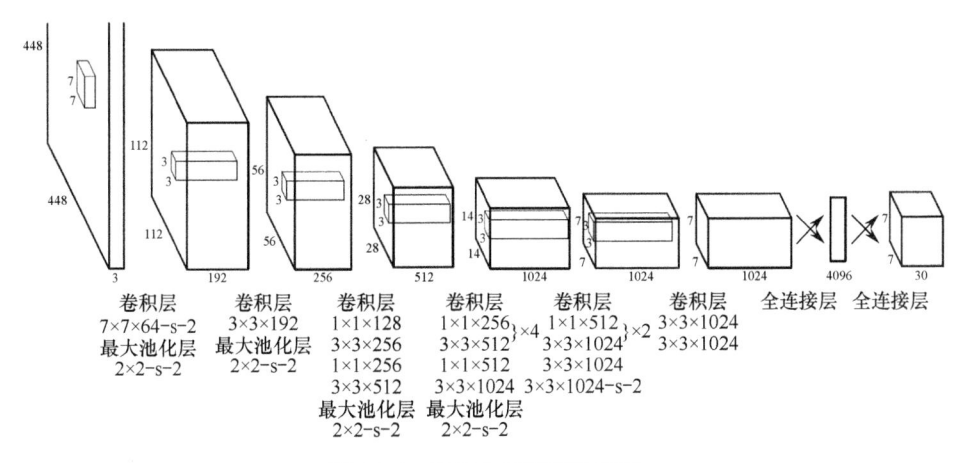

图 6-2-1 YOLO 网络整体架构

表 6-2-1 YOLO 每层组成

| 层 | 通道数 | 大小 | 输入 | | 输出 |
|---|---|---|---|---|---|
| 0 conv | 64 | 7×7/2 | 448×448×3 | -> | 224×224×64 |
| 1 max | — | 2×2/2 | 224×224×64 | -> | 112×112×64 |
| 2 conv | 192 | 3×3/1 | 112×112×64 | -> | 112×112×192 |
| 3 max | — | 2×2/2 | 112×112×192 | -> | 56×56×192 |
| 4 conv | 128 | 1×1/1 | 56×56×192 | -> | 56×56×128 |
| 5 conv | 256 | 3×3/1 | 56×56×128 | -> | 56×56×256 |
| 6 conv | 256 | 1×1/1 | 56×56×256 | -> | 56×56×256 |
| 7 conv | 512 | 3×3/1 | 56×56×256 | -> | 56×56×512 |
| 8 max | — | 2×2/2 | 56×56×512 | -> | 28×28×512 |
| 9 conv | 256 | 1×1/1 | 28×28×512 | -> | 28×28×256 |
| 10 conv | 512 | 3×3/1 | 28×28×256 | -> | 28×28×512 |
| 11 conv | 256 | 1×1/1 | 28×28×512 | -> | 28×28×256 |
| 12 conv | 512 | 3×3/1 | 28×28×256 | -> | 28×28×512 |
| 13 conv | 256 | 1×1/1 | 28×28×512 | -> | 28×28×256 |
| 14 conv | 512 | 3×3/1 | 28×28×256 | -> | 28×28×512 |
| 15 conv | 256 | 1×1/1 | 28×28×512 | -> | 28×28×256 |
| 16 conv | 512 | 3×3/1 | 28×28×256 | -> | 28×28×512 |
| 17 conv | 512 | 1×1/1 | 28×28×512 | -> | 28×28×512 |
| 18 conv | 1024 | 3×3/1 | 28×28×512 | -> | 28×28×1024 |

(续表)

| 层 | 通道数 | 大小 | 输入 | | 输出 |
|---|---|---|---|---|---|
| 19 max | — | 2×2/2 | 28×28×1024 | -> | 14×14×1024 |
| 20 conv | 512 | 1×1/1 | 14×14×1024 | -> | 14×14×512 |
| 21 conv | 1024 | 3×3/1 | 14×14×512 | -> | 14×14×1024 |
| 22 conv | 512 | 1×1/1 | 14×14×1024 | -> | 14×14×512 |
| 23 conv | 1024 | 3×3/1 | 14×14×512 | -> | 14×14×1024 |
| 24 conv | 1024 | 3×3/1 | 14×14×1024 | -> | 14×14×1024 |
| 25 conv | 1024 | 3×3/2 | 14×14×1024 | -> | 7×7×1024 |
| 26 conv | 1024 | 3×3/1 | 7×7×1024 | -> | 7×7×1024 |
| 27 conv | 1024 | 3×3/1 | 7×7×1024 | -> | 7×7×1024 |
| 28 LocalLayer:7×7×1024, 256 filters -> 7×7× 256 image | | | | | |
| 29 dropout | — | p=0.50 | 12544 | -> | 12544 |
| 30 全连接层 | — | — | 12544 | -> | 1715 |
| 31 Detection Layer | | | | | |

## 6.2.2 YOLO 的网络训练与损失函数

首先看看训练目标是什么。显而易见，真值框（Ground Truth）是训练目标。但在通常情况下，一幅图像中真值框是极少的，大多数仅为背景。如图 6-2-2 所示，真值框只有 3 个，分别为狗、自行车及小轿车。然而，每幅图像有 7×7 个网格，每个网格有两个框，共有 7×7×2=98 个框需要预测。

图 6-2-2 真值框示例

## 第6章 目标检测的一阶段学习方法

对于一个对象，希望有一个预测框恰到好处地框住它，因此，我们用与真值框拥有最大 IoU 的锚框来预测它，同时计算位置损失和置信度损失。对于其他的锚框，只计算其置信度损失；对于分类损失，不用框来计算，而是针对单元格，计算所有单元格的分类损失。

YOLO 的损失函数为

$$\lambda_{\text{coord}} \sum_{i=0}^{S^2} \sum_{j=0}^{B} 1_{ij}^{\text{obj}} [(x_i - \hat{x}_i)^2 + (y_i - \hat{y}_i)^2] +$$

$$\lambda_{\text{coord}} \sum_{i=0}^{S^2} \sum_{j=0}^{B} 1_{ij}^{\text{obj}} [(\sqrt{w_i} - \sqrt{\hat{w}_i})^2 + (\sqrt{h_i} - \sqrt{\hat{h}_i})^2] +$$

$$\sum_{i=0}^{S^2} \sum_{j=0}^{B} 1_{ij}^{\text{obj}} (C_i - \hat{C}_i)^2 + \qquad (6\text{-}1)$$

$$\lambda_{\text{noobj}} \sum_{i=0}^{S^2} \sum_{j=0}^{B} 1_{ij}^{\text{noobj}} (C_i - \hat{C}_i)^2 +$$

$$\sum_{i=0}^{S^2} 1_i^{\text{obj}} \cdot \sum_{c \in \text{classes}} (p_i(c) - \hat{p}_i(c))^2$$

损失函数中有 5 项，重点介绍 3 个指示函数：$1_{ij}^{\text{obj}}$、$1_{ij}^{\text{noobj}}$、$1_i^{\text{obj}}$。

- $1_{ij}^{\text{obj}}=1$ 表示框$(i,j)$负责中心落在单元格 $i$ 的对象，即与真值框 IoU 最大的框，否则为 0。
- $1_{ij}^{\text{noobj}}=1$ 表示框$(i,j)$不负责预测任何对象，否则为 0。
- $1_i^{\text{obj}}=1$ 表示有对象出现在单元格 $i$ 中，否则为 0。

其中框$(i,j)$表示单元格 $i$ 的第 $j$ 个预测框。

（1）在式（6-1）中，第一项和第二项是定位损失。定位损失测量了预测的边界框位置和大小中的误差。我们只计算负责检测物体的框的平方误差和（SSE）。

在式（6-1）中，第一项$(x, y)$：边界框 $x$ 和 $y$ 坐标被参数化为特定网格单元位置的偏移量，因此在 0 和 1 之间。在式（6-1）中，第二项$(w, h)$：边界框的宽度和高度，是以整个图像为参照的，由图像宽度和高度归一化，使其介于 0 和 1。

由于小偏差对大框比小框的影响小，所以，通过取平方根可以在一定程度上降低这种差异。例如，大边框边长为 10 单位，小边框边长为 1 单位，如果两者梯度都变化 1 单位，则对大边框而言是 10%的变化，但对小边框而言就是 100%的变化，如图 6-2-3 所示。

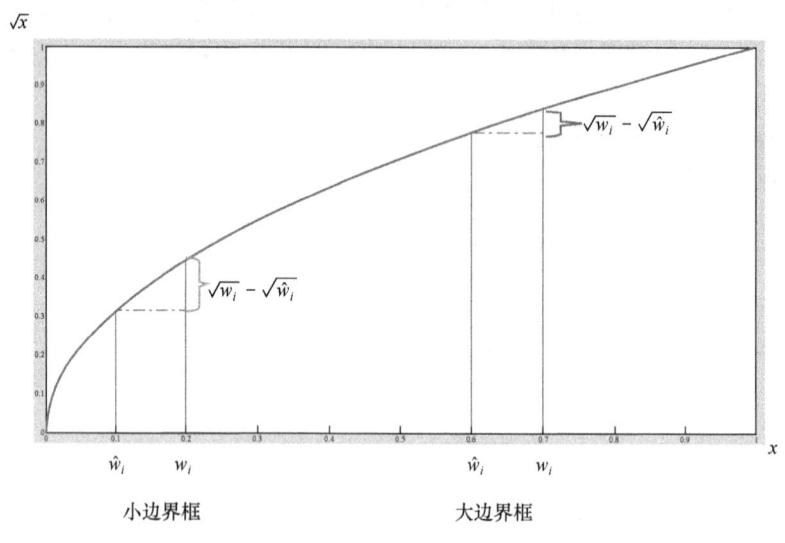

图 6-2-3　坐标预测的损失函数须开根号原理

（2）第 3 项和第 4 项是置信度损失：如果在框中检测到物体，则计算置信度损失。

由于大多数单元格不包含任何对象的中心点，即不预测任何对象，这会导致类不平衡问题，即训练模型会比检测对象时更频繁地检测到背景。为了解决这个问题，将对应的损失乘以一个小于 1 的因子予以降低，减少不包含对象的框的置信度预测的损失，因子默认值为 $\lambda_{noobj}$ =0.5。同理，对于第 1 项中的 $\lambda_{coord}$，设置为 5，增加边界框坐标预测的损失。

（3）第 5 项是分类损失，如果该单元格有对象，每个单元格的分类损失是每个类别的概率的 SSE。

Faster R-CNN 物体分类损失函数用的是交叉熵损失，边框回归用的是平滑 $L_1$ 损失，而 YOLO 与 Faster R-CNN 不同，YOLO 使用的全是平方损失。

总结如下：

（1）更重视坐标预测，给这些损失前面赋予更大的权重，乘以 $\lambda_{coord}$。

（2）对于不负责预测对象的框的置信度损失，赋予小的 $\lambda_{noobj}$。

（3）对于负责预测对象的框的置信度损失和分类损失，正常取 1。

## 6.3　YOLO 模型评估、优劣势分析

本节介绍 YOLO 的优点、缺点，以及如何进一步改进，以方便理解以后的

YOLO各版本改进过程和思路,以及为自己设计目标检测网络提供借鉴。

### 6.3.1 YOLO 数据集

YOLO 使用 Pascal VOC 2007 和 VOC 2012 数据集。

(1) VOC 2007 共有 20 个分类。人物分类是各类人像;动物分类是鸟类、猫、狗、马、羊;交通工具分类是飞机、自行车、船、巴士、小轿车、摩托车、火车;室内物品是瓶子、椅子、餐桌、盆栽植物、沙发、电视/显示器;训练集/验证集/测试集共有 9963 幅图像,包含 24640 个标注目标。

(2) VOC 2012 同样有 20 个分类。训练集/验证集数据有 11530 幅图像,包含 27450 个 RoI 标注目标和 6929 个分割样本。

Pascal VOC 2007/2012 数据集的 20 个类别如图 6-3-1 所示。

图 6-3-1 Pascal VOC 2007/2012 数据集的 20 个分类

这 20 个类别都是比较常见的。介绍完数据集,下面对比 YOLO 与其他目标检测网络的优劣,以方便评估 YOLO。

### 6.3.2 YOLO 模型评估

下面通过比较"准确率""检测速度""泛化能力"来看从传统 DPM(Deformable Part Model,可变形的组件模型)到 YOLO 各目标检测网络改进和效果,以便对 YOLO 进行整体评估。

首先看一下 R-CNN 与 DPMv5 在数据集 Pascal 2007 上的 mAP 和检测速度,如表 6-3-1 所示。之后的比较都是在该数据集上进行的。

表 6-3-1 R-CNN 与 DPMv5 比较

| 模型 | mAP | 检测速度 | |
| --- | --- | --- | --- |
| DPMv5 | 33.7% | 0.07 帧/秒 | 14 秒/帧 |
| R-CNN | 66.0% | 0.05 帧/秒 | 20 秒/帧 |

很明显，R-CNN 检测的 mAP 增加了 32.3 个百分点，但是检测速度却明显降低了，按在高速公路上的速度 100km/h 算，自动驾驶汽车在 20s 内将行驶 556m 左右，如图 6-3-2 所示，路况变化非常大。

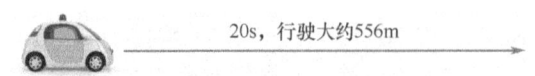

图 6-3-2 自动驾驶汽车以 100km/h 的速度在 20s 的时间内行驶的路程

表 6-3-2 所示为 R-CNN 系列目标检测算法检测速度对比。虽然 Fast R-CNN 的 mAP 比 R-CNN 仅增加 4 个百分点，但速度是 R-CNN 的 10 倍，达到 2 秒/帧。不过用在自动驾驶上还是不太现实。在高速公路上，检测一帧图像的时间，自动驾驶汽车已经行驶了 56m。

Faster R-CNN 相比于 DPMv5，速度变为 100 倍，mAP 提高近 40%；相比于 Fast R-CNN，mAP 增加了 3.2 个百分点，速度提高为 Fast R-CNN 的 14 倍。同样拿汽车速度做比较，检测一帧图像的时间，汽车行驶约 3.88m 的距离，效果非常明显。

表 6-3-2 R-CNN 系列目标检测算法检测速度对比

| 模型 | mAP | 检测速度 | |
| --- | --- | --- | --- |
| DPMv5 | 33.7% | 0.07 帧/秒 | 14 秒/帧 |
| R-CNN | 66.0% | 0.05 帧/秒 | 20 秒/帧 |
| Fast R-CNN | 70.0% | 0.5 帧/秒 | 2 秒/帧 |
| Faster R-CNN | 73.2% | 7 帧/秒 | 0.14 秒/帧 |

表 6-3-3 所示为 YOLO 检测速度。

表 6-3-3 YOLO 检测速度

| 模型 | mAP | 检测速度 | |
| --- | --- | --- | --- |
| YOLO | 63.4% | 45 帧/秒 | 0.022 秒/帧 |

可以看出 YOLO 的准确率虽然没有 Faster R-CNN 和 R-CNN 好，但是速度是极快的，为 22 毫秒/帧，是 Fast R-CNN 的 6 倍还多，这意味着车辆行驶 0.6m 即可检测一帧图像。

### 6.3.3 YOLO 模型优缺点

由图 6-3-3 所示的 Fast R-CNN 与 YOLO 的对比可看出，Fast R-CNN 的正确率为 71.6%，而 YOLO 的正确率为 65.5%。YOLO 的误差有两个特点：一是位置错误率相对较高；二是背景错误率相对其他较低。

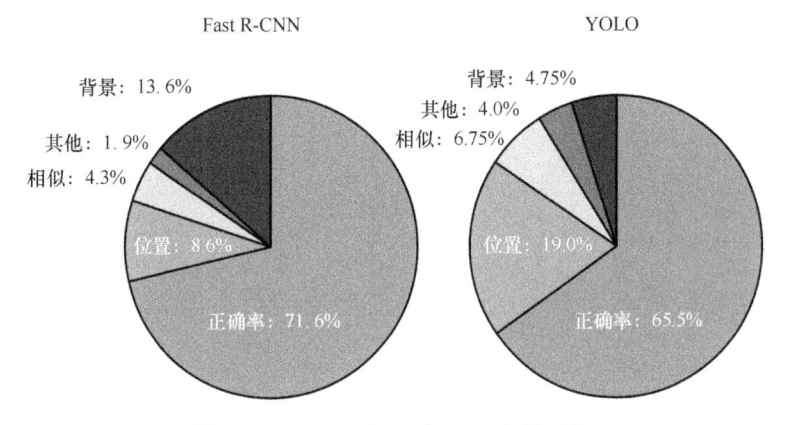

## 第6章 目标检测的一阶段学习方法

Fast R-CNN
背景：13.6%
其他：1.9%
相似：4.3%
位置：8.6%
正确率：71.6%

YOLO
背景：4.75%
其他：4.0%
相似：6.75%
位置：19.0%
正确率：65.5%

图 6-3-3　Fast R-CNN 与 YOLO 的对比

YOLO 位置错误大的原因是 $B$ 个框尺度取值只有 2，对于小物体检测不明显。背景检测效果好是因为在损失函数中，背景错误前添加一个参数 $\lambda_{noobj}$（6.2.2 节）；因为在目标检测中，背景通常数量是很多的，而目标是很少的，所以，这个参数可用来处理样本不平衡问题。

YOLO 最大的优点，就是泛化性能很好，可以推广到新领域（如艺术领域），如图 6-3-4 所示。

另外，YOLO 比 DPM 和 R-CNN 等方法在推广到人的检测时有更好的性能，如图 6-3-5 及表 6-3-4 所示。在图 6-3-5 中可以看出 YOLO 的性能明显优于其他模型，但相比于人类水平，仍差一些。

资料来源：luanfujun GitHub。

图 6-3-4　YOLO 在艺术画中检测有比较好的泛化效果

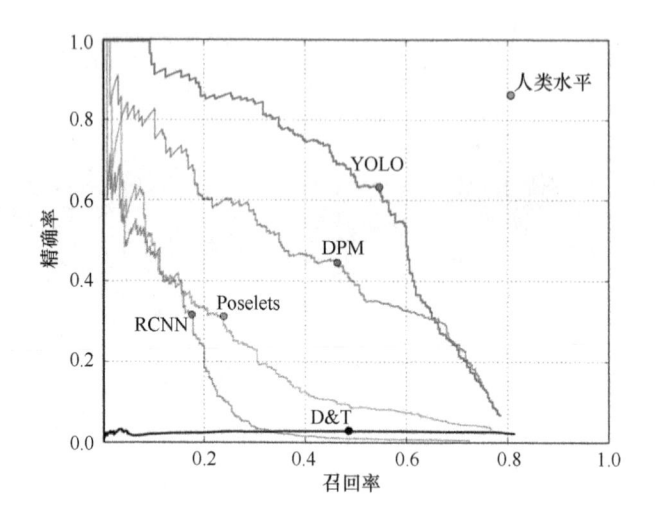

图 6-3-5 YOLO 与 DPM 和 R-CNN 等算法性能比较

表 6-3-4 性能比较表

| 模型 | VOC 2007 数据集 AP | Picasso 数据集 AP | Picasso 数据集 Best F1 | People-Art 数据集 AP |
|---|---|---|---|---|
| **YOLO** | **59.2%** | **53.3%** | **0.590** | **45%** |
| R-CNN | 54.2% | 10.4% | 0.226 | 26% |
| DPM | 43.2% | 37.8% | 0.458 | 32% |
| Poselets | 36.5% | 17.8% | 0.271 | — |
| D&T | — | 1.9% | 0.051 | — |

在目标检测任务中，大多数是人的检测，然而，由于人物站立位置较远或不清晰，所以，后排人物无法检测到。除人物检测不全外，YOLO 还会出现无法检测其他目标的问题，这是由于 YOLO 训练数据集分类数量少等原因，所以，与改进版本 YOLOv2 和 YOLOv3 相比，就逊色得多。

综合而言，YOLO 的优势有如下 4 点：速度快、端到端训练、背景错误率低、泛化能力强。YOLO 的不足之处有如下 3 点：准确率不高、位置错误率高、对小目标不敏感。YOLO 还有如下局限性：

（1）YOLO 对相互靠得很近的物体（如挨在一起且中心点都落在同一个格子上的情况），以及很小的群体聚集的情况检测效果不好，这是因为一个网络（也称单元格）只负责预测一个目标。

（2）在测试图像中，当同类物体出现不常见的长宽比和其他情况时，泛化能力偏弱。因为没有预设锚框，模型预测框的尺度完全受训练集数据驱动，所以，对不常见的长宽比和其他情况泛化能力弱。

（3）由于损失函数的问题，定位误差是影响检测效果的主要原因，尤其是大小物体的处理上，还有待加强。

## 6.4 YOLOv2 实现更好、更快、更强

YOLOv2 是由 Redmon 等人对 YOLO 的改进版本。YOLOv2 具有 YOLO 没有的几个特性，例如，对不同分辨率的图像进行训练（Multi-Scale Training），从而在速度和准确性之间提供了一个简单的权衡。此外，作者还谈到了另一个模型——YOLO9000（一个基于 YOLOv2 网络架构的实时检测模型），该模型利用 WordTree 组合检测数据集和分类数据集，实现同时在对象检测和图像分类数据集上训练模型，从而弥合这两种数据集之间的差距——可以预测没有标记检测数据的对象类的检测。YOLO9000 可以检测超过 9000 种的对象。

YOLOv2 还有一个名字："YOLO9000, Better, Faster, Stronger"，"Better"指的是准确率更高，"Faster"表示检测速度更快，"Stronger"表示泛化能力更强，可以推广到更多领域。

## 6.5 YOLOv2 改进 YOLOv1——更好

更好，意味着更准确，也就是 mAP 更高。YOLOv2 与 YOLOv1 对比如图 6-5-1 所示。

| | YOLOv1 | | | | | | | | YOLOv2 |
|---|---|---|---|---|---|---|---|---|---|
| 使用批归一化? | | ✓ | ✓ | ✓ | ✓ | ✓ | ✓ | ✓ | ✓ |
| 使用高分辨率分类器? | | | ✓ | ✓ | ✓ | ✓ | ✓ | ✓ | ✓ |
| 使用卷积? | | | | ✓ | ✓ | ✓ | ✓ | ✓ | ✓ |
| 使用锚框? | | | | ✓ | ✓ | | | | |
| 使用新的网络? | | | | | | ✓ | ✓ | ✓ | ✓ |
| 使用框聚类? | | | | | | ✓ | ✓ | ✓ | ✓ |
| 使用约束边界框预测? | | | | | | ✓ | ✓ | ✓ | ✓ |
| 使用细粒度特征? | | | | | | | ✓ | ✓ | ✓ |
| 使用多尺度训练? | | | | | | | | ✓ | ✓ |
| 使用高分辨率检测? | | | | | | | | | ✓ |
| V0C2007数据集mAP | 63.4 | 65.8 | 69.5 | 69.2 | 69.6 | 74.4 | 75.4 | 76.8 | 78.6 |

图 6-5-1 YOLOv2 与 YOLOv1 对比

YOLOv2在提高准确率方面有以下改进措施。
（1）使用批归一化。
（2）使用高分辨率分类器。
（3）使用带锚框的卷积。
（4）使用框聚类。
（5）使用约束边界框预测。
（6）使用细粒度特征。
（7）使用多尺度训练。
（8）使用高分辨率检测。

### 6.5.1 批归一化

在训练过程中，CNN 每层输入的分布一直在改变，会使训练过程难度加大，但可以通过规范化（Normalize）每层的输入解决这个问题。新的 YOLO 网络在每个卷积层后添加批归一化（Batch Normalization），通过此方法，mAP 获得 2%的提升。批归一化也有助于规范化模型，可以在舍弃 dropout 优化后依然不会过拟合。

### 6.5.2 高分辨率分类器

在目标检测方法中，基本上都会使用 ImageNet 预训练过的模型来提取特征，例如，VGG 系列的网络，输入图像会被重塑为 224×224 的大小，而检测过程中分辨率一般会是 448×448，在训练时使用低分辨率，会给检测带来一定的困难。YOLOv2 把分辨率直接提升到 448×448，这意味着原有的网络模型必须进行调整以适应新的分辨率输入。

YOLOv2 首先对以 Darknet 为主干的分类网络进行微调，分辨率改成 448×448，在 ImageNet 数据集上训练 10 轮，训练后的网络就可以适应高分辨率的输入。然后对检测网络后半部分也进行微调。这样通过提升输入的分辨率，mAP 获得 4%的提升。

### 6.5.3 预设锚框并采用全卷积

YOLOv1 存在定位问题，利用全连接层的数据完成边框的预测，导致丢失较多的空间信息，定位不准。这里借鉴 Faster R-CNN 的锚框思想。如图 6-5-2 所示，在 Faster R-CNN 中，RPN 生成锚框的关键步骤是，在卷积网络输出层的特征图的每个像素处产生 9 个尺度的锚框，这样定位问题有所改善。其次，YOLOv1 中只

有 $B=2$ 个框，尺度较少，所以，对小物体不敏感的问题也得到了解决。YOLOv2 借鉴 RPN 的思想，具体如何操作呢？

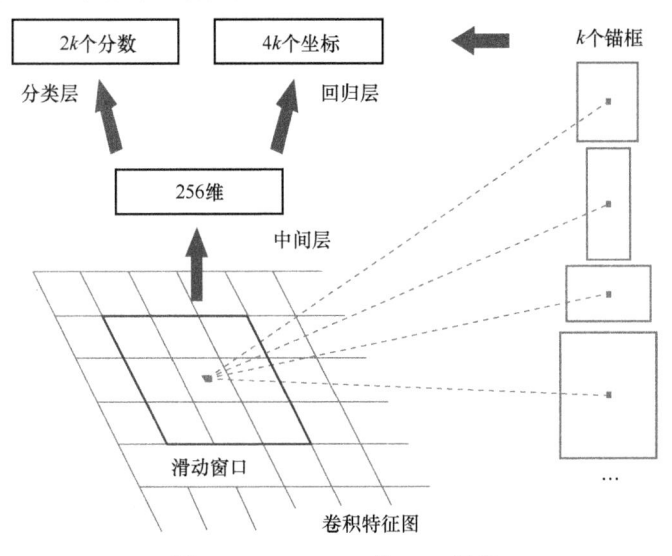

图 6-5-2 YOLOv2 的 RPN 思想

操作步骤如下。
（1）去掉全连接层，使用全卷积网络。
（2）去掉最后一个池化层，为了使输出分辨率更高。
（3）缩减网络，使输入尺度为 416×416，这样是为了使后面产生的卷积特征图的宽高为奇数（416/32=13），这样就产生一个中心单元格，因为大物体通常占据图像的中间位置，使用一个中间单元格可以来预测，否则就要使用中间 4 个单元格来预测。此技巧可以略微提高效率。
（4）使用卷积层下采样，使 416×416 的图像最终输出 13×13 的特征。

增加锚框后，召回率上升，但是准确率下降。假如每个单元预测 9 个锚框，则 YOLOv2 有 1521（13×13×9=1521）个锚框；而 YOLOv1 直接预测 98（7×7×2=98）个框，没有锚框，模型召回率为 81%，mAP 为 69.5%；加入锚框后，模型召回率为 88%，mAP 为 69.2%。这样看来，准确率小幅度下降，而召回率提升了 7%，这是值得的。

### 6.5.4 框聚类

有预设锚框后，还有两个问题：锚框尺度和宽高比问题。在 Faster R-CNN 中，锚框尺度都是预定义的 3 个尺度，每个尺度有 3 个比例。虽然在训练过程中网络也会学习调整锚框的宽高尺度和宽高比，最终得到准确的边界框，但是，如果一开始就选择更好的、更有代表性的先验框的尺度和宽高比，那么，网络就更容易学到准确的预测位置。

YOLOv2 使用聚类方法来确定锚框的尺度和宽高比例。这里使用 K-means 聚类方法来训练边界框，这种方法可使 mAP 提升 5%。

K-means 聚类过程大致如下：通过指定 $K$ 个类，初始化类中心坐标，通过计算每个边界框与类中心距离，将每个边界框分到距离最近的第 $k$ 类中（$k$ 的取值为 0 到 $K-1$），然后重新计算每个类的类中心，更新类中心，循环迭代，直到类中心收敛完成聚类。传统 K-means 聚类方法中的距离使用的是欧氏距离，如果在框聚类中使用，则较大的先验框会比较小的先验框产生更多的误差，聚类结果可能会偏离，因此，这里使用的是 IoU 指标的距离，公式如下：

$$d(\text{box}, \text{centriod}) = 1 - \text{IoU}(\text{box}, \text{centriod}) \tag{6-2}$$

聚类结果如图 6-5-3 所示，$K$ 个类中心就是 $K$ 个锚框。

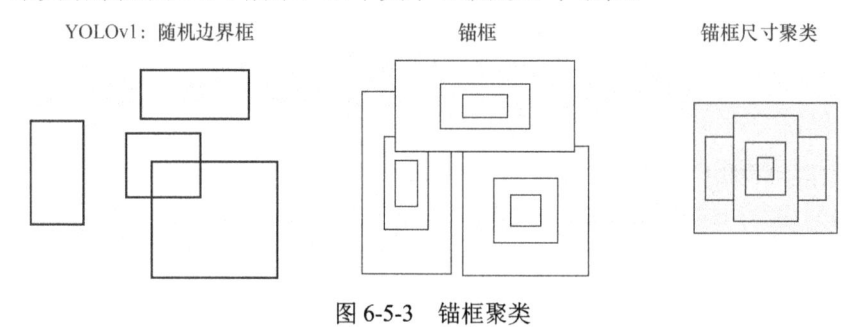

图 6-5-3 锚框聚类

聚类得到的边框与预设先验框是不同的，聚类得到的框更加接近真实的物体框，即聚类得到的边框扁长的框较少，而瘦高的框更多（这符合行人的特征）。与之前的 1:2、1:1、1:1 的宽高比完全不同。如表 6-5-1 所示，通过实验对比两种策略的优劣，使用聚类方法，仅 5 种框的召回率就和 Faster R-CNN 的 9 种相当，说明 K-means 方法的引入使生成的框更具有代表性。

锚框聚类可使 mAP 获得 1% 的提升。

表 6-5-1 使用框聚类的优势

| 框版本 | 数量 | 平均 IoU |
| --- | --- | --- |
| Cluster SSE | 5 | 58.7 |
| Cluster IoU | 5 | 61.0 |
| Anchor Boxes | 9 | 60.9 |
| Cluster IoU | 9 | 67.2 |

## 6.5.5 约束边框位置

边框尺度和宽高比问题解决后,还有一个问题就是模型不稳定。YOLOv1 对位置预测没有限制,这使模型在早期迭代中不稳定。预测的边界框可能远离原始网格位置。

区域建议网络使用式(6-3)进行预测。

$$x = (t_x \times w_a) + x_a$$
$$y = (t_y \times h_a) + y_a$$
(6-3)

式中,$x$、$y$ 是预测框的中心;$x_a$、$y_a$ 是锚框的中心坐标;$w_a$、$h_a$ 是锚框的宽和高;$t_x$、$t_y$ 是要学习的参数。由于 $t_x$、$t_y$ 没有任何约束,所以,预测边框的中心可能会出现在任何位置。例如,$t_x=1$ 的预测会将框向右移动一个锚框宽度,$t_x=-1$ 的预测会将其向左移动一个锚框宽度,因此,YOLOv2 调整预测公式,将边框的中心约束在特征网格内,通过使用 Sigmoid 函数实现,此函数的输出正好是 0~1 的数值。Sigmoid 函数用 $\sigma$ 表示如下:

$$b_x = \sigma(t_x) + C_x$$
$$b_y = \sigma(t_y) + C_y$$
$$b_w = p_w e^{t_w}$$
$$b_h = p_h e^{t_h}$$
$$P(\text{Object}) \times \text{IoU}(b, \text{Object}) = \sigma(t_o)$$
(6-4)

公式示意图如图 6-5-4 所示,其中,$(C_x, C_y)$ 是锚框中心所在的网格左上角的坐标;$(t_x, t_y)$ 是要学习的参数,经过 Sigmoid 之后是锚框中心相对网格左上角的坐标;$(b_x, b_y)$ 是预测框中心坐标;$(p_w, p_h)$ 是聚类得到的锚框的宽高;$(b_w, b_h)$ 是预测框的宽高。

这种方法比 YOLOv1 的方法的 mAP 增加了 5%。

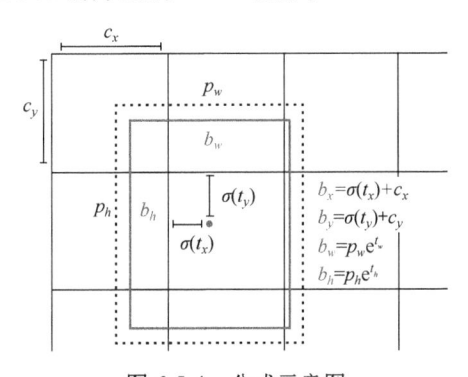

图 6-5-4 公式示意图

### 6.5.6 细粒度特征

特征的颗粒度是与特征的下采样程度对应的。下采样倍数越大，特征越模糊，颗粒度就越粗；下采样倍数越小，特征图越清晰，颗粒度就越细。

在卷积过程中，输入图像的宽和高为416×416，最终输出32倍下采样，所得特征的大小为13×13。虽然能够满足大尺度物体检测，但是在小物体检测上还有些不足。如果加上细颗粒特征的话，对检测小目标物体是颇有帮助的。在R-CNN系列或者SSD中，都利用了不同粒度的特征图，如使用金字塔池化层。YOLOv2使用了一个被称为穿越层（Passthrough Layer）的结构，即将前一层的26×26×512的特征图映射为13×13×2048的特征图，然后与原始13×13的特征图串接进行检测。这个扩展的13×13×3072的特征图，提供了对细粒度特征的访问，如图6-5-5所示。

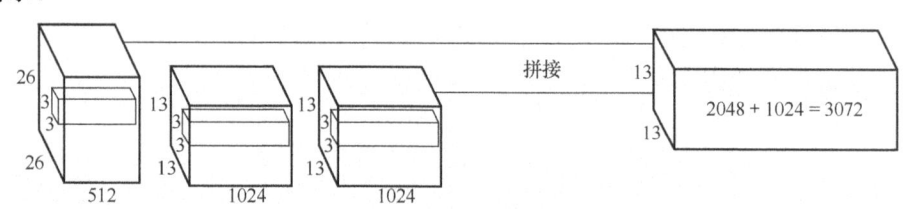

图 6-5-5 扩展特征图获得细粒度特征

注意，YOLOv2的作者Redmon在后期的实现中借鉴了ResNet，不直接对高分辨特征图进行处理，而是增加了一个中间卷积层，先采用64个1×1卷积核进行卷积，然后经过穿越层，这样就实现了由26×26×512的特征图到13×13×256的特征图的变换，这在后面介绍YOLOv2架构中各层细节时会有所体现。

### 6.5.7 多尺度训练

YOLOv1固定使用448×448（宽×高）的图像作为输入，现在输入变成416×416的图像。YOLOv2去掉全连接层，替换成全局平均池化，只使用卷积层和池化层，因此，可以动态调整输入大小。

全局平均池化是指池化层输入特征的大小为$S×S$，无论$S$为多少，都输出1×1大小的特征，因此，可以动态调整输入图像的大小。

为了增加YOLOv2针对不同尺寸的图像的鲁棒性，使用多尺度的输入进行训练。多尺度训练的好处是在小的图像上训练可以增加网络识别大目标物体的能力，在大的图像上训练可以增加网络识别小目标的能力，多尺度训练使得mAP提高1.5%，如图6-5-6所示。可以看出，不同于固定大小的输入图像尺寸的方法，每训练 10 个批次,就会随机选择图像尺寸,调整网络大小并继续训练。因为输出特征是经过 32 倍下采样后得到的,所以,YOLOv2 使用 32 的倍数作为尺度的缩放倍数,尺寸范围为{320,352,…, 608}。其中,最小尺度为 320×320,最大尺度为 608×608。

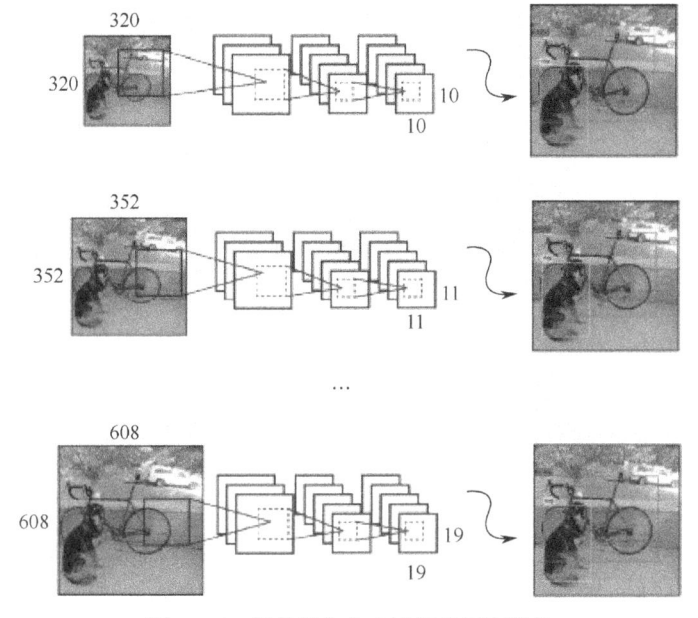

图 6-5-6 调整网络大小进行多尺度训练

多尺度训练策略可以使网络更好地预测不同尺度的图像,意味着同一个网络可以进行不同分辨率的检测任务。在小尺度图像上,YOLOv2 运行更快,能够在速度和精度上达到平衡。如表 6-5-2 所示,当输入为 228×228 时,FPS(Frames Per Second,每秒传输帧数)达到 91,mAP 和 Faster R-CNN 一样。因此,其在低性能 GPU、高帧率视频、多路视频场景中更加适用。在大尺度图像上,当输入为 544×544 时,YOLOv2 的 mAP 达到 78.6%,高于平均水准。

表 6-5-2 运行结果比较

| 模型 | 训练 | mAP | FPS |
| --- | --- | --- | --- |
| Fast R-CNN | 2007+2012 | 70.0% | 0.5 |
| Faster R-CNN VGG-16 | 2007+2012 | 73.2% | 7 |
| Faster R-CNN ResNet | 2007+2012 | 76.4% | 5 |
| YOLO | 2007+2012 | 63.4% | 45 |
| SSD300 | 2007+2012 | 74.3% | 46 |

(续表)

| 模型 | 训练 | mAP | FPS |
|---|---|---|---|
| SSD500 | 2007+2012 | 76.8% | 19 |
| YOLOv2 288×288 | 2007+2012 | 69.0% | 91 |
| YOLOv2 352×352 | 2007+2012 | 73.7% | 81 |
| YOLOv2 416×416 | 2007+2012 | 76.8% | 67 |
| YOLOv2 480×480 | 2007+2012 | 77.8% | 59 |
| YOLOv2 544×544 | 2007+2012 | **78.6%** | 40 |

绘制成坐标图更加直观，如图 6-5-7 所示，显然 YOLOv2 几个尺寸的坐标离原点比较远，两个坐标值都比较大，说明性能均衡提高。

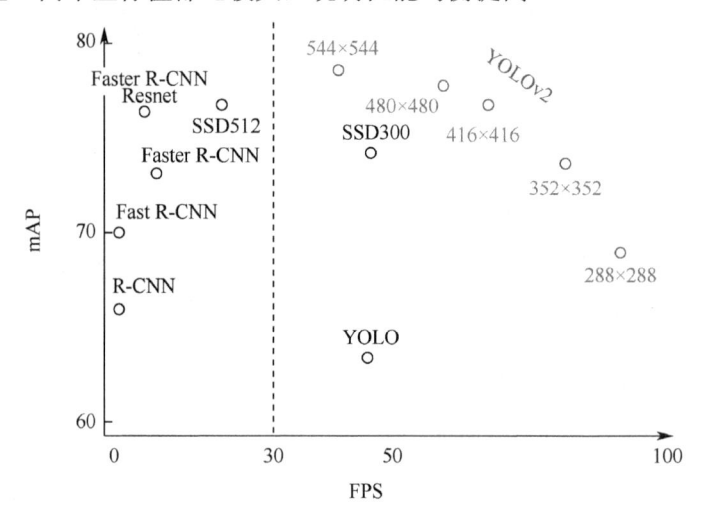

图 6-5-7 在 FPS 和 mAP 两个指标的对比

## 6.5.8 实验对比

以上改进策略都会使 mAP 显著增加（切换到带有锚框的完全卷积网络除外）。带锚框的全卷积网络，在基本不改变 mAP 的情况下增加了召回率。

表 6-5-3 所示为 YOLOv2 与各算法在 Pascal VOC 2012 数据集上的测试性能对比。YOLOv2 的性能与带有 ResNet 的 Faster R-CNN 和 SSD512 不相上下。表 6-5-4 所示为 YOLOv2 与各算法在 COCO 2015 数据集上的测试性能对比，表中的数据来源均为 YOLOv2 论文。

第6章 目标检测的一阶段学习方法

表6-5-3 YOLOv2与各算法在Pascal VOC 2012数据集上的测试性能对比

| 方法 | 数据 | mAP | aero | bike | bird | boat | bottle | bus | car | cat | chair | cow | table | dog | horse | mbike | person | plant | sheep | sofa | train | tv |
|---|---|---|---|---|---|---|---|---|---|---|---|---|---|---|---|---|---|---|---|---|---|---|
| Fast R-CNN | 07++12 | 68.4 | 82.3 | 78.4 | 70.8 | 52.3 | 38.7 | 77.8 | 71.6 | 89.3 | 44.2 | 73.0 | 55.0 | 87.5 | 80.5 | 80.8 | 72.0 | 35.1 | 68.3 | 65.7 | 80.4 | 64.2 |
| Faster R-CNN | 07++12 | 70.4 | 84.9 | 79.8 | 74.3 | 53.9 | 49.8 | 77.5 | 75.9 | 88.5 | 45.6 | 77.1 | 55.3 | 86.9 | 81.7 | 80.9 | 79.6 | 40.1 | 72.6 | 60.9 | 81.2 | 61.5 |
| YOLO | 07++12 | 57.9 | 77.0 | 67.2 | 57.7 | 38.3 | 22.7 | 68.3 | 55.9 | 81.4 | 36.2 | 60.8 | 48.5 | 77.2 | 72.3 | 71.3 | 63.5 | 28.9 | 52.2 | 54.8 | 73.9 | 50.8 |
| SSD300 | 07++12 | 72.4 | 85.6 | 80.1 | 70.5 | 57.6 | 46.2 | 79.4 | 76.1 | 89.2 | 53.0 | 77.0 | 60.8 | 87.0 | 83.1 | 82.3 | 79.4 | 45.9 | 75.9 | 69.5 | 81.9 | 67.5 |
| SSD512 | 07++12 | 74.9 | 87.4 | 82.3 | 75.8 | 59.0 | 52.6 | 81.7 | 81.5 | 90.0 | 55.4 | 79.0 | 59.8 | 88.4 | 84.3 | 84.7 | 83.3 | 50.2 | 78.0 | 66.3 | 86.3 | 72.0 |
| ResNet | 07++12 | 73.8 | 86.5 | 81.6 | 77.2 | 58.0 | 51.0 | 78.6 | 76.6 | 93.2 | 48.6 | 80.4 | 59.0 | 92.1 | 85.3 | 84.8 | 80.7 | 48.1 | 77.3 | 66.5 | 84.7 | 65.6 |
| YOLOv2 544 | 07++12 | 73.4 | 86.3 | 82.0 | 74.8 | 59.2 | 51.8 | 79.8 | 76.5 | 90.6 | 52.1 | 78.2 | 58.5 | 89.3 | 82.5 | 83.4 | 81.3 | 49.1 | 77.2 | 62.4 | 83.8 | 68.7 |

表6-5-4 YOLOv2与各算法在COCO 2015数据集上的测试性能对比

| 方法 | 数据 | 0.5:0.95 | 0.5 | 0.75 | S | M | L | 1 | 10 | 100 | S | M | L |
|---|---|---|---|---|---|---|---|---|---|---|---|---|---|
| Fast R-CNN | train | 19.7 | 35.9 | — | — | — | — | — | — | — | — | — | — |
| Faster R-CNN | train | 20.5 | 39.9 | 19.4 | 4.1 | 20.0 | 35.8 | 21.3 | 29.5 | 30.1 | 7.3 | 32.1 | 52.0 |
| Faster R-CNN | trainval | 21.9 | 42.7 | — | — | — | — | — | — | — | — | — | — |
| ION | train | 23.6 | 43.2 | 23.6 | 6.4 | 24.1 | 38.3 | 23.2 | 32.7 | 33.5 | 10.1 | 37.7 | 53.6 |
| Faster R-CNN | trainval | 24.2 | 45.3 | 23.5 | 7.7 | 26.4 | 37.1 | 23.8 | 34.0 | 34.6 | 12.0 | 38.5 | 54.4 |
| SSD300 | trainval35k | 23.2 | 41.2 | 23.4 | 5.3 | 23.2 | 39.6 | 22.5 | 33.2 | 35.3 | 9.6 | 37.6 | 56.5 |
| SSD512 | trainval35k | **26.8** | **46.5** | **27.8** | **9.0** | **28.9** | **41.9** | **24.8** | **37.5** | **39.8** | **14.0** | **43.5** | **59.0** |
| YOLOv2 | trainval35k | 21.6 | 44.0 | 19.2 | 5.0 | 22.4 | 35.5 | 20.7 | 31.6 | 33.3 | 9.8 | 36.5 | 54.4 |

·157·

## 6.6 YOLOv2 使用 Darknet-19——更快

本节介绍 YOLOv2 版本为什么会更快。

### 6.6.1 Darknet-19

大多数检测框架把 VGG-16 作为主干网络进行特征提取。VGG-16 是一个强大、准确的分类网络，但它很复杂，其实没必要。VGG-16 的卷积层需要 306.9 亿次浮点运算才能在 224×224 分辨率下对单幅图像完成处理，如表 6-6-1 所示。

表 6-6-1 Darknet-19 结构

| 类型 | 通道数 | 大小/步长 | 输出 |
| --- | --- | --- | --- |
| Convolutional | 32 | 3×3 | 224×224 |
| Maxpool | — | 2×2/2 | 112×112 |
| Convolutional | 64 | 3×3 | 112×112 |
| Maxpool | — | 2×2/2 | 56×56 |
| Convolutional | 128 | 3×3 | 56×56 |
| Convolutional | 64 | 1×1 | 56×56 |
| Convolutional | 128 | 3×3 | 56×56 |
| Maxpool | — | 2×2/2 | 28×28 |
| Convolutional | 256 | 3×3 | 28×28 |
| Convolutional | 128 | 1×1 | 28×28 |
| Convolutional | 256 | 3×3 | 28×28 |
| Maxpool | — | 2×2/2 | 14×14 |
| Convolutional | 512 | 3×3 | 14×14 |
| Convolutional | 256 | 1×1 | 14×14 |
| Convolutional | 512 | 3×3 | 14×14 |
| Convolutional | 256 | 1×1 | 14×14 |
| Convolutional | 512 | 3×3 | 14×14 |
| Maxpool | — | 2×2/2 | 7×7 |
| Convolutional | 1024 | 3×3 | 7×7 |
| Convolutional | 512 | 1×1 | 7×7 |
| Convolutional | 1024 | 3×3 | 7×7 |
| Convolutional | 512 | 1×1 | 7×7 |

（续表）

| 类型 | 通道数 | 大小/步长 | 输出 |
|---|---|---|---|
| Convolutional | 1024 | 3×3 | 7×7 |
| Convolutional | 1000 | 1×1 | 7×7 |
| Avgpool | — | Global | 1000 |
| Softmax | — | — | — |

YOLOv1 使用基于 GoogLeNet 架构的自定义网络，该网络比 VGG-16 更快，前向传递需要 85.2 亿次操作。准确率略逊色，YOLOv1 在 ImageNet 获得 88.0% 的 top-5 准确率，而 VGG-16 为 90.0%。

在 v2 版本中，YOLO 设计了一种 Darknet-19 的网络结构。Darknet-19 使用 19 个卷积层和 5 个最大池化层。该网络借鉴 VGG 系列，使用较多的 3×3 卷积核，在每次池化操作后把通道数翻倍。网络使用全局平均池化（Global Average Pooling），把 1×1 的卷积核置于 3×3 的卷积核之间，用来压缩特征。同时使用批归一化来稳定模型训练。该网络结构比 VGG-16 小一些，精度不比 VGG-16 弱，但浮点运算量可约减少到 1/5，以保证更快的运算速度。

速度之所以快还有一个最重要的原因，那就是 Darknet-19 没有全连接层，使用一个全局平均池化，避免全连接过程中大量运算。

YOLOv2 只需要 55.8 亿次操作来处理图像，却在 ImageNet 上达到了 72.9% 的 top-1 准确率和 91.2%的 top-5 准确率。

Darknet-19 可以在准确率和模型复杂度之间取得很好的平衡，top-1 和 top-5 错误接近 ResNet-50，如表 6-6-2 所示。Darknet-19 具有更低的模型复杂度的浮点运算数，因此，检测速度快得多。

表 6-6-2  Darknet-19

| 模型 | top-1 | top-5 | 浮点运算数 | GPU 速度 |
|---|---|---|---|---|
| VGG-16 | 70.5 | 90.0 | 30.95 Bn | 100 FPS |
| Extraction (YOLOv1) | 72.5 | 90.8 | 8.52 Bn | 180 FPS |
| ResNet-50 | **75.3** | **92.2** | 7.66 Bn | 90 FPS |
| Darknet-19 | 74.0 | 91.8 | **5.58 Bn** | **200 FPS** |

## 6.6.2 三阶段训练

YOLOv2 的训练主要包括 3 个阶段，前两个阶段是分类训练，最后一个阶段是检测训练，如图 6-6-1 所示。

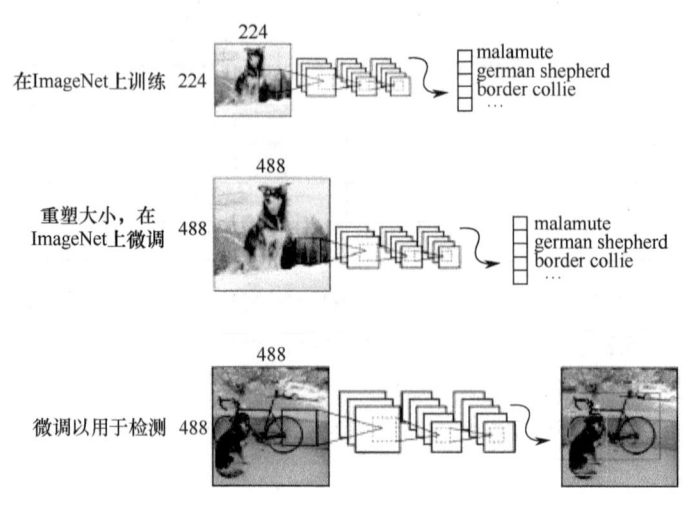

图 6-6-1 YOLOv2 训练步骤

分别是以下 3 个阶段：

（1）在 ImageNet 分类数据集上预训练 Darknet-19，此时输入为 224×224 的张量。

（2）将网络输入调整为 448×448 的张量，继续在 ImageNet 上微调模型。

（3）修改 Darknet-19 分类模型为检测模型：去掉最后一个卷积层全局平均和 Softmax 层；新增 3 个 3×3×1024 的卷积层，同时增加一个穿越层，最后使用 1×1 输出预测结果，输出通道数为

$$\text{num}_{\text{channel}} = \text{num}_{\text{anchors}} \times (5 + \text{num\_classes}) \tag{6-5}$$

式中，$\text{num}_{\text{channel}}$ 表示通道数；$\text{num}_{\text{anchors}}$ 表示锚框的数量；括号中的 5 表示 4 个坐标值和对应的置信度；num_classes 对应的数量为 20（VOC 数据集）。因此，输出通道数为 5×25=125，如果分类数是 1000，这里就是 5×1005=5025。

在实际操作中，先将输出的张量重塑成形状（batch_size,13,13,5,25），如果以 $\boldsymbol{T}$ 表示一个张量，每个批次的边框中心点坐标和宽高为$(t_x, t_y, t_w, t_h)$，用 Loc 表示：

$$\text{Loc} = \boldsymbol{T}[:,:,:,:,0:4] \tag{6-6}$$

前 4 个维度分别是批次、宽、高、锚框序号。那么，锚框置信度就是第 5 个维度的第 4 个位置的数值：

$$P_{\text{obj}} = \boldsymbol{T}[:,:,:,:,4] \tag{6-7}$$

物体类别预测值就是第 5 个维度从第 5 个位置开始的所有数值：

$$P_{\text{cls|obj}} = \boldsymbol{T}[:,:,:,:,5:] \tag{6-8}$$

YOLOv2 各层结构和输出如图 6-6-2 所示。其中，22～24 层为检测网络新增的 3 个 3×3×1024 卷积层。25 层 route 16 表示将第 16 层的输出拿过来；26 层实

现通道缩减，利用 1×1 卷积把 26×26×512 变为 26×26×64；27 层 reorg 表示宽、高数据移到通道维上，即 space to depth（TensorFlow 中函数 space_to_depth 实现这个变换），这个操作可以将 26×26×64 变换为 13×13×256，共 256 个 13×13；28 层 route 27 24 表示将 27 层与 24 层的输出串接在一起，1024+256=1280，输出 13×13×1280，正是前面说的细粒度特征。28 层再经过 29 层 3×3 卷积和 30 层 1×1 卷积完成检测。

| 层 | 通道数 | 大小/步长 | 输入 | 输出 |
|---|---|---|---|---|
| 0 conv | 32 | 3 x 3 / 1 | 416 x 416 x 3 | -> 416 x 416 x 32 |
| 1 max | | 2 x 2 / 2 | 416 x 416 x 32 | -> 208 x 208 x 32 |
| 2 conv | 64 | 3 x 3 / 1 | 208 x 208 x 32 | -> 208 x 208 x 64 |
| 3 max | | 2 x 2 / 2 | 208 x 208 x 64 | -> 104 x 104 x 64 |
| 4 conv | 128 | 3 x 3 / 1 | 104 x 104 x 64 | -> 104 x 104 x 128 |
| 5 conv | 64 | 1 x 1 / 1 | 104 x 104 x 128 | -> 104 x 104 x 64 |
| 6 conv | 128 | 3 x 3 / 1 | 104 x 104 x 64 | -> 104 x 104 x 128 |
| 7 max | | 2 x 2 / 2 | 104 x 104 x 128 | -> 52 x 52 x 128 |
| 8 conv | 256 | 3 x 3 / 1 | 52 x 52 x 128 | -> 52 x 52 x 256 |
| 9 conv | 128 | 1 x 1 / 1 | 52 x 52 x 256 | -> 52 x 52 x 128 |
| 10 conv | 256 | 3 x 3 / 1 | 52 x 52 x 128 | -> 52 x 52 x 256 |
| 11 max | | 2 x 2 / 2 | 52 x 52 x 256 | -> 26 x 26 x 256 |
| 12 conv | 512 | 3 x 3 / 1 | 26 x 26 x 256 | -> 26 x 26 x 512 |
| 13 conv | 256 | 1 x 1 / 1 | 26 x 26 x 512 | -> 26 x 26 x 256 |
| 14 conv | 512 | 3 x 3 / 1 | 26 x 26 x 256 | -> 26 x 26 x 512 |
| 15 conv | 256 | 1 x 1 / 1 | 26 x 26 x 512 | -> 26 x 26 x 256 |
| 16 conv | 512 | 3 x 3 / 1 | 26 x 26 x 256 | -> 26 x 26 x 512 |
| 17 max | | 2 x 2 / 2 | 26 x 26 x 512 | -> 13 x 13 x 512 |
| 18 conv | 1024 | 3 x 3 / 1 | 13 x 13 x 512 | -> 13 x 13 x1024 |
| 19 conv | 512 | 1 x 1 / 1 | 13 x 13 x1024 | -> 13 x 13 x 512 |
| 20 conv | 1024 | 3 x 3 / 1 | 13 x 13 x 512 | -> 13 x 13 x1024 |
| 21 conv | 512 | 1 x 1 / 1 | 13 x 13 x1024 | -> 13 x 13 x 512 |
| 22 conv | 1024 | 3 x 3 / 1 | 13 x 13 x 512 | -> 13 x 13 x1024 |
| 23 conv | 1024 | 3 x 3 / 1 | 13 x 13 x1024 | -> 13 x 13 x1024 |
| 24 conv | 1024 | 3 x 3 / 1 | 13 x 13 x1024 | -> 13 x 13 x1024 |
| 25 route | 16 | | | |
| 26 conv | 64 | 1 x 1 / 1 | 26 x 26 x 512 | -> 26 x 26 x 64 |
| 27 reorg | | / 2 | 26 x 26 x 64 | -> 13 x 13 x 256 |
| 28 route | 27 24 | | | |
| 29 conv | 1024 | 3 x 3 / 1 | 13 x 13 x1280 | -> 13 x 13 x1024 |
| 30 conv | 125 | 1 x 1 / 1 | 13 x 13 x1024 | -> 13 x 13 x 125 |

图 6-6-2 YOLOv2 各层结构和输出

最后，对比一下 YOLOv2 与 YOLO 的输出：①YOLO 没有先验框，直接输出 2 个框；而 YOLOv2 预设 5 个先验框，并且通过 K-means 聚类得到框的尺寸，更加接近真实物体框。②输出特征下采样倍数不同（YOLOv2 是 32 倍下采样，而 YOLO 是 64 倍下采样），这使得 YOLOv2 比 YOLO 能检测更小的物体。③YOLOv2 输出 13×13×5×25 的张量，即每个单元格（网格）负责多个目标，这种输出可以检测两个挨在一起的目标，YOLO 则不能。

## 6.6.3 YOLOv2 的损失函数

官方论文没有像 YOLOv1 那样提供 YOLOv2 的损失函数，下面结合 Darknet

的源码来分析 YOLOv2 的损失函数。

对于真值框,中心落在哪个单元格,就由该单元格的 5 个锚框中 IoU 最大的框负责预测,即计算锚框与真值框 IoU,选 IoU 值最大的那个。这样,每个框至多预测一个目标。IoU 最大的先验框负责计算坐标误差、置信度误差及分类误差,其他 4 个边界框只计算置信度误差。

对于 $(i,j)$,即第 $i$ 个单元格的第 $j$ 个锚框,$C_{i,j}$ 表示边框 $(i,j)$ 的置信度,在 YOLOv1 讲过置信度,置信度得分反映了框包含对象的可能性及边界框的准确性,用 $P(Object) \times IoU$ 表示,也就是不光是有物体,还考虑 IoU,即与真值框的重叠。因此,IoU 最大的先验框,负责预测真值框,那么设置这个框的 $C_{i,j}=1$,否则,$C_{i,j}=0$。

损失函数公式由 3 部分组成,如下:

$$\text{loss}_{i,j} = \text{loss}_{i,j}^{xywh} + \text{loss}_{i,j}^{C} + \text{loss}_{i,j}^{p} \tag{6-9}$$

(1)第 1 项:位置损失 $\text{loss}_{i,j}^{xywh}$。负责预测目标的锚框的坐标损失,包括中心定位和边界定位。对其进行展开来观察细节,如式(6-10)所示,YOLOv1 中的边界定位采用根号后的差值的平方。

$$\text{loss}_{i,j}^{xywh} = \frac{\lambda_{\text{coord}}}{N_{L^{\text{obj}}}} \sum_{i=0}^{s^2} \sum_{j=0}^{B} L_{i,j}^{\text{obj}}[(x_{i,j}-\hat{x}_{i,j})^2 + (y_{i,j}-\hat{y}_{i,j})^2 + (\sqrt{w_{i,j}}-\sqrt{\hat{w}_{i,j}})^2 + (\sqrt{h_{i,j}}-\sqrt{\hat{h}_{i,j}})^2]$$

$$\tag{6-10}$$

这里当 $C_{i,j}=1$ 时,$L_{i,j}^{\text{obj}}=1$,其他情况等于 0。

(2)第 2 项:置信度损失 $\text{loss}_{i,j}^{C}$。$\hat{C}_{i,j}$ 表示框 $(i,j)$ 的预测置信度,如果这个框有物体,则我们希望这个置信度与 $\text{IoU}_{\text{prediction}_{i,j}}^{\text{ground truth}_{i,j}}$ 越接近越好,$\text{IoU}_{\text{prediction}_{i,j}}^{\text{ground truth}_{i,j}}$ 表示预测框与真值框的 IoU,可以直接计算,当然希望预测的置信度和计算出的越接近越好;如果这个框没有物体,则我们希望这个置信度与 0 越接近越好。

$$\text{loss}_{i,j}^{C} = \frac{\lambda_{\text{coord}}}{N^{\text{conf}}} \sum_{i=0}^{s^2} \sum_{j=0}^{B} L_{i,j}^{\text{obj}}(\text{IoU}_{\text{prediction}_{i,j}}^{\text{ground truth}_{i,j}} - \hat{C}_{i,j})^2 + \frac{\lambda_{\text{coord}}}{N^{\text{conf}}} \sum_{i=0}^{s^2} \sum_{j=0}^{B} L_{i,j}^{\text{noobj}}(0 - \hat{C}_{i,j})^2$$

$$\tag{6-11}$$

$L_{i,j}^{\text{noobj}}$ 的定义如下:

$$L_{i,j}^{\text{noobj}} = \begin{cases} 1, & \max_{i',j'} \text{IoU}_{\text{prediction}_{i,j}}^{\text{ground truth}_{i,j}} < 0.6 \text{ 且 } C_{i,j}=0 \\ 0, & \text{其他} \end{cases} \tag{6-12}$$

## 第6章 目标检测的一阶段学习方法

这个定义看起来很复杂,刚才我们已经清楚 $L_{i,j}^{\text{obj}}$ 的定义,那么 $L_{i,j}^{\text{noobj}}$ 只在置信度损失中使用。具体哪些框作为背景框呢?对那些与真值框的 IoU 小于阈值的框,并且满足 $C_{i,j}=0$,即并不是某个单元格与真值框 IoU 最大的框,这些框,希望其置信度为 0。为什么要这样做,因为如果先验框与真值框的 IoU 大于阈值,且不负责预测目标,不予惩罚;但是,如果小于阈值,并且不是与真值框 IoU 最大的框,就是非常差的框,干脆不让他们参与有对象置信度的预测,那么,就让其逼近 IoU=0,此项在 YOLOv1 中没有。

(3)第 3 项为分类损失。负责预测目标的预测框的类别损失,使用交叉熵损失来计算,注意这里与 YOLOv1 损失函数的区别,在 YOLOv1 损失函数中的分类损失中这个位置用的是开头变量 $1_i^{\text{obj}}$,每个单元格分类向量只有 1 格,即 1 个单元格只能预测一个类别的对象。而 YOLOv2 换成了锚框,即 1 个单元格的各锚框可以预测不同的对象。

$$\text{loss}_{i,j}^{P} = \lambda_{\text{noobj}} \sum_{i=0}^{s^2} \sum_{j=0}^{B} l_{ij}^{\text{noobj}} (C_i - \hat{C}_i)^2 \qquad (6\text{-}13)$$

最后,我们来说一下这里的系数,其用于平衡数值。因为框位置、置信度、类别数量是不平衡的,所以,需要用一些系数加以平衡,怎么平衡呢?很简单,分别用 $\lambda_{\text{coord}}$、$\lambda_{\text{obj}}$、$\lambda_{\text{noobj}}$、$\lambda_{\text{class}}$ 除以相应的数量,如对于框位置,数量为 $N_{L^{\text{obj}}}$,其表达式如下:

$$N_{L^{\text{obj}}} = \sum_{i=0}^{s^2} \sum_{j=0}^{B} L_{i,j}^{\text{obj}} \qquad (6\text{-}14)$$

该损失的各项都是均方损失,YOLOv3 损失函数会对此进行改进,这里先不展开。

图 6-6-5 所示为 YOLOv2 与其他方法的速度对比,横坐标为 GPU 所耗时间(GPU Time),纵坐标为总体 mAP(Overall mAP)。从图中可以看出速度最快的是最左边方块,图上有注解,是 SSD 的检测器。最上面的是 mAP 最大的检测器,是 Faster R-CNN。不同颜色表示不同 Backbone 的卷积神经网络。可以看出,Faster R-CNN 虽然 mAP 高,但是检测速度很慢。再来看看 YOLOv2 的对比,在图 6-6-3 中,紫红色五角星表示 YOLOv2 表现,很明显,YOLOv2 的速度是很快的,红色虚线为实时检测时间线,也就是说 YOLOv2 达到实时检测的效果。再看 YOLOv2 的精度,很明显 YOLOv2 的总体 mAP 也在平均水平上,是各类检测器中能够很好地平衡速度和精度的一种检测器,在同等准确率下速度是很棒的。

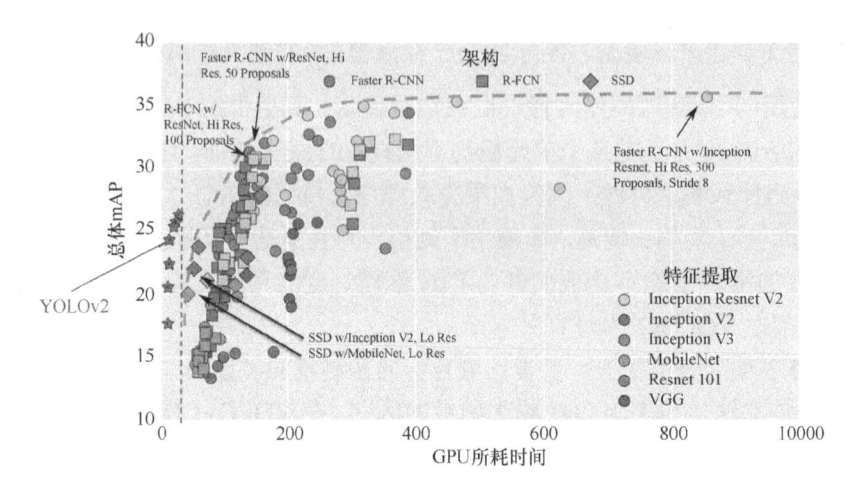

注：彩插页有对应彩色图片。

图 6-6-3　YOLOv2 与其他方法的速度对比

准确率及速度对比如表 6-6-3 所示。

表 6-6-3　准确率及速度对比

| 模型 | top-1 | top-5 | 单词运算 | GPU 速度 |
| --- | --- | --- | --- | --- |
| VGG-16 | 70.5 | 90.0 | 309.5 亿 | 100 帧/秒 |
| YOLOv1 | 72.5 | 90.8 | 85.2 亿 | 180 帧/秒 |
| ResNet-50 | 75.3 | 92.2 | 76.6 亿 | 90 帧/秒 |
| YOLOv2（Darknet-19） | 74.0 | 91.8 | 55.8 亿 | 200 帧/秒 |

可以看出 YOLOv2 的 top-1 准确率是 74%，top-5 准确率是 91.8%。所谓 top-1 准确率，是指排名第一的类别与实际结果相符的准确率，而 top-5 准确率是指排名前五的类别包含实际结果的准确率。单次运行次数为 55.8 亿次，运行速度是每秒 200 帧，准确率也比 YOLOv1 有所提高，虽然比 ResNet-50 稍微低些，但是速度是 ResNet-50 的 2 倍。YOLOv2 很好地兼顾了准确率和速度。

# 6.7　使用 WordTree 的 YOLO9000——更强

## 6.7.1　组合两种数据集的必要性

用于目标检测的数据集类别数远少于用于分类的类别，这是因为目标检测数据集标记复杂，不仅要有类别，还要有框的位置数据，所以，现实中，标记示例非常有限。下面比较一下检测数据集 COCO 和分类数据集 ImageNet。

（1）COCO：100000 幅图像，80 个类别，检测标签，类别更通用，如"狗"或"船"。

（2）ImageNet：13000000 幅图像，22000 类，分类标签，类更具体，如"诺福克梗""约克夏梗""贝灵顿梗"。

画成树状图，如图 6-7-1 所示。

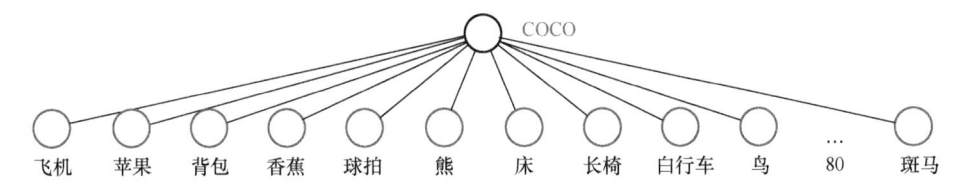

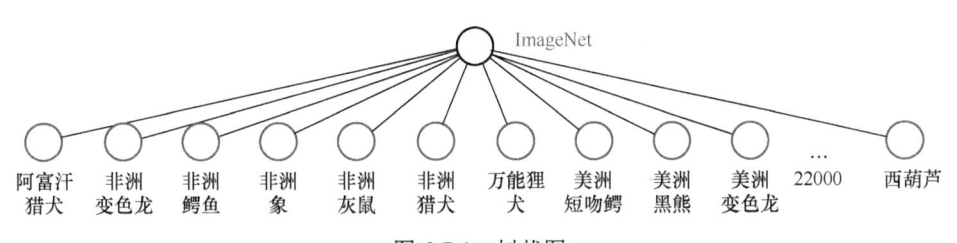

图 6-7-1　树状图

由于与用于分类的标签图像相比，用于检测的标签图像成本较高，需要预测边界框位置及大小，所以，检测数据集难以扩展到分类数据集的级别。

如果可以将两种类型的数据集组合在一起并构建网络，就可以使检测网络能够检测更多的没有检测标记的分类数据。

## 6.7.2　构建 WordTree 进行分层分类

为了扩展可以检测的类别，YOLOv2 提出了一种在训练过程中混合来自检测数据集和分类数据集的图像的方法。YOLOv2 使用对象检测样本训练端到端网络，同时反向传播分类样本中的分类损失以训练分类网络。这种方法存在一些问题。

如何合并来自不同数据集的类标签？特别是对象检测数据集和不同的分类数据集使用不同的标签。如果标签不是互斥的，则不能使用 Softmax 来计算概率，如 ImageNet 中的诺福克梗（Norfolk Terrier）和 COCO 中的 dog。

YOLOv2 利用词树（WordTree）将不同数据集中的标签组合起来，形成树状结构。将类和子类联系在一起，子类与其父类形成 is-a 关系，就像双翼飞机就是飞机。简而言之，WordTree 是基于图的 WordNet，通过可视化 ImageNet 中的名词并选择 WordNet 中较短的路径来构建，如图 6-7-2 所示。

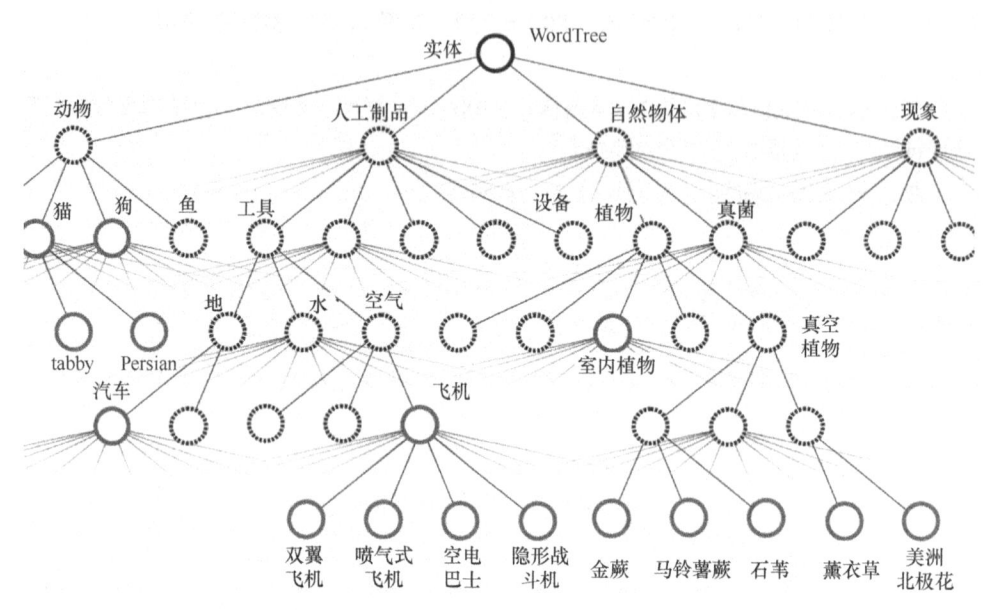

图 6-7-2　构建 WordTree 组合 COCO 和 ImageNet 标签

YOLOv2 使用 1000 类 ImageNet 构建 WordTree。不是在平面结构中预测 1000 个标签，而是创建了相应的 WordTree，其中有 1000 个叶子节点用于原始标签，而 369 个节点用于其父类。这样，合并的标签就不再互斥了。例如，"诺福克梗"也被标记为"狗"和"哺乳动物"。如果网络看到"狗"的图像但不确定它是哪种类型，那么它仍然会根据条件概率以高置信度预测为"狗"，而不是强迫进入"狗"的子类别之一。

对于每个节点，如何预测计算条件概率和绝对概率？

- 预测每个节点的条件概率，即给定父类下的子类概率。例如，对于"terrier"父节点，各子节点的条件概率为

$$P_r(\text{Norfolk terrier}|\text{terrier})$$
$$P_r(\text{Yorkshire terrier}|\text{terrier})$$
$$P_r(\text{Bedlington terrier}|\text{terrier})$$

- 计算特定节点的绝对概率，只需沿着树的路径根节点并乘以条件概率。如果要计算特定节点的绝对概率，则只需沿着树到根节点的路径，再乘以条件概率。因此，如果想知道图像是否为诺福克梗，可通过式（6-15）计算：

$$P_r(\text{Norfolk terrier}|\text{terrier}) = P_r(\text{Yorkshire terrier}|\text{terrier})$$
$$*P_r(\text{terrier}|\text{hunting dog})$$

## 第6章 目标检测的一阶段学习方法

$$*...*$$
$$*P_r(\text{mammal}|\text{animal})$$
$$*P_r(\text{animal}|\text{physical object}) \quad (6\text{-}15)$$

出于分类目的，假设所有图像都包含一个根对象节点，那么满足 $P_r(\text{physical object})=1$。为验证此方法，在使用 1000 类 ImageNet 构建的 WordTree 上训练 Darknet-19 模型。为了构建 WordTree1k，添加了所有中间节点，这将标签空间从 1000 扩展到了 1369。在训练过程中，在树上传播了真值标签，因此，如果将图像标记为"诺福克梗"，则它也会被标记为"狗"和"哺乳动物"等。为了计算条件概率，模型预测了 1369 个值的向量，并且计算了所有具有相同概念（父类）的下义词（子类）的 Softmax，如图 6-7-3 所示。

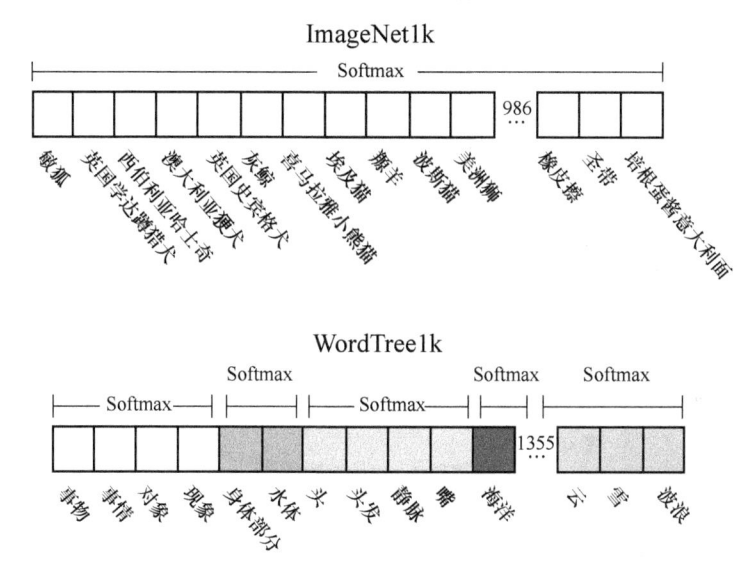

图 6-7-3　计算示意图

### 6.7.3　在组合数据集上训练 YOLO9000

现在有一种技术可以将对象检测和图像分类数据集结合在一起以获得一个庞大的数据集，这样，就可以训练模型来执行分类和检测。

使用上述技术，将 COCO 数据集和来自完整 ImageNet 数据集的前 9000 个类别组合在一起，组合数据集包含 9418 个类别。

ImageNet 的大小与 COCO 相比非常大，它的图像数量和类别数量高出多个数量级。为了解决这个不平衡的数据集问题，对 COCO 进行了过采样，使 ImageNet 和 COCO 中的图像比例为 4∶1。

在这个数据集上训练 YOLO9000 模型,使用 YOLOv2 的架构,但使用 3 个锚框而不是 5 个来限制输出大小。

- 对于检测图像,网络像往常一样反向传播损失——对象性(框置信度分数,即图像包含对象的置信度)、边界框和分类错误,如图 6-7-4 所示。

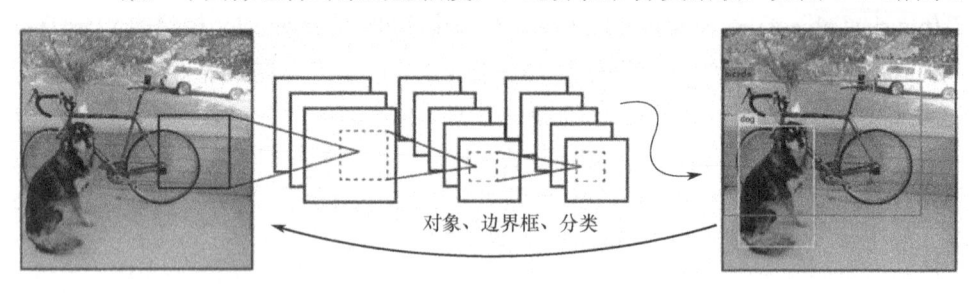

资料来源:YOLOv2 论文。

图 6-7-4 检测图像上的反向传播损失

- 对于分类图像,网络反向传播对象损失和分类损失,如图 6-7-5 所示。

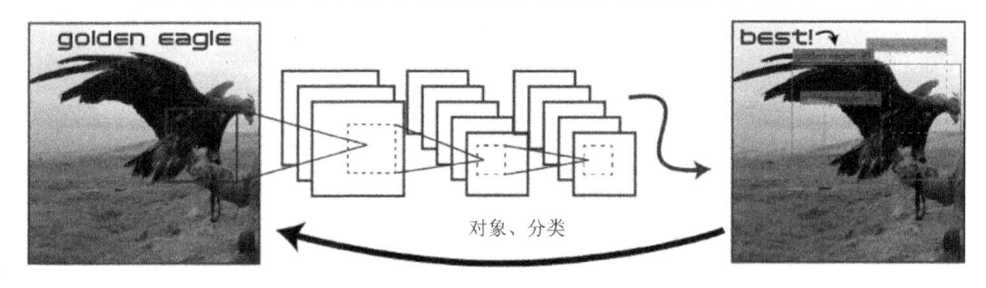

图 6-7-5 分类图像上的反向传播损失

对于对象性损失,对与真值框的 IoU 大于等于 0.3 的预测框的损失进行反向传播。

对于分类损失,找到预测该类最高概率的边界框,并计算其损失。

YOLO9000 在 ImageNet 检测任务上进行评估,该任务有 200 个完全标记的类别。

这 200 个类别中的 44 个也存在于 COCO 中,因此,该模型在分类上的表现比检测更好,因为 ImageNet 有很多分类数据,但检测数据相对较少。

虽然它没有看到剩余 156 个不相交类的任何标记检测数据,但 YOLO9000 总体上仍然获得 19.7% 的 mAP,在这 156 个类上获得 16.0% 的 mAP。

这种性能优于 DPM(使用滑动窗口方法进行检测),但随后 YOLO9000 在具有分类和检测图像的组合数据集上进行训练,并且它同时检测 9000 多个对象类别,都是实时的。

在 ImageNet 上,YOLO9000 在检测动物方面做得很好,但在学习 clothing 和 equipment 等类时表现不佳。

这可以归因于 COCO 有很多动物的标记数据,因此,YOLO9000 可以很好地从那里的动物中推广;但是 COCO 没有"游泳裤""橡皮擦"等物体的边界框标签,所以,我们的模型在这些类别上表现不佳。

图 6-7-6 所示是目标检测分类结果,可以看出 YOLOv2 对小目标的检测效果也是明显的。

资料来源:ImageNet 数据集。

图 6-7-6 目标检测分类结果

# 第 7 章

# YOLOv3 创新思想及整体架构

**目标**

YOLOv3 是目标检测中一个非常经典的算法，在产业界应用很广泛，但是这个算法很复杂，如果一开始就抓细节，那么学习起来会很吃力。因此我们首先讲解整体框架，然后采用抽丝剥茧的形式逐步讲解。

## 7.1 YOLOv3 的创新改进

在 Pascal Titan X 上，YOLOv3 能够以 30 FPS 的速度检测图像，并且在 COCO 测试开发中 mAP 为 57.9%。

YOLOv3 是在 YOLO 系列基础上改进而来的，因此，对一些 YOLO 其他版本的思想有所继承和保留，归结下来有以下 3 点。

（1）网格思想：从 YOLOv1 开始，YOLO 算法的思想就是将输入划分为多个网格，每个网格输出一定数量的建议框，用来检测目标，只是数量不一样。

（2）端到端思想：利用一个损失函数，一步到位；边框回归和物体分类同时完成。

（3）多尺度思想：多尺度训练可以避免对小物体检测不敏感的情况，但多尺度会降低训练检测速度，这是速度和精度之间的平衡。在 R-CNN 系列中就有多尺度思想，YOLO 继续保持。

对于以上 3 个优点，YOLOv3 将继续保持和发扬光大。YOLOv3 如果要改进，则必须从精度和速度方面下功夫。YOLOv3 的创新就是围绕以下 4 个方面进行的。

（1）Darknet-53。融入"跳过连接"这一深度神经网络经常使用的技巧。

（2）三级检测。分别在 32 倍、16 倍和 8 倍 3 个下采样水平进行检测。例如，输入张量的尺度为 416×416，那么下采样后的尺度分别是 52×52、26×26、13×13，并且在网络不同阶段做检测，充分利用"神经网络随着层数增加，抽象程度增加，细粒度特征丢失"的规律，因此，可用来检测不同尺度的目标。

（3）更多锚框。YOLOv2 的原始输出尺度是 13×13×5，共有 845 个锚框。YOLOv3 借鉴 Faster R-CNN 系列，每级检测分别设置 3 个不同宽高比的锚框。锚框数量增加到 10647 个，比 YOLOv2 的 10 倍还多，因此，具有更强的检测能力，但也因此变慢一些。

（4）修正损失函数。在 YOLOv2 中，损失函数为均方损失函数，这个损失函数性能一般，因此，YOLOv3 使用交叉熵损失函数。YOLOv3 通过逻辑回归分别预测目标对象的置信度和类别。

## 7.2 YOLOv3 的关键创新点

### 7.2.1 106 层的 Darknet-53 主干网络架构

YOLOv2 使用了自定义的深度网络架构 Darknet-19，在小物体检测上不具优势，这是由于网络在对输入进行下采样时丢失了细粒度特征。为了解决这个问题，YOLOv2 使用了恒等映射，连接来自前一层的特征映射以捕获低级特征。

YOLOv2 的架构缺乏一些最重要的元素，这些元素是目前大多数先进算法的主要内容。YOLOv2 没有残差块，没有跳过连接，也没有上采样，而这些在 YOLOv3 中都有。

YOLOv3 使用了 Darknet 的一个变种，它最初有 53 层网络，并且在 ImageNet 上训练完成。对于检测任务，在其上堆叠了 53 个以上的层，从而为 YOLOv3 提供了一个 106 层的全卷积底层架构。这就是 YOLOv3 比 YOLOv2 慢的原因。YOLOv3 的整体架构如图 7-2-1 所示。

这里涉及不少数字，体现了架构的复杂性。53 层是哪 53 层？106 层又是哪 106 层？下面详细说明。

（1）53 层包括 52 个卷积层和 1 个全连接层。如图 7-2-2 所示，左侧的 1、2、8、8、4 分别是 Block（块）的数量；"Convolutional"表示卷积层；"/2"表示 2 倍下采样；"Residual"表示残余连接。可以看出，每个 Block 有 2 个卷积层和 1 个残余连接。以下采样为分界，最后是全局平均池化（Avgpool），之前的所有

基于深度学习的目标检测原理与应用

层可分为6个部分，开头有1层卷积，其他部分分别是1、2、8、8、4个Block，加上5层下采样卷积，因此，Darknet-53的卷积层数量是(1+2+8+8+4)×2+5+1=52，原论文说有53层卷积是不准确的，加上全连接才有53层。

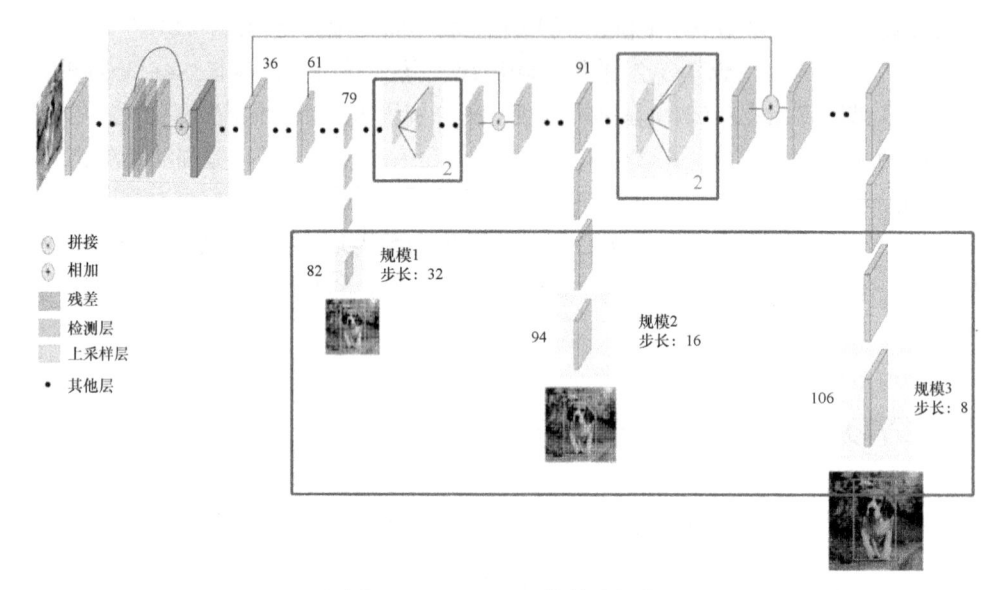

图 7-2-1　YOLOv3 的整体架构

进一步看每个Block的内部结构，如图7-2-2所示。其内部的卷积是由卷积层+BN层+LeakyReLU构成的。Residual部分包括1×1卷积和3×3卷积。

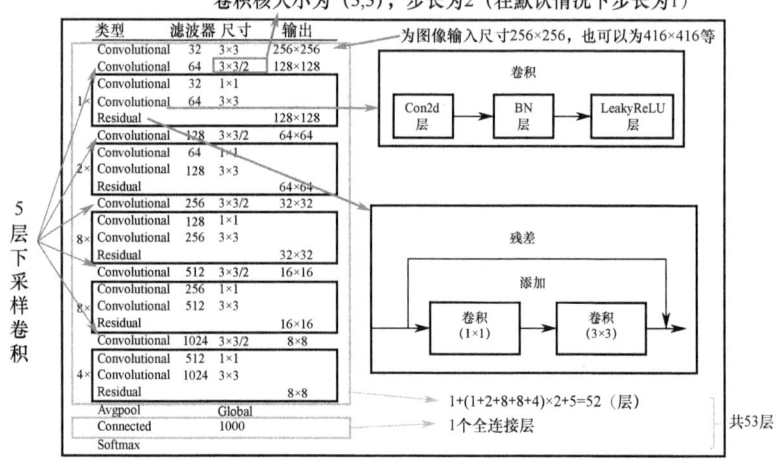

图 7-2-2　Darknet-53 各层详细结构

# 第7章 YOLOv3 创新思想及整体架构

（2）106 层整体架构包括卷积层、跳过连接层、路由层、上采样层及检测层。在表 7-2-1 中有几个关键数字：36 层为跳过连接，61 层为跳过连接，79 层开始为检测层，82 层为检测输出。同理，91 层开始为检测层，94 层为检测输出；103 层开始为检测层、106 层为检测输出。

36 层是第一个跳过连接，与 8 倍下采样像素的特征连接以进行检测，因此 36 层对应的是 8 倍下采样后的层（第 3 次下采样层），即第 1 次卷积+下采样+1×Block+下采样+2×Block+下采样+8×Block。每个 Block 有 3 层网络（注意，这里与前面计算卷积层的方法不同，这里包含 Residual 层，也算作 1 层），于是得到 1+3+(1+2+8)×3=37，但是网络层序号是从 0 开始的，于是对应 36 层。61 层、79 层、91 层、94 层、106 层同理。

106 层 YOLOv3 详细架构如表 7-2-1 所示。

表 7-2-1　106 层 YOLOv3 详细架构

| 序号 | 各层结构 | 卷积核个数 | 大小及步长 | 输入大小 | 输出大小 | 说明 |
| --- | --- | --- | --- | --- | --- | --- |
| 0 | conv | 32 | 3×3/1 | 416×416×3 | 416×416×32 | 第 1 层卷积 |
| 1 | conv | 64 | 3×3/2 | 416×416×32 | 208×208×64 | 2 倍下采样 |
| 2 | conv | 32 | 1×1/1 | 208×208×64 | 208×208×32 | 1×Block |
| 3 | conv | 64 | 3×3/1 | 208×208×32 | 208×208×64 | |
| 4 | Shortcut Layer:1 | Shortcut Layer 指跳过连接，冒号后的数字表示用这个数字对应层与上层逐元素相加，通道不变，得到当前层的特征图，因此，得到的第 4 层尺寸为 208×208×64 | | | | |
| 5 | conv | 128 | 3×3/2 | 208×208×64 | 104×104×128 | 下采样/4 |
| 6 | conv | 64 | 1×1/1 | 104×104×128 | 104×104×64 | 2×Block |
| 7 | conv | 128 | 3×3/1 | 104×104×64 | 104×104×128 | |
| 8 | Shortcut Layer:5 | 128 | — | — | — | |
| 9 | conv | 64 | 1×1/1 | 104×104×128 | 104×104×64 | |
| 10 | conv | 128 | 3×3/1 | 104×104×64 | 104×104×128 | |
| 11 | Shortcut Layer:8 | 128 | — | — | — | |
| 12 | conv | 256 | 3×3/2 | 104×104×128 | 52×52×256 | 8 倍下采样 |
| 13 | conv | 128 | 1×1/1 | 52×52×256 | 52×52×128 | 8×Block |
| 14 | conv | 256 | 3×3/1 | 52×52×128 | 52×52×256 | |
| 15 | Shortcut Layer:12 | 256 | — | — | — | |
| 16 | conv | 128 | 1×1/1 | 52×52×256 | 52×52×128 | |
| 17 | conv | 256 | 3×3/1 | 52×52×128 | 52×52×256 | |
| 18 | Shortcut Layer:15 | 256 | — | — | — | |

（续表）

| 序号 | 各层结构 | 卷积核个数 | 大小及步长 | 输入大小 | 输出大小 | 说明 |
|---|---|---|---|---|---|---|
| 19 | conv | 128 | 1×1/1 | 52×52×256 | 52×52×128 | |
| 20 | conv | 256 | 3×3/1 | 52×52×128 | 52×52×256 | |
| 21 | Shortcut Layer:18 | 256 | — | — | — | |
| 22 | conv | 128 | 1×1/1 | 52×52×256 | 52×52×128 | |
| 23 | conv | 256 | 3×3/1 | 52×52×128 | 52×52×256 | |
| 24 | Shortcut Layer:21 | 256 | — | — | — | |
| 25 | conv | 128 | 1×1/1 | 52×52×256 | 52×52×128 | |
| 26 | conv | 256 | 3×3/1 | 52×52×128 | 52×52×256 | |
| 27 | Shortcut Layer:24 | 256 | — | — | — | 8×Block |
| 28 | conv | 128 | 1×1/1 | 52×52×256 | 52×52×128 | |
| 29 | conv | 256 | 3×3/1 | 52×52×128 | 52×52×256 | |
| 30 | Shortcut Layer:27 | 256 | — | — | — | |
| 31 | conv | 128 | 1×1/1 | 52×52×256 | 52×52×128 | |
| 32 | conv | 256 | 3×3/1 | 52×52×128 | 52×52×256 | |
| 33 | Shortcut Layer:30 | 256 | — | — | — | |
| 34 | conv | 128 | 1×1/1 | 52×52×256 | 52×52×128 | |
| 35 | conv | 256 | 3×3/1 | 52×52×128 | 52×52×256 | |
| 36 | Shortcut Layer:33 | 256 | — | — | — | |
| 37 | conv | 512 | 3×3/2 | 52×52×256 | 26×26×512 | 得到16倍下采样 |
| 38 | conv | 256 | 1×1/1 | 26×26×512 | 26×26×256 | |
| 39 | conv | 512 | 3×3/1 | 26×26×256 | 26×26×512 | |
| 40 | Shortcut Layer:37 | 512 | — | — | — | |
| 41 | conv | 256 | 1×1/1 | 26×26×512 | 26×26×256 | |
| 42 | conv | 512 | 3×3/1 | 26×26×256 | 26×26×512 | |
| 43 | Shortcut Layer:40 | 512 | — | — | — | |
| 44 | conv | 256 | 1×1/1 | 26×26×512 | 26×26×256 | 8×Block |
| 45 | conv | 512 | 3×3/1 | 26×26×256 | 26×26×512 | |
| 46 | Shortcut Layer:43 | 512 | — | — | — | |
| 47 | conv | 256 | 1×1/1 | 26×26×512 | 26×26×256 | |
| 48 | conv | 512 | 3×3/1 | 26×26×256 | 26×26×512 | |
| 49 | Shortcut Layer:46 | 512 | — | — | — | |
| 50 | conv | 256 | 1×1/1 | 26×26×512 | 26×26×256 | |
| 51 | conv | 512 | 3×3/1 | 26×26×256 | 26×26×512 | |

# 第7章 YOLOv3创新思想及整体架构

（续表）

| 序号 | 各层结构 | 卷积核个数 | 大小及步长 | 输入大小 | 输出大小 | 说明 |
|---|---|---|---|---|---|---|
| 52 | Shortcut Layer:49 | 512 | — | — | — | |
| 53 | conv | 256 | 1×1/1 | 26×26×512 | 26×26×256 | |
| 54 | conv | 512 | 3×3/1 | 26×26×256 | 26×26×512 | |
| 55 | Shortcut Layer:52 | 512 | — | — | — | |
| 56 | conv | 256 | 1×1/1 | 26×26×512 | 26×26×256 | |
| 57 | conv | 512 | 3×3/1 | 26×26×256 | 26×26×512 | 8×Block |
| 58 | Shortcut Layer:55 | 512 | — | — | — | |
| 59 | conv | 256 | 1×1/1 | 26×26×512 | 26×26×256 | |
| 60 | conv | 512 | 3×3/1 | 26×26×256 | 26×26×512 | |
| 61 | Shortcut Layer:58 | 512 | — | — | — | |
| 62 | conv | 1024 | 3×3/2 | 26×26×512 | 13×13×1024 | 得到32倍下采样 |
| 63 | conv | 512 | 1×1/1 | 13×13×1024 | 13×13×512 | |
| 64 | conv | 1024 | 3×3/1 | 13×13×512 | 13×13×1024 | |
| 65 | Shortcut Layer:62 | 1024 | — | — | — | |
| 66 | conv | 512 | 1×1/1 | 13×13×1024 | 13×13×512 | |
| 67 | conv | 1024 | 3×3/1 | 13×13×512 | 13×13×1024 | |
| 68 | Shortcut Layer:65 | 1024 | — | — | — | 4×Block |
| 69 | conv | 512 | 1×1/1 | 13×13×1024 | 13×13×512 | |
| 70 | conv | 1024 | 3×3/1 | 13×13×512 | 13×13×1024 | |
| 71 | Shortcut Layer:68 | 1024 | — | — | — | |
| 72 | conv | 512 | 1×1/1 | 13×13×1024 | 13×13×512 | |
| 73 | conv | 1024 | 3×3/1 | 13×13×512 | 13×13×1024 | |
| 74 | Shortcut Layer:71 | 1024 | — | — | — | |
| 75 | conv | 512 | 1×1/1 | 13×13×1024 | 13×13×512 | Darknet-53去掉Avgpool和全连接后，接1×1和3×3卷积，交替3次共6层，所以有74+6=80层 |
| 76 | conv | 1024 | 3×3/1 | 13×13×512 | 13×13×1024 | |
| 77 | conv | 512 | 1×1/1 | 13×13×1024 | 13×13×512 | |
| 78 | conv | 1024 | 3×3/1 | 13×13×512 | 13×13×1024 | |
| 79 | conv | 512 | 1×1/1 | 13×13×1024 | 13×13×512 | |
| 80 | conv | 1024 | 3×3/1 | 13×13×512 | 13×13×1024 | |
| 81 | conv | 255 | 1×1/1 | 13×13×1024 | 13×13×255 | — |
| 82 | detection | — | — | — | — | 第1级检测层 |
| 83 | route 79 | | | 表示直接把79层的输出接过来 | | |
| 84 | conv | 256 | 1×1/1 | 13×13×512 | 13×13×256 | — |

(续表)

| 序号 | 各层结构 | 卷积核个数 | 大小及步长 | 输入大小 | 输出大小 | 说明 |
|---|---|---|---|---|---|---|
| 85 | upsample | — | ×2 | 13×13×256 | 26×26×256 | 2倍上采样 |
| 86 | route 85 61 | | | 表示把85层和61层按通道进行串接,因为特征图都是原始图像的16倍下采样大小,所以可以串接 | | |
| 87 | conv | 256 | 1×1/1 | 26×26×768 | 26×26×256 | 卷积小块:1×1和3×3卷积交替3次,共6层,有86+6=92层 |
| 88 | conv | 512 | 3×3/1 | 26×26×256 | 26×26×512 | |
| 89 | conv | 256 | 1×1/1 | 26×26×512 | 26×26×256 | |
| 90 | conv | 512 | 3×3/1 | 26×26×256 | 26×26×512 | |
| 91 | conv | 256 | 1×1/1 | 26×26×512 | 26×26×256 | |
| 92 | conv | 512 | 3×3/1 | 26×26×256 | 26×26×512 | |
| 93 | conv | 255 | 1×1/1 | 26×26×512 | 26×26×255 | — |
| 94 | detection | — | — | — | — | 第2级检测层 |
| 95 | route 91 | — | — | — | — | 接91层输出 |
| 96 | conv | 128 | 1×1/1 | 26×26×256 | 26×26×128 | |
| 97 | upsample | — | ×2 | 26×26×128 | 52×52×128 | 2倍上采样 |
| 98 | route 97 36 | | | 与85层和61层同理 | | |
| 99 | conv | 128 | 1×1/1 | 52×52×384 | 52×52×128 | 卷积小块共6层,有98+6=104层 |
| 100 | conv | 256 | 3×3/1 | 52×52×128 | 52×52×256 | |
| 101 | conv | 128 | 1×1/1 | 52×52×256 | 52×52×128 | |
| 102 | conv | 256 | 3×3/1 | 52×52×128 | 52×52×256 | |
| 103 | conv | 128 | 1×1/1 | 52×52×256 | 52×52×128 | |
| 104 | conv | 256 | 3×3/1 | 52×52×128 | 52×52×256 | |
| 105 | conv | 255 | 1×1/1 | 52×52×256 | 52×52×255 | — |
| 106 | detection | — | — | — | — | 检测(106) |

因为层数从0开始,所以共107层。卷积层共75层。利用表7-2-1,再对比整体架构就非常清楚了。83层由79层直接过来操作,是route 79,这种操作层称为路由层。"74层到80层""86层到92层""98层到104层"经过一系列的卷积,称为卷积小块:1×1和3×3卷积交替3次共6层,对应Convolutional Set 5层卷积和后面的3×3卷积,以上就是YOLOv3的整体架构。

### 7.2.2 三级检测

YOLOv3最显著的特点是在3个不同的尺度上进行检测。YOLO是一个全卷积网络,它的最终输出是通过在特征图上应用1×1卷积核来生成的。在YOLO v3中,检测是通过在网络中3个不同位置的3种不同大小的特征图上应用1×1检测核来完成的。

卷积时设置大于 1 的步长，就是下采样卷积，步长可表示一个层对输入进行下采样的比率。在以下示例中，假设有一个大小为 416×416 的输入图像。

YOLOv3 在 3 个尺度上进行预测，这些尺度是通过将输入图像的维度分别下采样 32、16 和 8 来精确给出的。

第一个检测是由第 82 层进行的。对于前 81 层，网络对图像进行下采样，因此，81 层的倍率为 32。如果有 416×416 的图像，则生成的特征图的大小将是 13×13。最后提供 13×13×255 的用于检测的特征图。

第 83 层接过第 79 层特征，然后经过 1×1 卷积和上采样层，被 2 倍上采样到 26×26 的维度，得到第 85 层，与来自第 61 层 26×26 的特征图进行串接，得到第 86 层，通道数为两者之和。第 86 层经过卷积小块，共 6 层卷积，得到第 92 层，经过 1×1 卷积层，得到第 93 层 26×26×255 的检测特征图，第 94 层进行检测。

第 95 层接过第 91 层特征，然后经过 1×1 卷积和上采样层，得到第 97 层，与来自第 36 层的特征图进行串接，得到第 98 层。第 98 层经过卷积小块，共 6 层卷积，得到第 104 层，经过 1×1 卷积层，得到第 105 层 52×52×255 的检测特征图，第 106 层进行检测。

以上就是 106 层整个清晰的 3 级检测架构。

### 7.2.3 更擅长检测较小的物体

不同层的检测有助于解决检测小物体的问题。上采样层与前一层（采样前）的连接有助于保留更擅长检测小物体的细粒度特征。

13×13 层负责检测大物体，而 52×52 层检测小物体，26×26 层检测中物体。下面是不同层对于同一物体得到不同尺寸特征图的对比分析。

### 7.2.4 更多的锚框

对于 3 级检测，YOLOv3 为每种尺度设定 3 种先验框，对真值框进行聚类，得到 9 种尺寸的先验框，这 9 种锚框几乎涵盖了所有可能的锚框。然后，按照一个尺寸的降序排列锚框。为第一个尺寸分配 3 个最大的框，为第二个分配接下来的 3 个，为第三个分配最后 3 个。也就是每个单元格使用 9 个锚框。

- 大物体：（116×90）（156×198）（373×326）。
- 中物体：（30×61）（62×45）（59×119）。
- 小物体：（10×13）（16×30）（33×23）。

对于相同大小的输入图像，YOLOv3 比 YOLOv2 预测更多的边界框。例如，在 416×416 的原始分辨率下，YOLOv2 预测了 13×13×5=845 个框，在每个网格单元中预测 5 个框。YOLOv3 预测 3 个不同尺度的框。对于 416×416 的相同图像，预测框的数量为 10647 个。可知为什么 YOLOv3 比 YOLOv2 慢。

### 7.2.5 损失函数

YOLOv2 中的最后 3 项是平方误差，而在 YOLOv3 中，它们已被交叉熵误差项取代，交叉熵损失效果要比均方损失好得多，因为使用概率对类别进行预测。YOLOv3 损失函数和 YOLO、YOLOv2 是一脉相承的，如式（7-1）所示。仅在一些地方进行了改进，整个式子仍然分为位置损失、置信度损失和分类损失。

$$\begin{aligned}\text{loss(object)} = &\lambda_{\text{coord}} \sum_{i=0}^{K\times K} \sum_{j=0}^{M} I_{ij}^{\text{obj}} [(x_i - \hat{x}_i)^2 + (y_i - \hat{y}_i)^2] + \\ &\lambda_{\text{coord}} \sum_{i=0}^{K\times K} \sum_{j=0}^{M} I_{ij}^{\text{obj}} (2 - w_i h_i)[(w_i - \hat{w}_i)^2 + (h_i - \hat{h}_i)^2] - \\ &\sum_{i=0}^{K\times K} \sum_{j=0}^{M} I_{ij}^{\text{obj}} [\hat{C}_i \log(C_i) + (1 - \hat{C}_i)\log(1 - C_i)] - \\ &\lambda_{\text{noobj}} \sum_{i=0}^{K\times K} \sum_{j=0}^{M} I_{ij}^{\text{noobj}} [\hat{C}_i \log(C_i) + (1 - \hat{C}_i)\log(1 - C_i)] - \\ &\sum_{i=0}^{K\times K} I_{ij}^{\text{obj}} \sum_{c \in \text{classes}} [\hat{p}_i(c)\log(p_i(c)) + (1 - \hat{p}_i(c))\log(1 - p_i(c))]\end{aligned} \quad (7\text{-}1)$$

对于位置损失中的宽高损失，这里不再使用平方根，而是使用差值的平方。同时，加了一个系数 2-*wh*，对于小框，系数略大，对于大框，系数略小，这是为平衡大小框因为框尺寸大小带来的差异。因为宽和高都是相对坐标，所以，相乘以后是小于 1 的，可以被 2 减。

对于置信度损失，没有使用平方误差，而是使用交叉熵损失函数。

对于分类损失，同样，使用了交叉熵损失函数。

为什么使用交叉熵损失？因为这样，YOLOv3 可以对图像中检测到的对象实现多标签分类。在 YOLOv1、YOLOv2 中，作者习惯对类分数进行 Softmax 计算，并将得分最高的类作为边界框中包含的对象的类。然而，Softmax 基于类是互斥的假设，或者说，如果一个对象属于一个类，那么它就不能属于另一个类，这在 COCO 数据集中运行良好。

当在数据集中有像 person 和 women 这样的类时，上述假设就不成立了。这就是 YOLOv3 的作者避免对类进行 Softmax 计算的原因。相反，使用概率（类逻辑回归方式）预测每个类别的分数，并使用阈值来预测对象的多个标签，分数高于此阈值的类被分配给框,可实现多标签预测。

## 7.3 YOLOv3 的三级检测输出过程

前面介绍过 YOLOv3 的整体架构和锚框回归,有整体架构之后,有锚框回归方法,通过输入张量,输出数据,输出数据再通过误差损失函数反向传播,就可以训练模型。因此,本节讲解的 YOLOv3 的检测输出过程是非常重要的,要着重理解 YOLO 是怎样把锚框转成向量的。

前文已经讲过 YOLOv3 是三级检测机制,通过下采样的 3 个级别引出 3 个尺度的检测,分别是 32 倍、16 倍和 8 倍下采样,倍数越大,像素越低。最大像素为 52×52,最小像素为 13×13。

用于卷积的检测核的形状为 $1×1×[B×(5+C)]$。这里 $B$ 是特征图上一个单元格可以预测的边界框数量,"5" 代表 4 个边界框属性和一个对象置信度,$C$ 是类的数量。在 COCO 上训练的 YOLOv3 中,$B=3$ 和 $C=80$,因此,卷积核大小为 $1×1×255$。此卷积核生成的特征图与之前的特征图具有相同的宽度和高度。

如图 7-3-1 所示,每级输出都是 $A×A×3×(4+1+80)$,$A$ 是每级输出特征图尺寸,分别是 13、26 和 52。

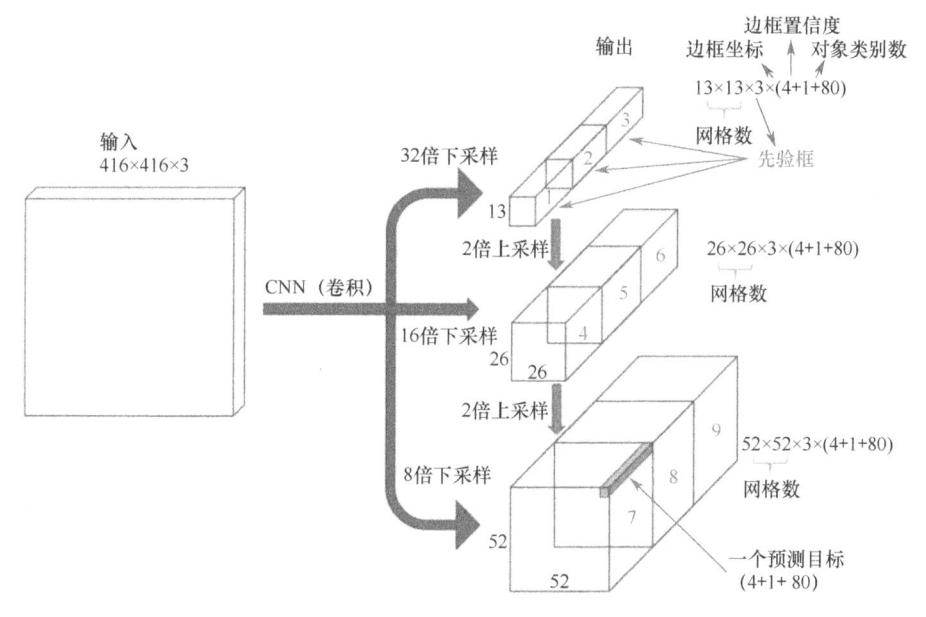

图 7-3-1 YOLOv3 三级检测输出

使用图 7-3-2 来形象说明一下，其中，白色框为真值框，灰色框负责预测白色框的中心和尺寸。我们的目标就是尽可能达到在灰色框内预测的中心位置接近白色框中心位置，尺度也接近白色物体框。

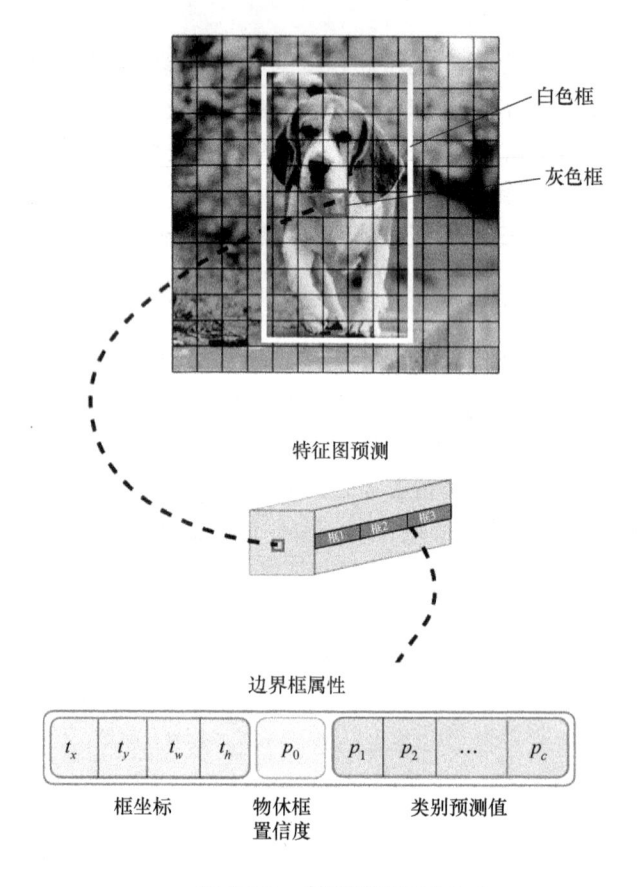

图 7-3-2 实例说明 YOLOv3

具体做法如下：由灰色框得到 3 个尺度的锚框（聚类得来的预定义锚框），然后对于每个框，得到 4 个框的坐标参数（$t_x$、$t_y$、$t_w$、$t_h$）、物体框置信度 $p_0$、类别预测值 $p_1 \sim p_c$ 和框数 $B$。

假设在 80 个分类目标的数据集上有 608×608×3 的图像，经过卷积神经网络 32 倍下采样，设置框为 5，得到 19×19×5×85 的张量。对于下采样后的特征，每个像素都会得到行为 5、列为 85 的张量，如图 7-3-3 所示。

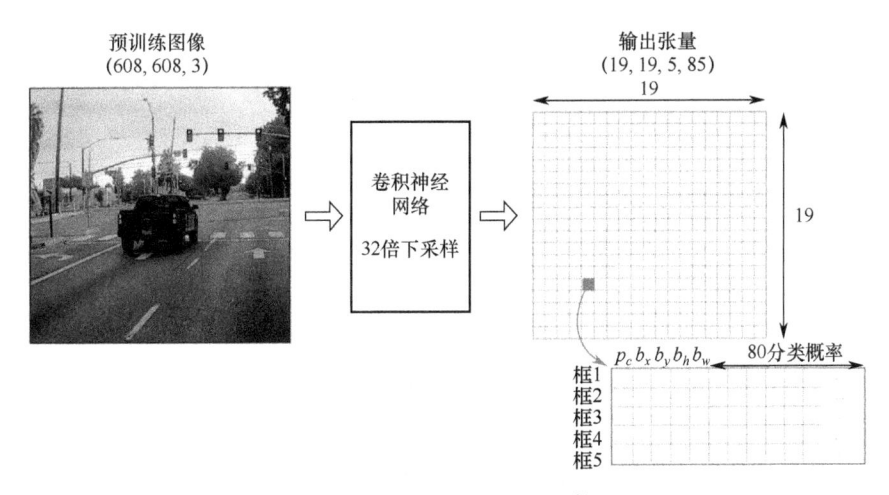

# 第7章 YOLOv3创新思想及整体架构

图7-3-3 举例说明张量计算

如图 7-3-4 所示，将 19×19×5×85 摊平，即把维度重塑为 19×19×425，因此，对每个单元格，预测 425 个值。有输出数据后，再进一步找概率最大的类别作为边框内物体分类。使用置信度乘以分类分数，就得到该单元格预测的物体。每个单元格都有对应的预测物体。

425个值

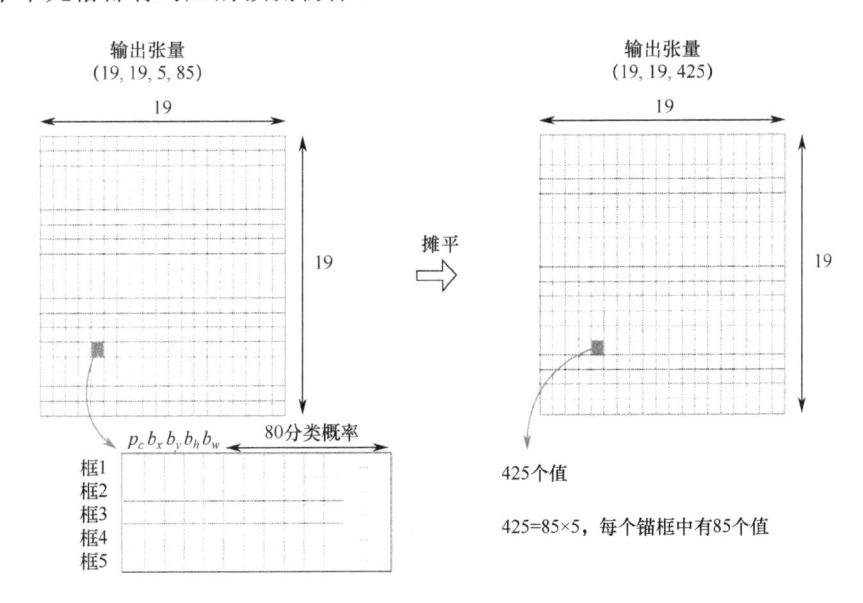

425=85×5，每个锚框中有85个值

图 7-3-4 摊平张量

对于每个单元格的每个框，我们将计算点积，提取该框包含每个类的概率，如图 7-3-5 所示，框 $(b_x, b_y, b_h, b_w)$ 以 0.44 的分数（概率）检测到汽车。

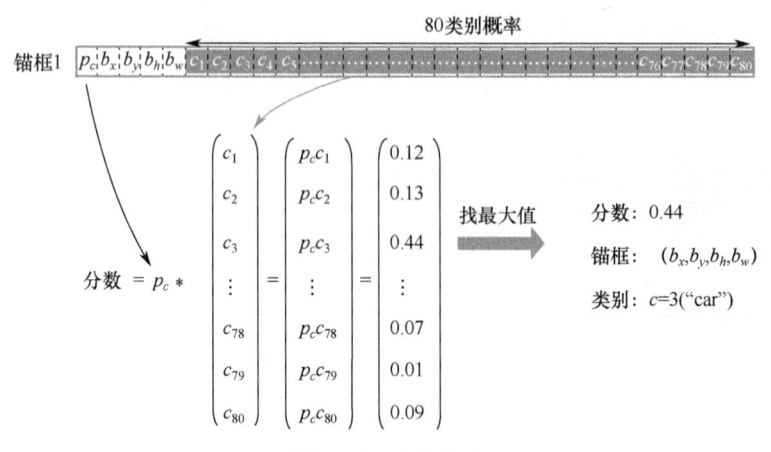

基于深度学习的目标检测原理与应用

$$\text{分数} = p_c * \begin{pmatrix} c_1 \\ c_2 \\ c_3 \\ \vdots \\ c_{78} \\ c_{79} \\ c_{80} \end{pmatrix} = \begin{pmatrix} p_c c_1 \\ p_c c_2 \\ p_c c_3 \\ \vdots \\ p_c c_{78} \\ p_c c_{79} \\ p_c c_{80} \end{pmatrix} = \begin{pmatrix} 0.12 \\ 0.13 \\ 0.44 \\ \vdots \\ 0.07 \\ 0.01 \\ 0.09 \end{pmatrix} \xrightarrow{\text{找最大值}} \begin{array}{l} \text{分数：} 0.44 \\ \text{锚框：} (b_x, b_y, b_h, b_w) \\ \text{类别：} c=3(\text{"car"}) \end{array}$$

图 7-3-5　提取概率

这是一种可视化 YOLO 在图像上预测的方法。

对于 19×19 网格，共有 361 个单元格，对于每个单元格，找到该单元格 5 个锚框在不同类别的概率得分中的最大值。根据网格单元认为最可能的对象为网格单元着色，执行此操作将得到如图 7-3-6 所示的图像。

图 7-3-6　按最大概率着色

注：彩插页有对应彩色图片。

图 7-3-6 所示的可视化并不是 YOLO 算法本身进行预测的核心部分，这只是可视化算法中间结果的一种好方法。可视化 YOLO 输出的另一种方法是绘制其输出的边界框，这样做将产生图 7-3-7 所示的可视化效果。

第 7 章 YOLOv3 创新思想及整体架构

注：彩插页有对应彩色图片。

图 7-3-7 检测过程中的高概率框

在图 7-3-7 中，仅绘制了模型已分配高概率的框，但是框仍然太多。我们希望将算法的输出框进一步过滤，保留更有意义的框，可以使用非极大值抑制实现最佳框的筛选。

## 7.4 YOLOv3 的非极大值抑制

在讲非极大值抑制（NMS）之前，我们来看为什么要使用非极大值抑制。首先来看一个数字 10647，对于一幅图像，如图 7-4-1 所示，YOLOv3 有 10647 个边框需要检测。

图 7-4-1 利用非极大值抑制消除冗余框

## 基于深度学习的目标检测原理与应用

这个数字是这样来的，3 个尺度，对每个尺度进行 3 级检测：

3×(13×13+26×26+52×52)=3×(169+4×169+16×169)=63×169=10647

图像中只有少量目标，因此，需要使用非极大值抑制。具体步骤在第 2 章详细讲过，共经过 4 个步骤就消除了冗余的低概率框，得到框住各物体的概率最大的检测框。

## 7.5　YOLOv3 的检测效果

以电影《战狼》中的某个场景为例，如图 7-5-1 所示，可以看出对于很小的人物目标都能检测出来。在图 7-5-2 中，只需一只手就可以检测出有 0.52 的概率是人；这里将手表检测成钟，虽然错误，但还算比较接近。在图 7-5-3 中，手枪检测错误，这是因为数据集中没有手枪，不过依然能定位到该物体。

资料来源：电影《战狼》。

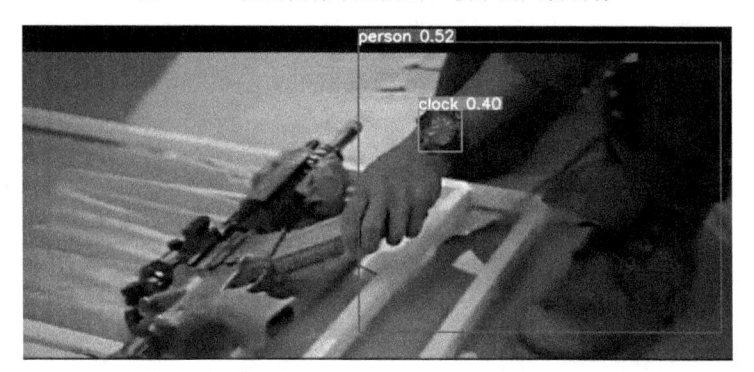

图 7-5-1　检测图像中重叠的、较小的人物目标

资料来源：电影《战狼》。

图 7-5-2　检测图像中的时钟（实际为手表）

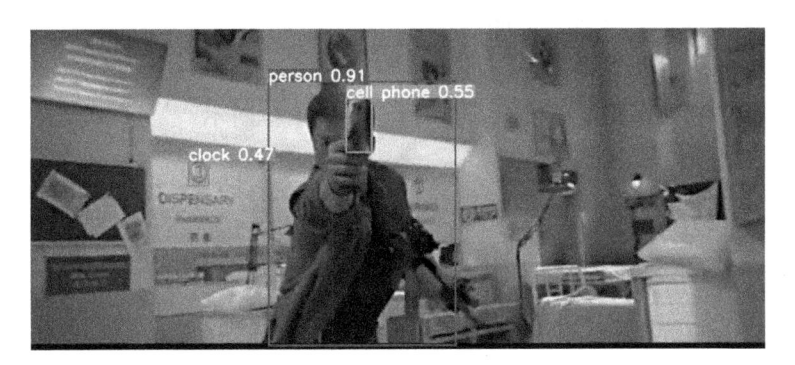

第 7 章　YOLOv3 创新思想及整体架构

资料来源：电影《战狼》。

图 7-5-3　把手枪误检为手机

再看与其他算法的效果对比，如图 7-5-4 所示，与一些主流算法比较，在 COCO 数据集上的表现，不仅 mAP "独占鳌头"，速度也是 "一骑绝尘" 的。凭借准确率和速度两个方面的出色表现，YOLOv3 成为产业界应用非常广泛的目标检测算法之一。

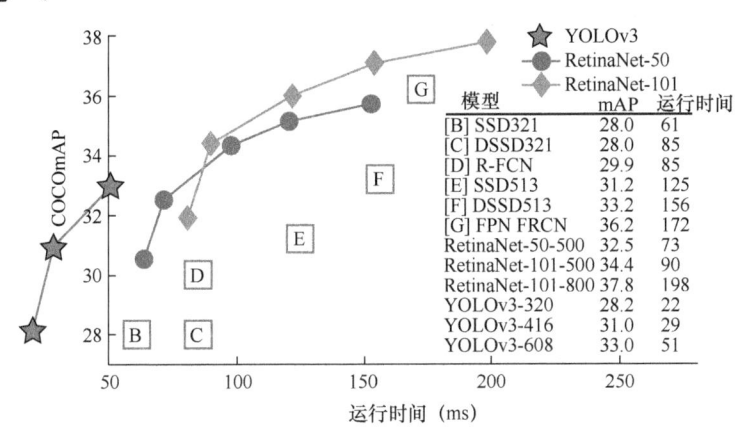

| 模型 | mAP | 运行时间 |
| --- | --- | --- |
| [B] SSD321 | 28.0 | 61 |
| [C] DSSD321 | 28.0 | 85 |
| [D] R-FCN | 29.9 | 85 |
| [E] SSD513 | 31.2 | 125 |
| [F] DSSD513 | 33.2 | 156 |
| [G] FPN FRCN | 36.2 | 172 |
| RetinaNet-50-500 | 32.5 | 73 |
| RetinaNet-101-500 | 34.4 | 90 |
| RetinaNet-101-800 | 37.8 | 198 |
| YOLOv3-320 | 28.2 | 22 |
| YOLOv3-416 | 31.0 | 29 |
| YOLOv3-608 | 33.0 | 51 |

图 7-5-4　YOLOv3 出色的性能表现

## 7.6　SSD 多尺度特征图目标检测思想

前面的章节深入细致地剖析了两阶段检测方法和一阶段检测方法，它们的代表就是 R-CNN 系列和 YOLO 系列。SSD 单发多框检测也是一阶段检测方法，因为 SSD 在实际中有着很广泛的应用，所以，单独用一些篇幅来讲解它。在 YOLO

的基础上理解 SSD 是非常容易的。

SSD 算法的提出时间在 YOLOv1 之后，YOLOv2 之前。在速度和 mAP 的衡量坐标系上，SSD 算法是比较靠右上的，如图 7-6-1 所示。说明 SSD 是一个速度与平均精度都很不错的目标检测算法。在速度方面，SSD512 比 YOLOv1 要差一些，却比 R-CNN 系列检测算法速度、平均精度都要高。SSD300 的速度与平均精度都高于 YOLOv1，但是精度低于 SSD512。下面将以 SSD300 为例进行讲解。

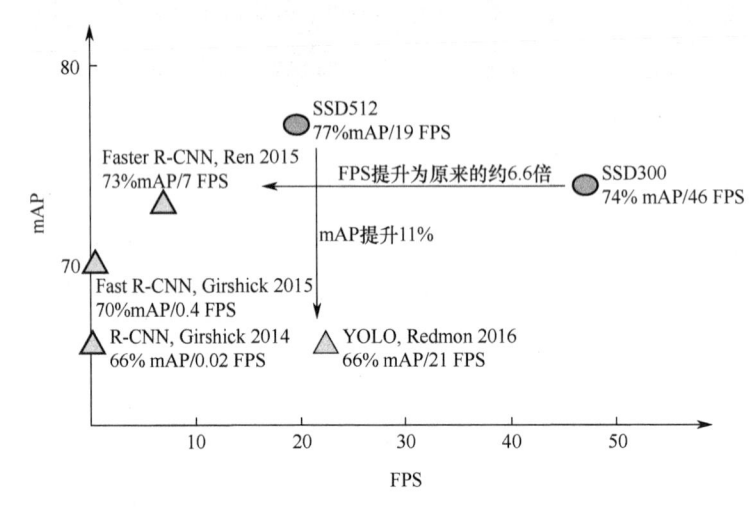

注：基于 VOC 2007 测试数据。

图 7-6-1　SSD 与其他方法速度精度比较

SSD 具有如下 3 个特点。

（1）从 YOLO 中继承将检测转化为回归的思路，一次完成目标定位与分类。

（2）借鉴 Faster R-CNN 中的锚框，提出相似的建议框。

（3）加入基于特征金字塔的检测方式，即在不同感受野的特征图上预测目标。

值得一提的是，之前章节讲到的 YOLOv3 的三级检测，与 SSD 在不同感受野上检测目标的原理是一样的。

之前的 Faster R-CNN 有一个很重要的 RPN（区域建议网络），其目的就是生成非常好的包括目标的框，RPN 先设置 3 种不同长宽比的框，再对框进行回归，调整框的位置以让框更好地框住物体。除此之外，这种做法就是基于感受野的原理，如图 7-6-2 所示。

再次回顾卷积神经网络，图 7-6-3 中黄色特征图对应到原始图像上的感受野就是灰色区域,而绿色特征图在原始图像上对应的感受野就是蓝色部分。这就是利用感受野在不同的特征图上检测目标。在不断卷积的过程中感受野越来越大,在原始图像上的目标就越来越小,因此,在不同阶段的特征图上检测是一种很精妙的思想。

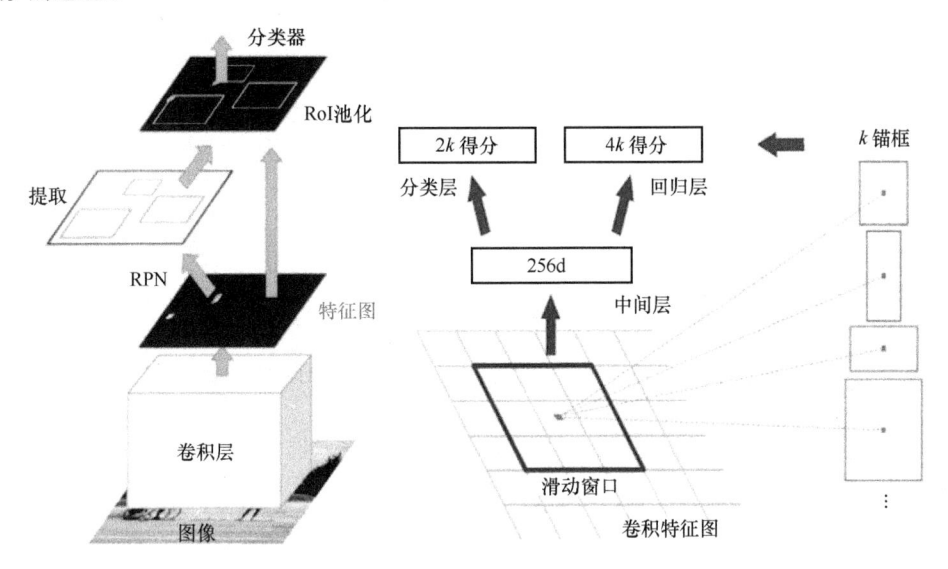

图 7-6-2　回顾 RPN

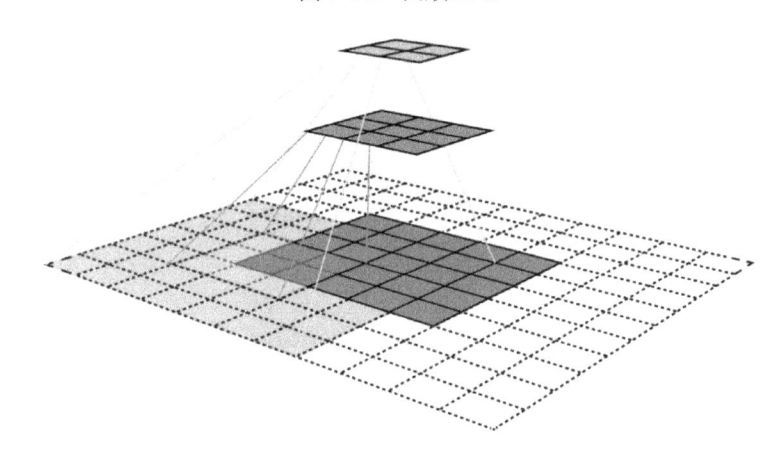

注:彩插页有对应彩色图片。

图 7-6-3　卷积神经网络图

概括起来,使用 SSD 多尺度特征图,在经过步长为 2 的卷积后,其特征图就为 2 倍的下采样结果,在两个不同的特征图上检测到的目标大小是不一样的,如图 7-6-4 所示。

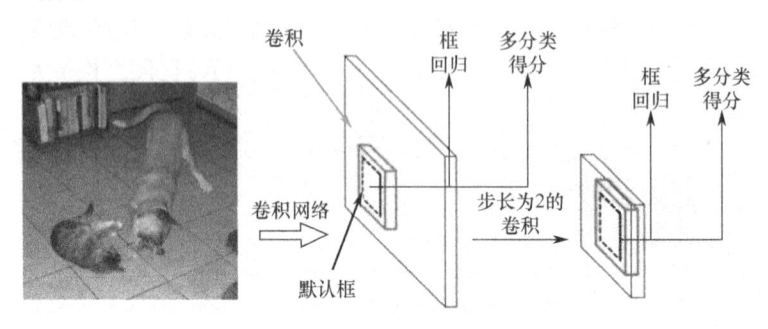

图 7-6-4 SSD 多尺度特征图

另外,还能从不同阶段卷积层学习到的特征来理解多尺度特征图。在图 7-6-5 中,第一层卷积学习到的特征是边缘和斑点,第三层卷积学习到的是纹理,第五层卷积学习到的是目标的初步形状,第八层卷积学习到的是目标物体卡通化。

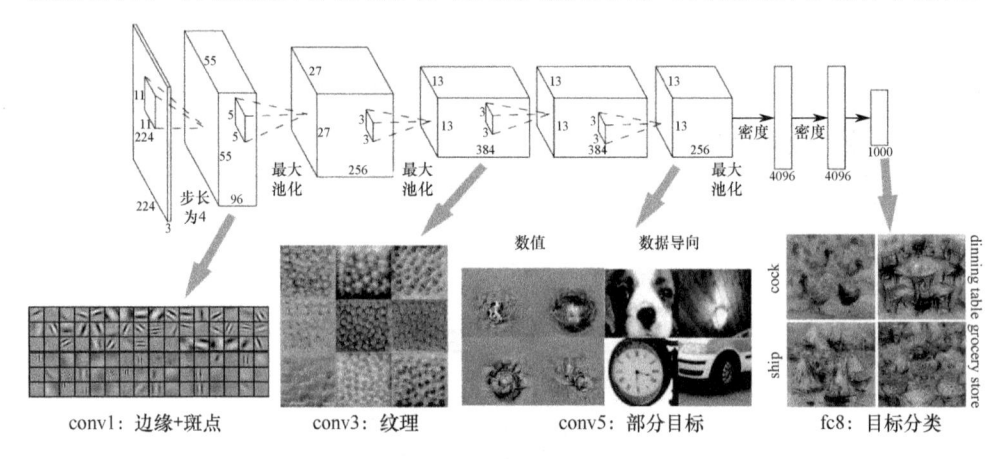

图 7-6-5 不同阶段卷积层

SSD 为了能更好地利用特征图,延续了 Faster R-CNN 设置不同长宽比的锚框的做法。默认框在不同的特征图检测到的物体大小是不一样的,大特征图检测到的是小物体,小特征图检测到的是大物体。例如,检测图 7-6-6 中的猫和狗,在 8×8 的特征图中猫和狗都能使用默认框来检测,对于 4×4 的特征图,因为其感受野大,所以小的物体就被卷积层忽略掉,留下了大的物体。

SSD300 在 VGG 中对 6 个特征图进行检测,分别是 conv4_3、conv7、conv8_2、conv9_2、conv10_2、conv11_2。对于特征图上每个单元,一般生成 6 个框,但是有的生成 4 个框。检测 6 个特征图,依次生成 5776、2166、600、150、54、4 个

框，一共 8732 个框，比 YOLOv1 产生的框多，但比 YOLOv3 产生的框少。

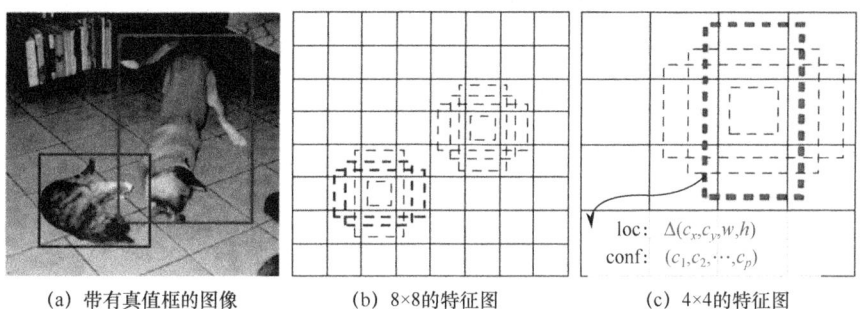

(a) 带有真值框的图像　　　(b) 8×8 的特征图　　　(c) 4×4 的特征图

图 7-6-6　默认框

如果都使用表 7-6-1 中的 6 个尺度特征图进行检测，则 SSD 能达到 74.3% 的 mAP，如果只使用 38×38、19×19、10×10 的特征图，则 SSD 能达到 70.7% 的 mAP，如果只使用 19×19 特征图，则 SSD 能达到 62.4% 的 mAP。

表 7-6-1　尺度特征图

| | | | | | | mAP（%） 使用边界框 | |
| --- | --- | --- | --- | --- | --- | --- | --- |
| 38×38 | 19×19 | 10×10 | 5×5 | 3×3 | 1×1 | Yes | No |
| √ | √ | √ | √ | √ | √ | 74.3 | 63.4 |
| √ | √ | √ | | | | 70.7 | 69.2 |
| | √ | | | | | 62.4 | 64.0 |

假设在 $k$ 个特征图上进行预测，每个特征图上锚框尺寸的计算公式为

$$s_k = s_{\min} + \frac{s_{\max} - s_{\min}}{m-1}(k-1), \quad k \in [1, m] \tag{7-2}$$

式（7-2）中预设框（锚框）的比例：$s_{\min}=0.2$，$s_{\max}=0.9$。对于每个尺度 $s_k$，设置 5 个宽高比，其中 $h$ 表示高，$w$ 表示宽，锚框宽高计算如下：

$$h = s_k / \sqrt{a_r}, \quad w = s_k * \sqrt{a_r} \qquad \forall a_r \in (1, 2, 3, 1/2, 1/3) \tag{7-3}$$

对于宽高比为 1 的情况，再增加如式（7-4）所示的尺度，这样有两个大小不同的正方形。

$$s^* = \sqrt{s_k * s_{k+1}} \tag{7-4}$$

并且当 $k=m$ 时，令 $s_{m+1}=315$。其中，$m-1$ 为特征图的间隔。预设框的代码实现如下。

```
##//第 7 章/7.6 预设框实现
import math
```

```python
#实践中式（7-2）中 $s_{max}$ 与 $s_{min}$ 先扩大 100 倍向下取整，除以 m-1 后取整，再除以 100
min_dim = 300    #######维度
#conv4_3 ==> 38 x 38
#fc7 ==> 19 x 19
#conv6_2 ==> 10 x 10
#conv7_2 ==> 5 x 5
#conv8_2 ==> 3 x 3
#conv9_2 ==> 1 x 1
mbox_source_layers = ['conv4_3', 'fc7', 'conv6_2', 'conv7_2',
'conv8_2', 'conv9_2'] #####prior_box 来源层，可以更改。很多改进都是基于此处的
调整
min_ratio = 20 ####这里即 $S_{min}$=0.2，$S_{max}$=0.9 的初始值，经过下面的运算即可
得到 min_sizes 和 max_sizes
max_ratio = 90
####math.floor()函数表示：求一个最接近它的整数，它的值小于或等于这个浮点数
step = int(math.floor((max_ratio - min_ratio) / (len(mbox_source_
layers) - 2)))####取一个间距步长，即在下面的 for 循环给 ratio 取值时起一个间距
作用。可以用一个具体的数值代替，这里等于 17
min_sizes = []
max_sizes = []
for ratio in range(min_ratio, max_ratio + 1, step):  ####从 min_ratio 至
max_ratio+1 每隔 step=17 取一个值赋值给 ratio。注意 xrange 函数的作用
#########min_sizes.append()函数即把括号内部每次得到的值依次给 min_sizes
  min_sizes.append(min_dim × ratio / 100.)
  print(min_sizes)
  max_sizes.append(min_dim × (ratio + step) / 100.)
min_sizes = [min_dim × 10 / 100.] + min_sizes
max_sizes = [min_dim × 20 / 100.] + max_sizes
steps = [8, 16, 32, 64, 100, 300]   ###这一步要仔细理解，即计算卷积层产生
的 prior_box 距离原始图像的步长，先验框中心点的坐标会乘以 step，相当于从 feature
map 位置映射回原始图像位置，如 conv4_3 输出特征图大小为 38×38，而输入的图像为
300×300，因此，38×8 约等于 300，映射步长为 8。这是针对 300×300 的训练图像
aspect_ratios = [[2], [2, 3], [2, 3], [2, 3], [2], [2]]

print(min_sizes)
print(max_sizes)
```

## 7.7 SSD 网络架构

上一节阐明了 SSD 检测算法的指导思想与检测原理，本节详细介绍 SSD 网络架构。

### 7.7.1 SSD 网络基础架构

SSD 使用 VGG-16 网络作为基础网络，VGG-16 在分类任务中被广泛使用。VGG-16 网络分为 5 个部分的卷积块，其中第 1（c1）、2（c2）个卷积块只有两层卷积层，第 3（c3）、4（c4）、5（c5）个卷积块有 33 个卷积层；卷积块之后紧接全连接 6（fc6）、全连接 7（fc7）、全连接 8（fc8），最后得到输出，如图 7-7-1 所示。

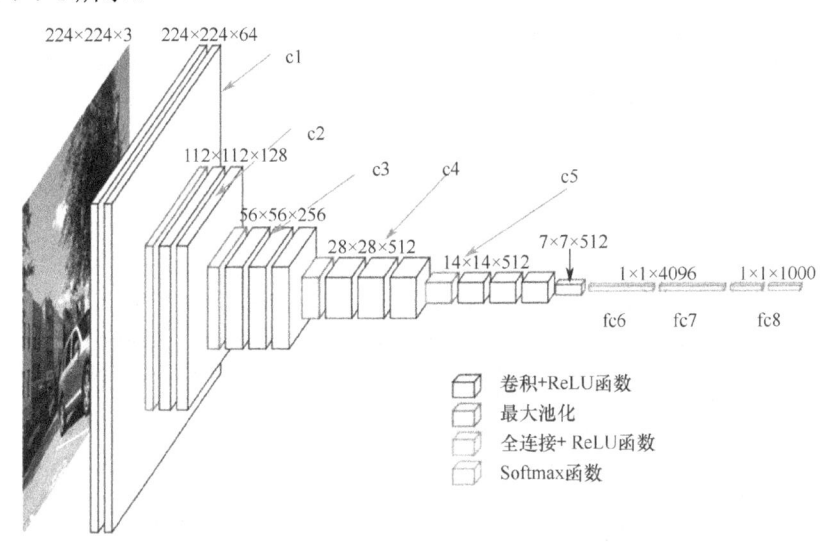

图 7-7-1 VGG-16 结构

SSD 网络是在 VGG-16 的基础上加以改造，形成以将改造后的 VGG 网络用于物体检测。SSD 在 VGG 网络后移除了全连接（fc8）层，增加了 6 个辅助层，其中 5 个将被用于多尺度特征图的检测，而 VGG-16 第四个卷积块的卷积层也作为供检测的特征图。SSD 将 VGG-16 的 fc6 和 fc7 变成了卷积层：con3×3、con1×1。此外，conv6、conv7 还进行了扩张卷积。扩张卷积能在不增加参数与模型复杂度的条件下指数级扩大卷积的视野，经过前面的学习可知卷积的视野相当重要。因为在 VGG 前段网络卷积的次数相对较少，所以，需要使用扩张卷积来增加视野。

整个SSD网络根据特征图的产生默认框数量计算：

$$38 \times 38 \times 4 + 19 \times 19 \times 6 + 10 \times 10 \times 6 + 5 \times 5 \times 6 + 3 \times 3 \times 4 + 1 \times 1 \times 4 = 8732 \quad (7-5)$$

然后将这些框进行回归与分类。回归就是让这些框更准确地框住物体，分类就是将框中的物体正确分类，如图7-7-2所示。

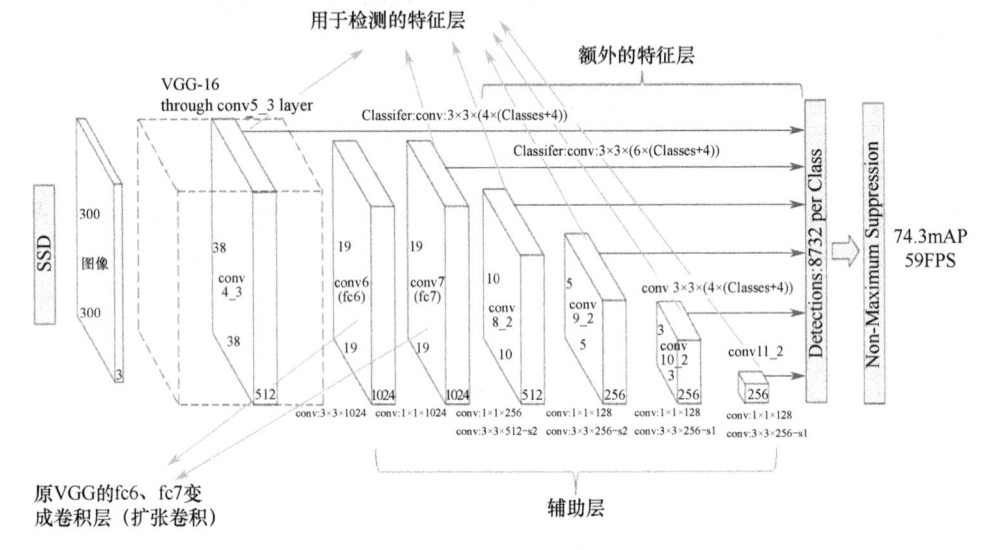

图 7-7-2　SSD300 计算图示

## 7.7.2　扩张卷积

如图7-7-3所示，图7-7-3(a)为普通3×3的卷积，在3×3卷积基础上在每两个点之间加上一个格子，再在周围加一层格子，这就是扩张卷积，也被形象地称为带孔卷积。这样，卷积的视野就从3×3变成了7×7，继续将扩张卷积的扩张率由1变成3，这样视野就扩大为15×15。

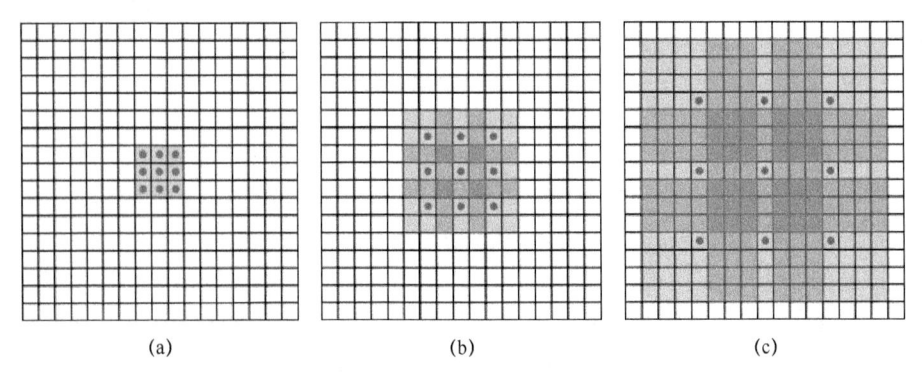

图 7-7-3　扩张卷积

## 7.7.3 SSD 与 YOLOv3

网络上有很多技术博客比较 SSD 与 YOLOv1 的区别，因为 SSD 网络是在 YOLOv1 之后提出的，由于前面的小节已经讲解过 YOLOv3，所以，这里只列出 SSD 与 YOLOv3 的相同点，这样更有利于从本质上讲解 SSD 原理。SSD 网络与 YOLO 在本质上相差不大，这样更便于读者抓住目标检测算法的本质。

一阶段方法中 SSD 与 YOLOv3 的相同点与相异点如下。

（1）多级检测：YOLOv3 设计三级检测机制，而 SSD 采用金字塔结构，利用 conv4-3/conv-7/ conv6-2/conv7-2/conv8_2/conv9_2 这些层大小不同的特征图，在多个特征图上同时进行 Softmax 分类和位置回归。

（2）锚框：YOLO3 利用聚类得到 9 个不同尺度的先验框，并分配到 3 级检测，每级 3 个尺度；SSD 使用 3 种不同比例的长宽，每个特征图根据序列公式计算边界框大小。

由上述可以看出，SSD 与 YOLOv3 本质上是一样的，YOLOv3 更加精巧利索。

## 7.7.4 SSD 网络检测物体方法

YOLOv3 从基础网络中得到的特征图为 255 个输出通道，在 YOLOv3 的一级检测中有 13×13 的单元格，每个单元格中有 255 个值，255 作为单元格的属性；而 255 = 85×3，这就代表每个格子使用 3 个框预测 85 个分类。

SDD 网络本质上与 YOLOv3 类似，SSD 通过卷积后的通道数进行预测。如图 7-7-4 所示，定位输出的是 4 个数值：中心点 $x$、$y$，目标框的长宽 $w$、$h$；预测的是 21 个类的置信度：20 个类别和 1 个背景类。在大小为 5×5 的特征图上每个格子生成 3 个锚框，共生成 75 个框。

SSD 为了对物体的位置回归和物体分类，还需要进行一个 3×3 的卷积，这是为了在深度学习的矩阵运算中将矩阵无缝对应到预测的类别（或者位置）上。例如，在图 7-7-4 中，定位下面的特征图（矩阵）大小为 5×5×12，因为 5×5×12= 5×5×3×4：其中的 3 对应 3 个框，4 对应预测出的 4 个位置（$x$、$y$、$w$、$h$），这样就完成了对框位置的预测。

置信度下面的经过 3×3 卷积的特征图尺寸为 5×5×63，而 5×5×63=5×5×3×21：其中 3 对应 3 个框，21 对应 21 个类别；3×3 卷积就是为了适配框的位置预测与物体的类别预测。

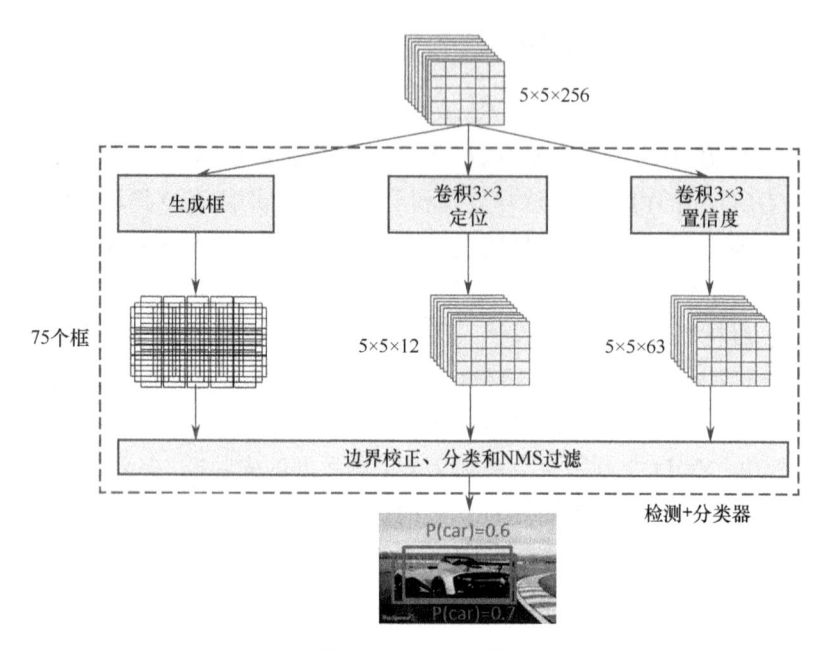

图 7-7-4　SSD 网络

这种通过不同卷积核个数来对物体位置与分类进行预测的方法是十分"精妙"的。

## 7.8　SSD 网络损失函数

7.7 节阐明了 SSD 检测算法指整体网络架构，本节详细讲解 SSD 网络的损失函数。神经网络算法的损失函数就是整个算法的数学支撑。

### 7.8.1　默认框匹配策略

在 SSD 中产生的用来框住目标的框称为候选框。候选框的匹配策略就是怎样去确定产生的默认框的正类和负类。SSD 计算损失的过程中只使用正类默认框，而丢弃负类的默认框。SSD 网络产生默认框后确认正类框的规则如下：默认框与目标物体的 IoU 大于 0.5 的就为正类框，否则就为负类框，因此，SSD 网络有可能产生多个正类默认框，而之前的 YOLO 算法只使用最大 IoU 的作为正类匹配项。

如图 7-8-1 所示，图中蓝色框为真值框，而 SSD 生成的默认框只有图中 1 号、

2号、3号框比较接近真值,然而,3号框与真值框的IoU都小于0.5就是负类框,只有1号、2号框与真值框的IoU都大于0.5才属于正类框。得到了正类的默认框继而就能使用这些正类的默认框来计算损失函数。总的来说,SSD网络的默认框匹配策略就是用多个接近真值框的默认框来预测真值框,这种方法使预测的结果更加多样化,更加稳定。

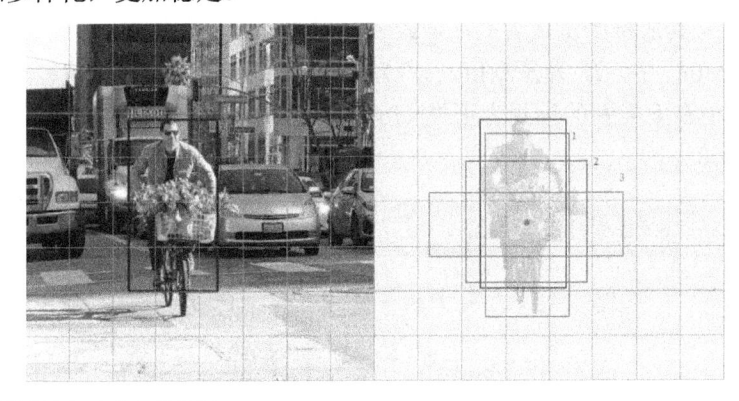

注:彩插页有对应彩色图片。

图 7-8-1　默认框策略

## 7.8.2　损失函数

SSD总损失函数见式(7-6),分为置信损失和定位损失(边框回归)两部分,其中$N$是预设框和真值框(Ground Truth)的匹配数量;$\alpha$用于调整置信损失和定位损失之间的比例,默认为1。

$$L(x,c,l,g) = \frac{1}{N}\left[L_{\text{conf}}(x,c) + \alpha L_{\text{loc}}(x,l,g)\right] \quad (7\text{-}6)$$

SSD中的置信损失是典型的交叉熵损失:

$$L_{\text{conf}}(x,c) = -\sum_{i \in \text{Pos}}^{N} x_{ij}^{p} \log(\hat{c}_{i}^{p}) - \sum_{i \in \text{Neg}} \log(\hat{c}_{i}^{0}), \quad \hat{c}_{i}^{p} = \frac{\exp(c_{i}^{p})}{\sum_{p} \exp(c_{i}^{p})} \quad (7\text{-}7)$$

（正类框）　　（负类框）

式中,$i$指代搜索框序号;$j$指代真值框序号;$p$指代类别序号;$p=0$表示背景。$x_{ij}^{p}=\{1,0\}$中取1表示此时第$i$个搜索框和第$j$个类别框的IoU大于阈值,此时真值框中对象类别为$p$。$c_{i}^{p}$表示第$i$个搜索框对应类别$p$的预测概率。

SSD中的定位损失是典型的"smoth$_{\text{L1}}$"损失,如式(7-8)所示。

与 YOLO 类似，$c_x$、$c_y$ 分别是目标框的中心点的 $x$、$y$ 坐标；$w$、$h$ 分别是框的长和宽。

真值框中心点 $c_x$ 的位置（$g_i^{cx}$）减去默认框中心点 $c_x$ 的位置（$d_i^{cx}$），再除以对应默认框的宽度 $d_j^w$，进行归一化就是默认框相对于真值框中心点在 $x$ 轴上的偏移量，也是损失函数的损失值之一。同理可求在 $y$ 轴上的偏移量；而默认框宽高的偏移量就是真值框的宽或者高（$w$ 或者 $h$）除以默认框的宽或者高后再取对数。

在 $\text{smooth}_{L1}$ 中，$l_i^m$ 为预测值，$g_j^m$ 为真值。$x_{ij}^k$ 表示第 $j$ 个正值框对其预测的第 $i$ 个默认框在 $k$ 类别的预测为正类（IoU 大于阈值），通过遍历，把所有的定位损失计算出来。

$$L_{\text{loc}}(x,l,g) = \sum_{i \in \text{Pos}}^{N} \sum_{m \in \{cx,cy,w,h\}} x_{ij}^k \text{smooth}_{L1}(l_i^m - \hat{g}_j^m)$$

$$\hat{g}_j^{cx} = (g_j^{cx} - d_i^{cx})/d_i^w \quad \hat{g}_j^{cy} = (g_j^{cy} - d_i^{cy})/d_i^h$$

$$\hat{g}_j^w = \log\left(\frac{g_j^w}{d_i^w}\right) \quad \hat{g}_j^h = \log\left(\frac{g_j^h}{d_i^h}\right) \tag{7-8}$$

## 7.9 SSD 较 YOLOv3 的劣势

在图 7-9-1 所示的车流图像中，SSD 检测算法只能将大件的物体检测出来，如小汽车，说明 SSD 检测小物体的能力是有所欠缺的。而 YOLOv3 则能将大部分车辆、行人检测出来。

图 7-9-1 SSD 与 YOLOv3 检验车辆结果对比

为什么 SSD 检测小物体的效果不好？

因为 SSD 检测算法使用了 6 个尺度的特征图来检测物体，从 38×38 的特征图到 1×1 这样的小型特征图，与 YOLO 一样使用多尺度特征图对不同大小的物体进行检测，但是检测小物体的效果依然不如 YOLO。其原因就是 SSD 没有很好地把浅层特征图较为精细的特征与深层特征图的语义信息结合起来，特征图与特征图之间是孤立的。

YOLOv3 吸取 SSD 检测小物体缺陷的教训，使用较小的特征图，通过上采样操作与较大的特征图串接在一起，既保留了深层特征图的语义信息，又利用了浅层特征图较为精细的特征。

# 第 8 章

# 构建 Darknet-53 网络实践

**目标**

"知行合一",理论结合实践才是最好的学习方法。在介绍完 YOLOv3 原理后,利用 PyTorch 实现 Darknet-53 网络测试代码实践,在工具识别数据集上训练 YOLOv3,让模型学会检测不同工具。

从 YOLO 官网下载 YOLOv3 代码。本书中的实践代码可在打包代码中找到。

## 8.1 Darknet-53 网络工程结构和配置

首先看一下 YOLOv3 的代码结构,YOLOv3 工程中有 4 个文件夹和 4 个 py 脚本。ipynb_checkpoints 目录下是 Jupyter 的保持路径,方便使用 Jupyter 进行实验,这里不作介绍,读者可以自行实验(本书默认读者对 Jupyter notebook 及 Python 的使用是掌握的)。cfg 目录下是网络配置,在 YOLO 官网会有不同配置,这里配置文件只使用基础版。cfg 目录下有一个名为 yolov3.cfg 的文件,即本节的主角。另外,data 目录下有两个文件,即 coco.names 和 voc.names,分别是 coco 数据集的列表名称和 voc 数据的类别名称。imgs 目录下是用来测试的图像,方便读者自行测试。darknet.py 就是本节用来构建模型的代码,后面会细讲。detect.py 是用来检测的代码。需要下载训练好的权重。训练好的权重可在本书打包文件对应章节的 READ.md 说明文件中找到。util.py 是一些自定义方法,例如,计算边框 IoU 的方法、保持结果的方法、预处理图像等。video.py 是用来做视频检测的代码。

yolo.cfg 的配置内容是由一系列的块组成的,每块的开始都是以一个"[]"(中

## 第8章 构建 Darknet-53 网络实践

括号）括起来的，例如，"[net]"是网络的基本信息。"[convolutional]"是卷积的意思，"[shortcut]"是快捷连接，即残差连接。"batch_normalize=1"这种带"="（等号）的就是参数和取值，方便使用"dict"数据来组织参数。"#"表示注释。下面是 YOLOv3 的一部分配置内容。

```
#//第8章/8.1 YOLOv3 代码结构
#Downsample
[convolutional]
batch_normalize=1
filters=64
size=3
stride=2
pad=1
activation=leaky

[convolutional]
batch_normalize=1
filters=32
size=1
stride=1
pad=1
activation=leaky

[convolutional]
batch_normalize=1
filters=64
size=3
stride=1
pad=1
activation=leaky
```

有配置文件后，开始构建模型。在 darknet.py 中首先导入一系列依赖包，具体代码如下。

```
#//第8章/8.1 导入 Darknet 依赖包
from __future__ import division
import torch
import torch.nn as nn
import torch.nn.functional as F
from torch.autograd import Variable
```

```
import numpy as np
from util import *
```

导入需要的依赖包后，看解析配置的方法。在 darknet.py 中有一个名为 parse_cfg 的方法，该方法是用来解析配置文件的。首先，将配置文件读入内存；然后，将读入的内容按行分成一个 list，存储在变量 lines 中；接着，过滤掉空白行，即遍历 lines，将长度大于 0 的元素组成一个新的 list，保存到 lines，去掉注释，去掉左右空格；最后得到没有冗余的 lines。

遍历 lines，将配置解析成字典型（dict 类型）数据。需要一个 dict:block 和一个 list:blocks，将每个 line 解析放入 block，将所有 line 放入 blocks，block 用来存储 block 的参数信息，blocks 用来存储每个 block 的信息，具体代码如下。

```
#//第 8 章/8.1 解析配置文件
def parse_cfg(cfgfile):
    file = open(cfgfile, 'r')
    lines = file.read().split('\n')              #用list存储内容
    lines = [x for x in lines if len(x) > 0]     #去掉空行
    lines = [x for x in lines if x[0] != '#']    #去掉注释
    lines = [x.rstrip().lstrip() for x in lines] #去掉左右空格
    block = {}
    blocks = []
    for line in lines:
        if line[0] == "[":           #每个新block的开始
            if len(block) != 0:      #如果不为空，则表示存储着上一个block值
                blocks.append(block) #把上一个block存储到list中
                block = {}           #把block置空，以便存储下一个block参数
            block["type"] = line[1:-1].rstrip()   #增加block类型参数
        else:
            key,value = line.split("=")
            block[key.rstrip()] = value.lstrip()
    blocks.append(block)
    return blocks
```

## 8.2　实践代码

定义两个类，一个类是空层 EmptyLayer，主要用于跳过连接和路由层；另一个类是检测层 DetectionLayer，检测层就是要获取锚框，代码如下。

## 第8章 构建 Darknet-53 网络实践

```
#//第8章/8.2 定义层
class EmptyLayer(nn.Module):
    def __init__(self):
        super(EmptyLayer, self).__init__()

class DetectionLayer(nn.Module):
    def __init__(self, anchors):
        super(DetectionLayer, self).__init__()
        self.anchors = anchors
```

紧接着定义一个方法 create_modules，用于构建模块。虽然 YOLOv3 中块（block）有很多，但是种类也就那么几个，这里很容易把每种块构建出来，具体代码如下。

```
#//第8章/8.2 构建模块
def create_modules(blocks):
    net_info = blocks[0]          #网络信息
    module_list = nn.ModuleList()
    prev_filters = 3              #输入通道数
    output_filters = []           #输出通道列表
    for index, x in enumerate(blocks[1:]):   #遍历除网络信息外的所有块
        module = nn.Sequential()
        #检查块的类型
        #为每个块都创建一个新的 module
        #把 module 追加到 module_list 中
        #卷积层
        if (x["type"] == "convolutional"):
            #获取层信息
            activation = x["activation"]
            try:
                batch_normalize = int(x["batch_normalize"])
                bias = False
            except:
                batch_normalize = 0
                bias = True
            filters= int(x["filters"])
            padding = int(x["pad"])
            kernel_size = int(x["size"])
            stride = int(x["stride"])
            if padding:
                pad = (kernel_size - 1) // 2
            else:
                pad = 0
```

```python
        #装配卷积层
        conv = nn.Conv2d(prev_filters, filters, kernel_size, stride, pad, bias = bias)
        module.add_module("conv_{0}".format(index), conv)
        #装配BN层
        if batch_normalize:
            bn = nn.BatchNorm2d(filters)
            module.add_module("batch_norm_{0}".format(index), bn)

        #检查激活
        #装配LeakyReLU
        if activation == "leaky":
            activn = nn.LeakyReLU(0.1, inplace = True)
            module.add_module("leaky_{0}".format(index), activn)
        #判断是否为上采样层
        #使用双线性上采样层
    elif (x["type"] == "upsample"):
        stride = int(x["stride"])
        upsample = nn.Upsample(scale_factor = 2, mode = "nearest")
        module.add_module("upsample_{}".format(index), upsample)

    #检测route层
    elif (x["type"] == "route"):
        x["layers"] = x["layers"].split(',')
        #开启路由
        start = int(x["layers"][0])
        #如果已经存在一个路由，则结束路由
        try:
            end = int(x["layers"][1])
        except:
            end = 0
        #路由配置是 -1 36，这里-1是上一层，表示相对当前层的距离
        if start > 0:
            start = start - index
        if end > 0:
            end = end - index
        route = EmptyLayer()
        module.add_module("route_{0}".format(index), route)
        if end < 0:
            filters = output_filters[index + start] + output_filters[index + end]
```

```
        else:
            filters- output_filters[index + start]
#跳过连接层
        elif x["type"] == "shortcut":
            shortcut = EmptyLayer()
            module.add_module("shortcut_{}".format(index), shortcut)
#YOLO 检测层
#mask=0,1,2 共3个
#anchors=10,13  16,30  33,23 .....
        elif x["type"] == "yolo":
            mask = x["mask"].split(",")
            mask = [int(x) for x in mask]
            anchors = x["anchors"].split(",")
            anchors = [int(a) for a in anchors]
            anchors = [(anchors[i], anchors[i+1]) for i in range(0, len(anchors),2)]
            anchors = [anchors[i] for i in mask]
            detection = DetectionLayer(anchors)  #前面定义的检测层
            module.add_module("Detection_{}".format(index), detection)
        module_list.append(module)
        prev_filters = filters
        output_filters.append(filters)
    return (net_info, module_lists)
```

代码中共有 7 种 module，分别是卷积 module、批归一化 module、LeakyReLU module、上采样 module、跳过连接 module、路由 module 和 YOLO 检测 module。卷积层对应卷积、批归一化、LeakeyReLU 这 3 个 module，其余的只有一个 module。

## 8.3 构建 Darknet-53 网络前向传递过程

上一节讲解了如何解析 yolo.cfg 文件的配置及如何构建各模块。本节将继续讲解 Darknet-53 的构建过程，并实现 Darknet-53 网络类，从而完成整个网络体系的搭建。

### 8.3.1 构建 Darknet-53 的模块

在 Darknet.py 中定义一个类 Darknet。这个类在初始化时读取配置，即调用前面的 parse_cfg 方法和 create_modules 方法。定义如下 3 个类属性：blocks 用来存储 parse_cfg 方法返回的配置信息（字典构成的 list）；net_info 用来存储网络信息；module_list 用来存储 create_modules 方法返回的 nn.ModuleList 对象。

在 forward 方法中实现前向传递，具体代码如下。

```
#//第 8 章/8.3.1 构建 nn.Module
class Darknet(nn.Module):
    def __init__(self, cfgfile):
        super(Darknet, self).__init__()
        self.blocks = parse_cfg(cfgfile)
        self.net_info, self.module_list = create_modules (self.blocks)
        #self.module_list 是按照配置构建的神经网络各层（包括参数）的 list
    def forward(self, x, CUDA):
        modules = self.blocks[1:] #获取除去网络信息部分的 module, 与前面
的 self.module_list 有区别
        outputs = {}    #缓存 outputs 用于跳过连接和路由
        write = 0
        for i, module in enumerate(modules):
            module_type = (module["type"])    #获取块类型
            if module_type == "convolutional" or module_type == "upsample":
                x = self.module_list[i](x) #直接调用这一层块函数输入 x
            elif module_type == "route": #获取路由指向层
                layers = module["layers"]
                layers = [int(a) for a in layers]
        #只指向一个的路由（83 层路由指向 79；95 层路由指向 91），直接输出这个层即可（有些指向 2 个，86 层对应的 85、61，以及 98 层对应的 97、36）
                if (layers[0]) > 0:
                    layers[0] = layers[0] - i
                if len(layers) == 1:
                    x = outputs[i + (layers[0])]
                else:
                    if (layers[1]) > 0:
                        layers[1] = layers[1] - i
                    map1 = outputs[i + layers[0]]
                    #-1+86=85（以 86 层路由为例）
                    map2 = outputs[i + layers[1]]
                    #86+61-86=61（以 86 层路由为例）
                    x = torch.cat((map1, map2), 1) #拼接
            elif module_type == "shortcut":
                from_ = int(module["from"])
                x = outputs[i-1] + outputs[i+from_]
            elif module_type == 'yolo':
        #self.module_list[i]获取的是 i 个 module 是 sequence,[0]对应的正好是空的
detectlayer, 只有卷积层会有 3 个 module, 其他只有一个
```

## 第8章 构建 Darknet-53 网络实践

```
                anchors = self.module_list[i][0].anchors
                #获取输入的尺度
                inp_dim = int (self.net_info["height"])
                #获取类别总数
                num_classes = int (module["classes"])
                #得到检测层特征图
                x = x.data
    #经过predict_transform()变换后的x的shape是(batch_size,13×13×锚框数,
5+类别数量),这里13是特征网格宽高
                x = predict_transform(x,inp_dim, anchors,
num_classes, CUDA)
                if not write:   #if no collector has been intialised.
                    detections = x
                    write = 1
    #这样3个YOLO层的预测值按照每个方框对应的维度进行连接
    #得到这幅图像所有的anchor的预测值,后面经过NMS一系列操作,可以一次完成
                else:
                    detections = torch.cat((detections, x), 1)
            outputs[i] = x
        return detections
```

### 8.3.2 Darknet-53 的模块详解

接下来,将详细讲解代码关键部分。在代码中结合前面的配置 yolo.cfg,可以看到对应的几个关键点(36、61、79、82、91、94、106)是如何操作的。

(1)路由层实现。先看一下对应配置 yolo.cfg 内容(截取路由部分)。

```
[route]
layers = -1, 36
```

这是 98 层路由层的配置。

```
[route]
layers = -1, 61
```

这是 86 层路由层对应配置。

```
[route]
layers = -4
```

这是一般跳过连接的配置,详细配置见 yolo.cfg。

对应上面代码中 module_type == "route",是处理路由层的,在代码中,layer[0] 对应配置中=右边第一个数字,layer[1]对应=右边第二个数字。在代码中是这样处理的:

基于深度学习的目标检测原理与应用

- 判断 "route" 的参数值是否大于 0。例如，98 层路由对应 97、36 两层拼接，判断 97 和 36 是否大于 0，也可以配置成 "–1,36"。
- 如果大于 0，则直接减去当前层序号。例如，配置为 "97,36"，那么用 "97-当前层" "36-当前层"；如果小于 0，则不做处理。
- 上一步结果加上当前层（index）。例如，"97–98+98" 得到对应的 97 层。如果配置为 "–1" 即直接用 "–1+98"，得到绝对位置 97 层，代码片段如下。

```
#//第8章/8.3.2 得到绝对位置97层代码演示
start = int(x["layers"][0])
try:
    end = int(x["layers"][1])
except:
    end = 0
if start > 0:
    start = start - index
if end > 0:
    end = end - index
route = EmptyLayer()
module.add_module("route_{0}".format(index), route)
if end < 0:
    filters = output_filters[index + start] + output_filters[index + end]
else:
    filters= output_filters[index + start]
```

这里的 index 对应当前层序号。start 和 end 就是前面说的路由层参数。可以看到，实际上，右边第二个数字也可以配置为相对位置是负数的，因此，此代码允许配置相对位置和绝对位置。

（2）检测层代码。直接调用前面定义的检测层即可，这里是 82、94、106 这三层。

最后看一下结果，可以看出第 $i$ 个 module_list 对应情况如以下输出所示，在输出中，可以看出卷积层有 3 项，而其他 module 只有 1 项。加载权重这里就不讲解了。

```
#//第8章/8.3.2 第92、93、94和95层输出结果
(92): Sequential(
    (conv_92): Conv2d(256, 512, kernel_size=(3, 3), stride=(1, 1), padding=(1, 1), bias=False)
```

# 第8章 构建Darknet-53网络实践

```
    (batch_norm_92): BatchNorm2d(512, eps=1e-05, momentum=0.1, affine=True, track_running_stats=True)
    (leaky_92): LeakyReLU(negative_slope=0.1, inplace=True)
  )
  (93): Sequential(
    (conv_93): Conv2d(512, 255, kernel_size=(1, 1), stride=(1, 1))
  )
  (94): Sequential(
    (Detection_94): DetectionLayer()
  )
  (95): Sequential(
    (route_95): EmptyLayer()
  )
```

下面把3个结果片段放在一起,以加强记忆。

```
#//第8章/8.3.2 第81、93、105和106层输出结果
(81): Sequential(
    (conv_81): Conv2d(1024, 255, kernel_size=(1, 1), stride=(1, 1))
  )
  (93): Sequential(
    (conv_93): Conv2d(512, 255, kernel_size=(1, 1), stride=(1, 1))
  )
  (105): Sequential(
    (conv_105): Conv2d(256, 255, kernel_size=(1, 1), stride=(1, 1))
  )
  (106): Sequential(
    (Detection_106): DetectionLayer()
  )
))
```

执行以下代码,看一下运行结果。

```
#//第8章/8.3.2 得到最终结果代码
model=Darknet("cfg/yolov3.cfg")
model.load_weights("yolov3.weights")
inp=get_test_input()
pred=model(inp,torch.cuda.is_available())
print(pred.shape)
print(pred[0][0])
```

结果如下,Darknet-53前向传播实践结束。

```
#//第8章/8.3.2 Darknet-53前向传播代码输出结果
第82层:[6, 7, 8]
[(116, 90), (156, 198), (373, 326)]
第94层:[3, 4, 5]
[(30, 61), (62, 45), (59, 119)]
第106层:[0, 1, 2]
[(10, 13), (16, 30), (33, 23)]
第82层特征图维度:torch.Size([1, 255, 13, 13])
先验框:
框个数: 3
第一个框的宽、高: (3.625, 2.8125)
torch.Size([1, 507, 85])
--------------------------
当前路由层: 83
路由源于第79层,特征图维度: torch.Size([1, 512, 13, 13])
--------------------------
当前路由层: 86
第1个路由源于第85层,特征图维度: torch.Size([1, 256, 26, 26])
第1个路由源于第61层,特征图维度: torch.Size([1, 512, 26, 26])
路由层拼接后: torch.Size([1, 768, 26, 26])
第94层特征图维度:torch.Size([1, 255, 26, 26])
先验框:
框个数: 3
第一个框的宽、高: (1.875, 3.8125)
torch.Size([1, 2028, 85])
--------------------------
当前路由层: 95
路由源于第91层,特征图维度: torch.Size([1, 256, 26, 26])
--------------------------
当前路由层: 98
第1个路由源于第97层,特征图维度: torch.Size([1, 128, 52, 52])
第1个路由源于第36层,特征图维度: torch.Size([1, 256, 52, 52])
路由层拼接后: torch.Size([1, 384, 52, 52])
第106层特征图维度:torch.Size([1, 255, 52, 52])
先验框:
框个数: 3
第一个框的宽、高: (1.25, 1.625)
torch.Size([1, 8112, 85])
torch.Size([1, 10647, 85])
```

## 8.4 YOLOv3 实现检测层特征图到边界的预测值转变

前面讲解了如何构建 Darknet-53 的网络架构和如何代码实践构建 Darknet-53 前向传播算法。本节将详细讲解如何将图像通过卷积层变换，得到预测层要输出的预测值。

### 8.4.1 参数讲解

在上一节的代码中，darknet.py 中 Darknet 类的 forward 方法中有一个 module 类型判断为 yolo 的部分就是检测层代码，代码如下。

```
#//第8章/8.4.1 定义yolo检验层
elif module_type == 'yolo':
        anchors = self.module_list[i][0].anchors
        inp_dim = int (self.net_info["height"])
        num_classes = int (module["classes"])
        x = x.data
        x = predict_transform(x, inp_dim, anchors, num_classes, CUDA)
        if not write:
            detections = x
            write = 1
        else:
            detections = torch.cat((detections, x), 1)
    outputs[i] = x
return detections
```

"x = predict_transform(x, inp_dim, anchors, num_classes, CUDA)"这一句调用方法 predict_transform，是本节的"主角"，在 util.py 中，predict_transform 方法的参数为 predict_transform(prediction, inp_dim, anchors, num_classes, CUDA = True)，第一个参数 prediction 是指卷积网络输出的张量是检测层的特征图；第二个参数 inp_dim 为输入图像尺寸；第三个参数 anchors 是指锚框 list，存放着对应的锚框的宽和高；第四个参数 num_classes 是指目标物体分类的数量；第五个参数 CUDA 是指判断是否默认使用 GPU。

在代码中，参数 prediction 对应的是检测层输出的特征图张量，这个特征图张量的 shape 类似于[batch_size,255,13,13]，第 0 个维度为 batch size；第 1 个维度为通道数，第 2 个和第 3 个维度分别为特征图的宽和高（索引从 0 开始，后面表述也是，不再解释）。

### 8.4.2 实现步骤和代码

介绍完参数后，下面讲解其具体实现步骤和具体代码。

（1）获取 batch_size，这是"prediction.size"的第 0 个值。

（2）获取下采样倍数"stride"，输入图像的尺寸除以特征图的尺寸"inp_dim/prediction.size[2]"；"prediction.size"为第 2 个值。

（3）获得网格尺寸"grid_size"，输入图像尺寸除以"下采样倍数"，这里不直接用特征图尺寸，因为真实情况中输入图像的尺寸可以是任意的，下采样到特征图的时候，因为取整的缘故，尺寸会有出入。

（4）获取先验框预测值的数量"bbox_attrs"：5+num_calsses。

（5）获取锚框数，就是"anchors list"的长度。

（6）在 PyTorch 中通过张量的 view 方法来实现特征图展平操作，例如，将[1,85×5,13,13]变成[1,255,169]。

（7）根据上面的例子，再将上一步通过 transpose 方法变成 [1,169,255]，这样变换的原理是 255 个通道中每个通道有 169 个特征，等价于 169 个通道中每个通道有 255 个特征：将维度 1 与维度 2 交换（抛开 batch size，就是一种转置）。

（8）将[1,169,255]变成[1,169×3,85]，即[1,507,85]：把最后一个维度的 3 乘以维度 1 的位置，最后一个维度除以 3。这样上面例子就得到 507 个通道、85 个特征。

这里的具体数字是举例说明，因为也有可能是 26×26 的特征。得到 shape 为 [batch_size, grid_size×grid_size×num_anchors, bbox_attrs]的张量是不够的，还要经过一系列步骤让这些张量变得有意义，通过以下 3 个步骤实现。

① 遍历"anchors list"。将每个锚框的宽和高都除以下采样倍数，得到一个新的"anchors list"。

② 对预测中心坐标、目标置信度进行 sigmoid 处理，得到 $x$ 轴、$y$ 轴的偏移量，以及置信度分数。

③ 生成每个单元格左上角的坐标，生成 grid×grid 的二维数组。在代码中，通过 np.meshgrid()方法实现网格。由"grid_x=np.arange(5)""grid_y=np.arange(4)" "a, b=np.meshgrid (grid_x, grid_y)"可以看出，$a$ 是每行都是 0 到 5（不包括 5），共 4 行，$b$ 是每列都是 0 到 4（不包括 4）共 5 列。$a$、$b$ 的 shape 是一样的，表示的意义是 $a$、$b$ 两个矩阵构成网格的坐标，矩阵 shape 就是网格 shape。$x$ 好比坐标系上的竖线，0 列对应的 $x$ 都是 0，1 列对应的 $x$ 都是 1。同理，$y$ 好比坐标系上的横线，过 1 的横线的 $y$ 值都是 1。

```
#//第8章/8.4.2 grid*grid 数组输出演示
grid_y=np.arange(4)
```

## 第 8 章 构建 Darknet-53 网络实践

```
grid_x=np.arange(5)
grid_x
Out[5]: array([0, 1, 2, 3, 4])
grid_y
Out[6]: array([0, 1, 2, 3])
a,b=np.meshgrid(grid_x,grid_y)
a
Out[8]:
array([[0, 1, 2, 3, 4],
       [0, 1, 2, 3, 4],
       [0, 1, 2, 3, 4],
       [0, 1, 2, 3, 4]])
b
Out[9]:
array([[0, 0, 0, 0, 0],
       [1, 1, 1, 1, 1],
       [2, 2, 2, 2, 2],
       [3, 3, 3, 3, 3]])
```

（9）对 $x$ 轴和 $y$ 轴的偏移量进行展平并拼接，得到所有位置坐标偏移量。

（10）进行重复锚框数量次（num_anchors），然后使用张量的 view 方法将数值变成坐标对，再加上刚才得到的坐标偏移量，得到坐标预测。

（11）对目标分类预测，使用 sigmoid 处理，具体代码如下。

```
#//第 8 章/8.4.2 具体实践代码
def predict_transform(prediction, inp_dim, anchors, num_classes,
CUDA = True):



    batch_size = prediction.size(0)
    stride =  inp_dim // prediction.size(2)
    grid_size = inp_dim // stride
    bbox_attrs = 5 + num_classes
    num_anchors = len(anchors)
    
    prediction = prediction.view(batch_size, bbox_attrs*num_
anchors, grid_size*grid_size)
    prediction = prediction.transpose(1,2).contiguous()
    prediction = prediction.view(batch_size, grid_size*
grid_size*num_anchors, bbox_attrs)
```

```python
        anchors = [(a[0]/stride, a[1]/stride) for a in anchors]
        print("先验框:")
        print("框个数: %s"%len(anchors))
        print("框的宽、高: ",anchors)
        #Sigmoid the centre_X, centre_Y. and object confidencce
        prediction[:,:,0] = torch.sigmoid(prediction[:,:,0])
        prediction[:,:,1] = torch.sigmoid(prediction[:,:,1])
        prediction[:,:,4] = torch.sigmoid(prediction[:,:,4])
        #Add the center offsets
        grid = np.arange(grid_size)
        a,b = np.meshgrid(grid, grid)
        x_offset = torch.FloatTensor(a).view(-1,1)
        y_offset = torch.FloatTensor(b).view(-1,1)
        if CUDA:
            x_offset = x_offset.cuda()
            y_offset = y_offset.cuda()

        x_y_offset = torch.cat((x_offset, y_offset), 1).repeat(1,num_anchors).view(-1,2).unsqueeze(0)
        prediction[:,:,:2] += x_y_offset
        anchors = torch.FloatTensor(anchors)
        if CUDA:
            anchors = anchors.cuda()

        anchors = anchors.repeat(grid_size×grid_size, 1).unsqueeze(0)
        prediction[:,:,2:4] = torch.exp(prediction[:,:,2:4])×anchors
        prediction[:,:,5: 5 + num_classes] = torch.sigmoid((prediction[:,:, 5 : 5 + num_classes]))
        prediction[:,:,:4] ×= stride
        print(prediction.shape)
        return prediction
```

## 8.5 YOLOv3 演示边框生成过程

前面介绍了如何从卷积网络输出特征图预测边框坐标、边框宽高、置信度、目标分类得分预测及变换过程。本节通过实践演示这一过程是如何实现的。

首先读入配置，然后加载权重，代码如下。

## 第 8 章　构建 Darknet-53 网络实践

```
#//第8章/8.5 读入配置
model=Darknet("cfg/yolov3.cfg")
inp=get_test_input()
pred=model(inp,torch.cuda.is_available())
```

其中调用 get_test_input() 是为了加载图像并生成 torch 输入张量。

```
#//第8章/8.5 加载图像并生成torch输入张量
def get_test_input():
    img = cv2.imread("dog-cycle-car.png")
    img = cv2.resize(img, (416,416))
    img_ = img[:,:,::-1].transpose((2,0,1))
    img_ = img_[np.newaxis,:,:,:]/255.0
    img_ = torch.from_numpy(img_).float()
    img_ = Variable(img_)
    return img_
```

使用的是比较经典的图像 dog-cycle-car.png，从代码中可以看出张量输入大小为 416×416。

输出结果如图 8-5-1 所示，可以看到，框 1 每级检测对应的边框序号和边框宽高。框 2 为 82 层 3 个锚框对应特征图大小的宽高和输出的张量形状 torch.Size([1, 507, 85])；对应上面 507 个通道、85 个特征。框 3 对应 94 层的锚框，以及输出张量的形状。

```
第82层: [6, 7, 8]
[(116, 90), (156, 198), (373, 326)]
第94层: [3, 4, 5]
[(30, 61), (62, 45), (59, 119)]
第106层: [0, 1, 2]
[(10, 13), (16, 30), (33, 23)]
第82层特征图维度:torch.Size([1, 255, 13, 13])
先验框:
```
                                                        1

```
框个数: 3
第一个框的宽、高:(3.625, 2.8125)
torch.Size([1, 507, 85])
```
                                                        2

```
当前路由层: 83
路由源于第79层, 特征图维度: torch.Size([1, 512, 13, 13])
---------------
当前路由层: 86
第1个路由源于第85层, 特征图维度: torch.Size([1, 256, 26, 26])
第1个路由源于第61层, 特征图维度: torch.Size([1, 512, 26, 26])
路由层拼接后: torch.Size([1, 768, 26, 26])
第94层特征图维度: torch.Size([1, 255, 26, 26])
先验框:
```

```
框个数: 3
第一个框的宽、高: (1.875, 3.8125)
torch.Size([1, 2028, 85])
```
                                                        3

图 8-5-1　输出结果

可以通过 OpenCV 观看动态画图过程，代码如下。

```
#//第8章/8.5 OpenCV 动态画图过程
box = x
box = np.squeeze(box)
box = box[:, :4]
for f in box:
    c1 = tuple(f[0:2].int())
    c2 = tuple(((f[0] + f[2]).int(), (f[1] + f[3]).int()))
    draw_0 = cv2.rectangle(img, c1, c2, (0, 0, 255), 1)
    draw_0 = cv2.resize(draw_0, (1260, 720))
    cv2.namedWindow('draw bbox', cv2.WINDOW_AUTOSIZE);
    cv2.moveWindow('draw bbox', 0, 100)
    cv2.imshow('draw bbox', draw_0)
```

这段代码是放在 darknet.py 的 Darknet 类前向传播过程中的 x = predict_transform (x, inp_dim, anchors, num_classes, CUDA) 之后的。这里 x 是预测转换后的数据，演示过程如图 8-5-2 所示。

图 8-5-2　演示过程

## 8.6　YOLOv3 处理低阈值边框

上一节讲解了代码实践边框生成过程，本节继续讲解如何对 10647 个边框进行筛选。

## 8.6.1 思路讲解

对 10647 个边框的筛选分为以下 9 步。

（1）在上一节讲到的 Darknet-53 预测张量中，过滤掉置信度得分低于阈值的框，使其置信度为 0。

（2）将预测边框的左上角和右下角的坐标保存到一个新的变量中，替换到预测的张量中。

（3）遍历 batch 的所有张量，因为同一批次不同图像目标数量可能是不一样的（多数情况不一样），所以，只能完成一幅图像上的边框和目标得分筛选和 NMS，因此，必须在预测的第一个维度（batch）上进行遍历。将得分低于一定分数的去掉，对剩下的做 NMS。

（4）获取每个图像的分类最大得分，并保存得分和对应的位置索引（物体类别），在代码中使用 torch.max()方法实现。

（5）将图像所有边框前 5 列（坐标、宽高、置信度）和第四步的最大物体得分对应分类类别索引，存储起来，"seq=(image_pred[:,:5],max_conf,max_conf_score)"，并且使用 torch.cat()方法把 seq 合并成一个 10647×7 的张量。

（6）筛选边框中置信度不为 0 的边框索引，存储到 non_zero_ind 中。

（7）根据非 0 边框索引筛选非 0 边框，同时需要变形成 7 列，使用张量的 view(-1,7)方法实现 reshape，并存储非 0 边框。

（8）如果没有非 0 边框，则返回下一批次，从第 3 步循环向下。

（9）对于非 0 边框，存储其类别索引 image_pred_[:,-1]。

## 8.6.2 代码实践

YOLOv3 处理低阈值框完整代码如下。

```
#//第8章/8.6.2 YOLOv3处理低阈值框
def write_results(prediction, confidence, num_classes, nms_conf = 0.4):
    conf_mask = (prediction[:,:,4] > confidence).float().unsqueeze(2)
print("筛选器的维度:",conf_mask.shape)
    prediction = prediction×conf_mask
print("筛选后预测的维度:",prediction.shape)
    box_corner = prediction.new(prediction.shape)
    box_corner[:,:,0] = (prediction[:,:,0] - prediction[:,:,2]/2)
    box_corner[:,:,1] = (prediction[:,:,1] - prediction[:,:,3]/2)
```

```
            box_corner[:,:,2] = (prediction[:,:,0] + prediction[:,:,2]/2)
            box_corner[:,:,3] = (prediction[:,:,1] + prediction[:,:,3]/2)
            prediction[:,:,:4] = box_corner[:,:,:4]
        batch_size = prediction.size(0)
        write = False
        for ind in range(batch_size):
            image_pred = prediction[ind]
            max_conf, max_conf_score = torch.max(image_pred[:,5:5+ num_classes], 1)
      print("最大得分维度: ",max_conf.shape)
            max_conf = max_conf.float().unsqueeze(1)
            max_conf_score = max_conf_score.float().unsqueeze(1)
            seq = (image_pred[:,:5], max_conf, max_conf_score)
            image_pred = torch.cat(seq, 1)
      print("方框、置信度、类别序号、类别分数维度: ",image_pred.shape)
            non_zero_ind =  (torch.nonzero(image_pred[:,4]))
      print("非0得分索引维度: ",non_zero_ind.shape)
      print(image_pred[non_zero_ind.squeeze(),:].shape)
            try:
                image_pred_ = image_pred[non_zero_ind.squeeze(),:].view(-1,7)
            except:
                continue
            if image_pred_.shape[0] == 0:
                continue
            img_classes = unique(image_pred_[:,-1])   # -1 index holds the class index
            for cls in img_classes:
                cls_mask = image_pred_*(image_pred_[:,-1] == cls).float().unsqueeze(1)
                class_mask_ind = torch.nonzero(cls_mask[:,-2]).squeeze()
                image_pred_class = image_pred_[class_mask_ind].view(-1,7)
                conf_sort_index  =  torch.sort(image_pred_class[:,4], descending = True )[1]
                image_pred_class = image_pred_class[conf_sort_index]
                idx = image_pred_class.size(0)
                for i in range(idx):
                    try:
```

## 第 8 章 构建 Darknet-53 网络实践

```
                ious = bbox_iou(image_pred_class[i].unsqueeze(0),
image_pred_class[i+1:])
                except ValueError:
                    break
                except IndexError:
                    break
                iou_mask = (ious < nms_conf).float().unsqueeze(1)
                image_pred_class[i+1:] *= iou_mask

                non_zero_ind = torch.nonzero(image_pred_class
[:,4]).squeeze()
                image_pred_class = image_pred_class[non_zero_
ind].view(-1,7)
            batch_ind = image_pred_class.new(image_pred_
class.size(0), 1).fill_(ind)
            seq = batch_ind, image_pred_class

            if not write:
                output = torch.cat(seq,1)
                write = True
            else:
                out = torch.cat(seq,1)
                output = torch.cat((output,out))
    try:
        return output
    except:
        return 0
```

运行结果如下。

```
#//第 8 章/8.6.2 代码输出结果
非极大抑制准备：
筛选器的维度：torch.Size([1, 10647, 1])
筛选后预测的维度：torch.Size([1, 10647, 85])
最大得分维度：torch.Size([10647])
方框、置信度、类别序号、类别分数维度：torch.Size([10647, 7])
非 0 得分索引维度：torch.Size([1, 1])
torch.Size([7])
类别： tensor([59.])
NMS：
*******************************
```

预测当前物体类别 59.0 框的掩码：
tensor([[ 20.7588, 39.6495, 397.9067, 387.1772, 0.5052, 0.5262, 59.0000]])
预测当前物体类别 59.0 的框：
tensor(0)
>>>>>>>类别 59.0 的预测框数 1<<<<<<<
--------------------------------
最大置信度框： tensor([[ 20.7588, 39.6495, 397.9067, 387.1772, 0.5052, 0.5262, 59.0000]])
其他与当前最大置信度框的 IoU：
 tensor([])
小于当前最大置信度，且大于 0.4 阈值的框被抑制：
 tensor([], size=(0, 7))
抑制后剩下的框：
 tensor([[ 20.7588, 39.6495, 397.9067, 387.1772, 0.5052, 0.5262, 59.0000]])
NMS 结果：
 tensor([[ 0.0000, 20.7588, 39.6495, 397.9067, 387.1772, 0.5052, 0.5262, 59.0000]])
scream.jpg           predicted in  0.842 seconds
Objects Detected:    bed
----------------------------------------------------------
SUMMARY
----------------------------------------------------------
Task                    : Time Taken (in seconds)

Reading addresses       : 0.000
Loading batch           : 0.398
Detection (11 images)   : 39.421
Output Processing       : 0.000
Drawing Boxes           : 0.281
Average time_per_img    : 3.647
----------------------------------------------------------

## 8.7　YOLOv3 非极大值抑制过程

上一节通过丢弃低于阈值的边框，使边框数量大为减少，但是仍然有多个。

# 第 8 章 构建 Darknet-53 网络实践

因为框能预测一个物体，所以，需要通过 NMS 来筛选最好的框。

## 8.7.1 延续上一节代码讲解 NMS 过程

要对框按照类别遍历，需要把当前类别对应的预测框筛选出来，即对应上面代码"for cls in img_classes:…"部分。这里用以下 9 步实现。

（1）因为在 8.6.1 节第 5 步合并 seq 时，把类别索引放在最后，所以，这里通过 cls_mask = image_pred_×(image_pred_[:,-1] == cls).float().unsqueeze(1)代码获得掩码。这里用 unsqueeze(1)的方法增加一个维度。读者使用 print(cls_mask)可以看到好多行为 0。

（2）使用 class_mask_ind =torch.nonzero(cls_mask[:,-2]).squeeze()将非 0 的框筛选出来，对应 8.6.1 节的第 6 步、第 7 步。

（3）通过 image_pred_class = image_pred_[class_mask_ind].view(-1,7)得到非 0 的边框，置信度为 0 的都被去掉。

（4）按置信度对含有该类别的预测框进行从大到小排序，并获取其下标。代码 conf_sort_index = torch.sort(image_pred_class[:,4], descending = True )[1]使用的是降序排序。这个排序有两个返回值，第一个返回值是排序后的张量，第二个返回值是张量在原来顺序中的位置索引。

（5）使用索引对预测框重组排序。

（6）逐步计算 IoU，首先计算与当前具有最大得分的框的 IoU，对应上面代码中"for i in range(idx):…"部分，这个"idx"是排序后框的数量。注意，ious = bbox_iou (image_pred_class[i].unsqueeze(0), image_pred_class[i+1:])中的 unsqueeze (0)是为了和后面张量 image_pred_class[i+1:]对齐。这个 bbox_iou 方法在 util.py 中。

（7）选取 IoU 小于阈值的预测框，丢弃 IoU 大于阈值的预测框。这个阈值是 0.4。注意 iou_mask = (ious < nms_conf).float().unsqueeze(1)中的 unsqueeze(1)，因为 iou_mask 要与 image_pred_class[i+1:]张量相乘。大于阈值的预测框都被置 0。前面章节讲解过 NMS 的理论，因为大于阈值的可以认为是和当前框重叠，小于阈值的可能是其他目标的预测框与当前预测框重叠所致不能误删其他目标的预测框。

（8）类似（2），去掉 image_pred_class[i+1:]中为 0 的框，得到非 0 索引：non_zero_ind = torch.nonzero(image_pred_class[:,4]).squeeze()。

（9）获取 NMS 过滤后非 0 的预测框，并且 reshape 为 7 列，对应代码为 image_pred_class = image_pred_class[non_zero_ind].view(-1,7)。

关于步骤（6）中的迭代，有必要解释一下。例如，一幅图中有同一个类别的两个物体，分别是人 A、人 B、小汽车、狗和猫咪。遍历类别，如果当前类别是"人"，则最大置信度的是人 A 的预测框被筛选。现在还有其他大置信度的框就是人 B 对应的框。这时对人 B 继续进行 NMS，直到最后一个最大置信度处理完毕。

### 8.7.2 NMS 后的整理

对当前类别 NMS 结果再进行一次整理，因为当前类别存在多个物体，所以，用以下 3 步进行处理。

（1）batch_ind = image_pred_class.new(image_pred_class.size(0), 1).fill_(ind)的意思是创建一个索引张量，大小为当前类别剩下框的数量行，1 列，并且用 batch 序号填充，即 ind 是 batch 序号。

（2）生成一个系列，系列第一项就是索引张量。第二项是 NMS 剩下的物体框，即 seq = batch_ind, image_pred_class。

（3）如果刚开始预测，则将 seq 在列维度上拼接 output = torch.cat(seq,1)，并存储到 output 中，其实就相当于得到<索引、边框>这样的 pair 对，得到一个类别的几个框。后面每个类别都将结果拼接在一起：out = torch.cat(seq,1)，然后合并到 output 中，即 output = torch.cat((output,out))。

## 8.8 YOLOv3 演示 NMS 过程找到最优框

在前面讲解了 YOLOv3 的代码，本节将通过图像预测实现过程来观察 NMS 是如何工作的。

### 8.8.1 运行检测代码演示

在命令行中使用 python detect.py –images dog-cycle-car.png，即开始运行检测代码，并检测图像 dog-cycle-car.png。

图 8-8-1 所示为 NMS 过程图像，这里只截取了 6 幅，大概表示一下检测 NMS 的工作过程。按照白色圆圈内数字递增排序，可以清晰地看到①到②是检测小轿车类的框，然后逐渐增多，是所有小轿车的预测框，会生成很多；③到④是自行车的预测边框；⑤到⑥是狗的预测边框。这些框是把低于阈值的边框都丢弃掉后与真实物体框非常接近的边框。

图 8-8-1 NMS 过程图像

## 8.8.2 运行结果分析

在展示运行结果之前，先明确一下类别编号。在 coco.names 中，0 的类别是 person，1 的类别是 bicycle，7 的类别是 truck（因为预测错误，把小轿车预测成卡车），16 的类别是 dog。

相关结果如下。

```
#//第 8 章/8.8.2 自行车边框输出结果
预测当前物体类别 1.0 框的掩码：
tensor([[ 0.0000,    0.0000,    0.0000,    0.0000,    0.0000,    0.0000,
0.0000],
        [ 0.0000,    0.0000,    0.0000,    0.0000,    0.0000,    0.0000,
0.0000],
        [ 0.0000,    0.0000,    0.0000,    0.0000,    0.0000,    0.0000,
0.0000],
        [ 0.0000,    0.0000,    0.0000,    0.0000,    0.0000,    0.0000,
0.0000],
        [ 57.8836,   80.9401,  312.7167,  295.9922,    0.9145,    0.9984,
1.0000],
```

```
        [ 61.3640,  58.7395, 311.2541, 315.9891,   0.8797,   0.9970,
1.0000],
        [ 88.6822,  73.0755, 308.6766, 302.3828,   0.9267,   0.9961,
1.0000],
        [ 63.3703,  90.4039, 308.6274, 312.2816,   0.9909,   0.9992,
1.0000],
        [ 54.6762,  76.6556, 312.4479, 336.4907,   0.9866,   0.9980,
1.0000],
        [ 86.7048,  84.1983, 307.6665, 313.8764,   0.9860,   0.9996,
1.0000],
        [ 66.4410,  72.4973, 323.5864, 333.0073,   0.5825,   0.9987,
1.0000],
        [  0.0000,   0.0000,   0.0000,   0.0000,   0.0000,   0.0000,
0.0000],
        [  0.0000,   0.0000,   0.0000,   0.0000,   0.0000,   0.0000,
0.0000],
        [  0.0000,   0.0000,   0.0000,   0.0000,   0.0000,   0.0000,
0.0000]])
```
预测当前物体类别1.0的框：
`tensor([ 4, 5, 6, 7, 8, 9, 10])`
\>\>\>\>\>\>\>\>类别1.0的预测框数7<<<<<<<<
\-\-\-\-\-\-\-\-\-\-\-\-\-\-\-\-\-\-\-\-\-\-\-\-\-\-\-\-\-\-\-\-\-\-\-\-\-\-
最大置信度框：`tensor([[ 63.3703, 90.4039, 308.6274, 312.2816, 0.9909, 0.9992, 1.0000]])`
其他与当前最大置信度框的IoU：
`tensor([0.8132, 0.8738, 0.8013, 0.8581, 0.8471, 0.7948])`

#//第8章/8.8.2 小轿车边框确立
预测当前物体类别7.0框的掩码：
```
tensor([[256.0379,  62.8432, 375.1118, 120.2386,   0.9988,
0.9381,   7.0000],
        [264.9335,  62.9267, 379.8033, 121.2068,   0.9730,   0.8797,
7.0000],
        [254.0732,  69.6525, 376.4084, 124.8774,   0.9133,   0.9221,
7.0000],
        [  0.0000,   0.0000,   0.0000,   0.0000,   0.0000,   0.0000,
0.0000],
        [  0.0000,   0.0000,   0.0000,   0.0000,   0.0000,   0.0000,
0.0000],
        [  0.0000,   0.0000,   0.0000,   0.0000,   0.0000,   0.0000,
0.0000],
```

## 第 8 章 构建 Darknet-53 网络实践

```
        [ 0.0000,    0.0000,    0.0000,    0.0000,    0.0000,    0.0000,
0.0000],
        [ 0.0000,    0.0000,    0.0000,    0.0000,    0.0000,    0.0000,
0.0000],
        [ 0.0000,    0.0000,    0.0000,    0.0000,    0.0000,    0.0000,
0.0000],
        [ 0.0000,    0.0000,    0.0000,    0.0000,    0.0000,    0.0000,
0.0000],
        [ 0.0000,    0.0000,    0.0000,    0.0000,    0.0000,    0.0000,
0.0000],
        [ 0.0000,    0.0000,    0.0000,    0.0000,    0.0000,    0.0000,
0.0000],
        [ 0.0000,    0.0000,    0.0000,    0.0000,    0.0000,    0.0000,
0.0000]])
```
预测当前物体类别7.0的框：
tensor([0, 1, 2])
>>>>>>>类别7.0的预测框数3<<<<<<<
------------------------------------
最大置信度框： tensor([[256.0379,   62.8432,  375.1118,  120.2386,
0.9988,   0.9381,   7.0000]])
其他与当前最大置信度框的IoU：
 tensor([0.8764, 0.7990])


#//第8章/8.8.2 狗边框确立
预测当前物体类别16.0框的掩码：
```
tensor([[ 0.0000,    0.0000,    0.0000,    0.0000,    0.0000,    0.0000,
0.0000],
        [ 0.0000,    0.0000,    0.0000,    0.0000,    0.0000,    0.0000,
0.0000],
        [ 0.0000,    0.0000,    0.0000,    0.0000,    0.0000,    0.0000,
0.0000],
        [ 0.0000,    0.0000,    0.0000,    0.0000,    0.0000,    0.0000,
0.0000],
        [ 0.0000,    0.0000,    0.0000,    0.0000,    0.0000,    0.0000,
0.0000],
        [ 0.0000,    0.0000,    0.0000,    0.0000,    0.0000,    0.0000,
0.0000],
        [ 0.0000,    0.0000,    0.0000,    0.0000,    0.0000,    0.0000,
0.0000],
```

```
            [    0.0000,    0.0000,    0.0000,    0.0000,    0.0000,    0.0000,
0.0000],
            [    0.0000,    0.0000,    0.0000,    0.0000,    0.0000,    0.0000,
0.0000],
            [    0.0000,    0.0000,    0.0000,    0.0000,    0.0000,    0.0000,
0.0000],
            [   59.7859,  112.2095,  173.2278,  379.6436,    0.9205,    0.9823,
16.0000],
            [   66.4920,  161.0432,  173.3098,  392.8639,    0.9999,    0.9980,
16.0000],
            [   73.7540,  154.0346,  187.2187,  391.1446,    0.9670,    0.9930,
16.0000],
            [   63.4801,  177.1803,  171.8389,  403.9340,    0.9883,    0.9783,
16.0000]])
```

预测当前物体类别 16.0 的框：
tensor([10, 11, 12, 13])
>>>>>>>类别 16.0 的预测框数 4<<<<<<<
------------------------------------
最大置信度框： tensor([[ 66.4920, 161.0432, 173.3098, 392.8639, 0.9999, 0.9980, 16.0000]])
其他与当前最大置信度框的 IoU：
 tensor([0.8546, 0.7981, 0.7356])

最后是 NMS 结果，如以下输出所示。

```
#//第 8 章/8.8.2 NMS 结果：
 tensor([[  0.0000,  63.3703,  90.4039, 308.6274, 312.2816,
0.9909,   0.9992,
          1.0000],
         [  0.0000, 256.0379,  62.8432, 375.1118, 120.2386,   0.9988,
0.9381,
          7.0000],
         [  0.0000,  66.4920, 161.0432, 173.3098, 392.8639,   0.9999,
0.9980,
         16.0000]])
 dog.jpg             predicted in  5.954 seconds
 Objects Detected:   bicycle truck dog
```

## 8.9 YOLOv3 实现工业工具检测

YOLOv3 是极其优秀又极具创新的算法，是学术界和工业界常用的算法，可以用它实现各种目标检测任务,其速度与精度并存,优化与部署方案也较其他算法成熟。例如,使用 YOLOv3 训练优化,并且部署了许多实际应用,工业界常见的有零件检测、零件瑕疵检测、工业缺陷检测、异常行为检测;医学界常见的有皮肤病理检测;生活中常用的有行人检测、口罩检测、头盔检测、摔倒检测、火灾检测、吸烟检测、漂流物检测、X 光安检异常物体检测等。接下来介绍工业工具检测。

### 8.9.1　YOLOv3 工业实践需求分析及目标分析

任何产品化的应用在开工前都是要仔细分析的。图 8-9-1 所示是多物体检测案例,其中,kite 为风筝,person 为人。因为接下来要做一个工业工具的检测,也具有类似的意义,所以,要依次考虑好以下几件事:目标精度是多少、实际检测速度是多少、实际误检率要低于多少、如何采集和获取数据、如何进行数据标注、如何进行数据预处理、如何进行模型训练、如何进行模型优化、如何进行消融对比、如何进行部署。

接下来,将一步步实现完整的深度学习可落地项目。本节的数据集及代码已附在本书打包代码中,可通过对应章节的 READ.md 查看。

图 8-9-1　多物体检测案例

接下来的案例是一个电热头及工具检测的例子。在工业生产中，一些焊接行业，有很多类型的电焊头。识别电焊头用来干什么呢？例如，追踪自动焊接头是否在正确位置，或者检测电焊头是否接近易燃物等。

还有一种情况是，工厂用来检查工具作用是否丢失、是否被坏人用来作恶。检查工具是否丢失的方法如下：上班前，工具在固定位置，通过检查自动计数有多少工具。下班后，员工将工具放回固定位置。机器自动检查工具并计数，如果发现每种工具数量及工具总数量变少，则通过全局摄像头检查工厂其他角落，以及员工手中是否持有工具，并发出警报，相关人员会介入人工计数。这样一来工具检查就要求时效性强、准确率高、召回率高。YOLO 系列是常用的方案之一。

本案例就是基于工具检查这一实用场景需求实现的一种方案。完整的方案包括目标检查模型选择、模型训练、模型压缩、模型剪枝、嵌入式部署等。这里仅对模型选择和模型训练部分进行讲解，其他方面不涉及。

### 8.9.2 数据采集标注与数据预处理部分

在数据采集部分，可以使用爬虫的方式获取一些数据。在实际尝试时往往会发现爬取的工具图像不仅质量差，而且存在不相干的图像，还需要进行人工筛选，略显麻烦。那么，如何获取大量数据呢？这就成了业界的难题，面向落地的公司都是自己采集的数据，如果没有那么大精力自己采集，则可以去找开源的数据。

在数据集标注部分，可以使用 labelImg 软件。这是一个基于 Python 和 Qt 的标注工具，使用"pip install labelImg"命令安装即可。安装成功后，只需要在命令行中输入"labelImg"命令即可打开使用。通常会自动安装依赖包，如果没有，则根据错误提示可以自行安装。单击"Open"按钮，打开单个图像进行标注，单击"Open Dir"按钮，打开一个文件夹，文件夹下包含很多图像，可以对很多图像标注。当使用"Open Dir"按钮打开文件夹时，"Next Image"和"Prev Image"按钮会处于可单击态，单击可切换图像。单击"Edit"下拉列表中的"create RectBox"按钮，开始标注。标注就是给目标物体画上物体框，输入"label"，并单击"Save"保存即可。默认保存的是 xml 文件，格式同 voc 的数据格式，如图 8-9-2 所示。

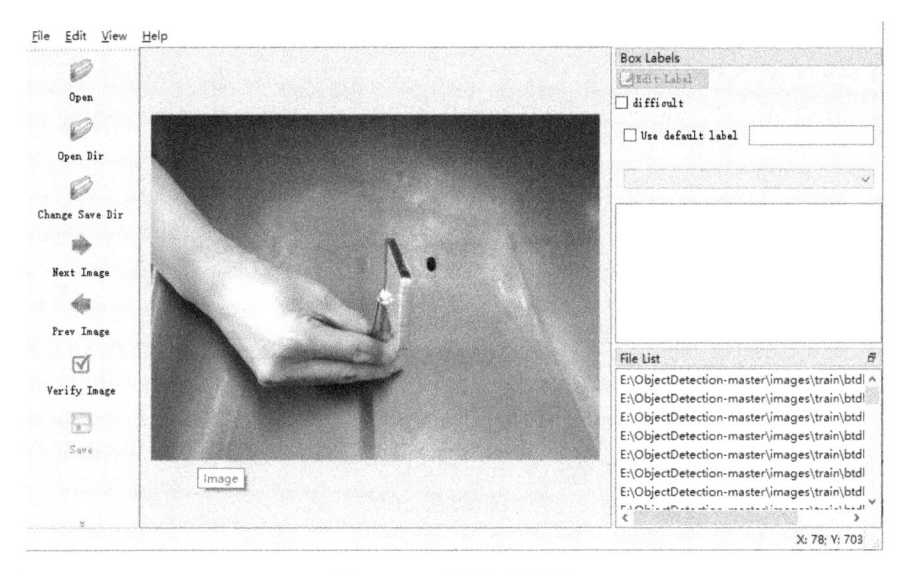

第 8 章　构建 Darknet-53 网络实践

图 8-9-2　数据标注图解

在 GitHub 中下载源码，代码如下。
```
git clone https://github.com/ultralytics/yolov3.git
```
在 data 文件夹下新建 Annotations 文件夹，用来存放刚刚生成的所有标注集 xml。新建一个 images 文件夹，用来存放工业工具的所有图像集。我们要做的是将 xml 转换成 YOLO 的可接受训练格式。使用 voc_label.py 生成所有的标签文本，用以训练。

有两种方式：第一种方式是通过 train/test.txt 来索引所有的图像，可以通过以下代码实现。

```python
##//第8章/8.9.2 用以转换xml为YOLO支持的格式，并归一化坐标
import xml.etree.ElementTree as ET
import os #文件操作库
import random #随机划分训练集和验证集
classes = ["0", "1", "2", "3"]    #输入类别名称，必须与xml标注名称一致


#用以归一化坐标
def convert(size, box):
    print(size, box)
    dw = 1. / size[0]
    dh = 1. / size[1]
    x = (box[0] + box[1]) / 2.0
    y = (box[2] + box[3]) / 2.0
    w = box[1] - box[0]
    h = box[3] - box[2]
```

```python
        x = x * dw   #生成新的归一化后的x, y, w, h
        w = w * dw
        y = y * dh
        h = h * dh
        return (x, y, w, h)


    #转换xml为labels
    def convert_annotation(image_id):
        #读取xml文件
        in_file = open(r'./data/Annotations/%s' % (image_id), 'rb')
        if not os.path.exists('./data/labels'):
            os.makedirs('./data/labels')
        out_file = open('./data/labels/%s.txt' % (image_id.split('.')[0]), 'w')   #需要保存的txt格式文件路径
        tree = ET.parse(in_file)   #解析xml
        root = tree.getroot()
        size = root.find('size')
        w = int(size.find('width').text)   #找到xml包含的图像宽和高
        h = int(size.find('height').text)

        for obj in root.iter('object'):   #读取xml中包含的每个目标框
            cls = obj.find('name').text
            if cls not in classes:
                continue
            cls_id = classes.index(cls)
            xmlbox = obj.find('bndbox')
            b=(float(xmlbox.find('xmin').text),float(xmlbox.find('xmax').text), float(xmlbox.find('ymin').text),
               float(xmlbox.find('ymax').text))
            bb = convert((w, h), b)
            #将每个归一化后的图像与目标框信息写入labels文件夹
            out_file.write(str(cls_id) + " " + " ".join([str(a) for a in bb]) + '\n')

    #读取xml文件名索引
    image_ids_train = os.listdir('./data/Annotations')
    #遍历所有的xml, 并转换成labels
    for image_id in image_ids_train:
        print(image_id)
        convert_annotation(image_id)

    #用以生成训练集和验证集, 并写入data/train.txt,data/test.txt
    trainval_percent = 0.1   #验证集比例
    train_percent = 1
    xmlfilepath = './data/images'
```

## 第 8 章 构建 Darknet-53 网络实践

```python
total_xml = os.listdir(xmlfilepath)
num = len(total_xml)
list = range(num)
tv = int(num * trainval_percent)
tr = int(tv * train_percent)
trainval = random.sample(list, tv)
train = random.sample(trainval, tr)
ftest = open('./data/test.txt', 'w')
#新建train.txt 和 test.txt 来存放相应的训练测试集
ftrain = open('./data/train.txt', 'w')


for i in list:
    name = total_xml[i] + '\n'
    if i in trainval:
        if i in train:
            #写入的路径可以为训练图像的相对/绝对路径
            ftest.write('data/images/' + name)
        else:
            ftrain.write('data/images/' + name)
ftrain.close()
ftest.close()
```

此时，会看到如图 8-9-3 所示的代码结构。

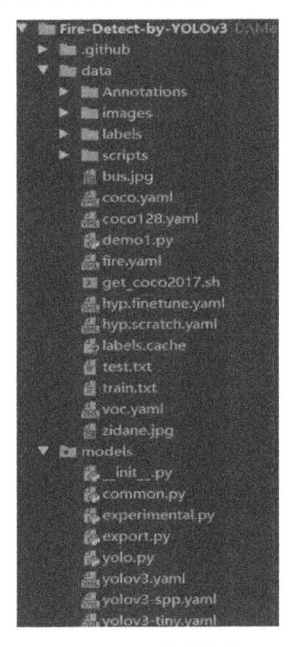

图 8-9-3　代码结构

还有一种简单的方式准备数据格式，如图 8-9-4 所示。可以通构造数据，生成"images/train; images/val;labels/train;labels/val;"来存放训练、测试数据和标签。然后在 tools.yaml 中将训练路径改为训练文件夹路径即可。

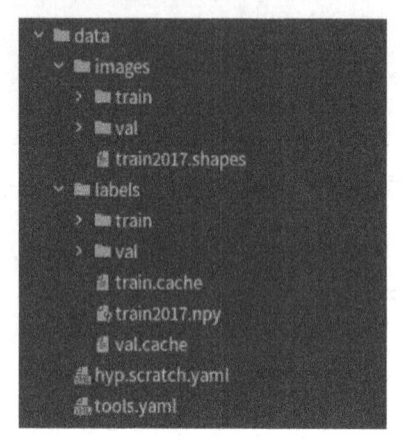

图 8-9-4　第二种生成方式

### 8.9.3　模型训练部分

在训练前，需要在 data 下新建一个 tools.yaml 文件，用以索引数据和类别，代码如下。

```
##//第 8 章/8.9.3 在 data 下建立文件以索引数据和类别
#train and val datasets (image directory or *.txt file with image paths)
    train: data/train.txt
    val: data/test.txt
    #test: ../coco/test-dev2017.txt   #20k images for submission to https://competitions.codalab.org/competitions/20794

    #number of classes
    nc: 4    #total classes
    names: ["0", "1", "2", "3"]
```

如果使用上述第二个方案（无 train.txt、test.txt），那么只需要输入如下代码。

```
##//第 8 章/8.9.3 用第二种生成方法在 data 下建立文件以索引数据和类别
#train and val datasets (image directory or *.txt file with image paths)
    train: data/images/train
    val: data/images/val
    #test: ../coco/test-dev2017.txt
```

```
nc: 4    #total classes
names: ["0", "1", "2", "3"]
```
其中,"nc:4"是指一个类别,把 models/yolov3.yaml 中的第一行也修改 nc 为 4。然后,打开终端,输入以下代码,安装环境需要的库。
```
pip install -r requirements.txt
```
打开 train.py,看到 main 函数中的超参数列表,分别修改 weights(预训练模型)路径、cfg(模型参数)、data(训练测试数据集的 yaml 路径)、hyp(数据增强的超参数)、epochs(迭代次数)。若训练时报"out of memory"错误,那么请降低 batch-size。请看下面的超参数代码,其中注释在每行的 help 中。

```
##//第8章/8.9.3 超参数代码
parser = argparse.ArgumentParser()
parser.add_argument('--weights', type=str, default='weights/yolov3.pt', help='initial weights path')
parser.add_argument('--cfg', type=str, default='models/yolov3.yaml', help='model.yaml path')
parser.add_argument('--data', type=str, default='data/tools.yaml', help='data.yaml path')
parser.add_argument('--hyp', type=str, default='data/hyp.scratch.yaml', help='hyperparameters path')
parser.add_argument('--epochs', type=int, default=300)
parser.add_argument('--batch-size', type=int, default=16, help='total batch size for all GPUs')
parser.add_argument('--img-size', nargs='+', type=int, default=[640, 640], help='[train, test] image sizes')
parser.add_argument('--rect', action='store_true', help='rectangular training')
parser.add_argument('--resume', nargs='?', const=True, default=False, help='resume most recent training')
parser.add_argument('--nosave', action='store_true', help='only save final checkpoint')
parser.add_argument('--notest', action='store_true', help='only test final epoch')
parser.add_argument('--noautoanchor', action='store_true', help='disable autoanchor check')
parser.add_argument('--evolve', action='store_true', help='evolve hyperparameters')
parser.add_argument('--bucket', type=str, default='', help='gsutil bucket')
```

```
    parser.add_argument('--cache-images', action='store_true', help=
'cache images for faster training')
    parser.add_argument('--image-weights', action='store_true', help=
'use weighted image selection for training')
    parser.add_argument('--device', default='0', help='cuda device,
i.e. 0 or 0,1,2,3 or cpu')
    parser.add_argument('--multi-scale', action='store_true', help=
'vary img-size +/- 50%%')
    parser.add_argument('--single-cls', action='store_true', help=
'train as single-class dataset')
    parser.add_argument('--adam', action='store_true', help='use
torch.optim.Adam() optimizer')
    parser.add_argument('--sync-bn', action='store_true', help='use
SyncBatchNorm, only available in DDP mode')
    parser.add_argument('--local_rank', type=int, default=-1, help=
'DDP parameter, do not modify')
    parser.add_argument('--log-imgs', type=int, default=16, help=
'number of images for W&B logging, max 100')
    parser.add_argument('--workers', type=int, default=8, help=
'maximum number of dataloader workers')
    parser.add_argument('--project', default='runs/train', help='save
to project/name')
    parser.add_argument('--name', default='exp', help='save to
project/name')
    parser.add_argument('--exist-ok', action='store_true', help=
'existing project/name ok, do not increment')
    opt = parser.parse_args()
```

选用 YOLOv3 标准版，即使用配置 yolov3.yaml；在命令行输入如下命令，然后开始训练。

```
$ python train.py --data tools.yaml --cfg yolov3.yaml
```

训练包含传参说明、超参配置、超参说明、损失函数和数据集规模 5 部分。

### 1. 传参说明

"--data"后面输入的是指定训练数据配置文件，这里的"tools.yaml"为前面提到的本项目工业数据集配置，在 data 目录下。

"--cfg"后面输入的是指定 YOLOv3 版本，可选参数为 yolov3.yaml、yolov3-spp.yaml、yolov3-tiny.yaml，其中，yolov3.yaml 为 YOLOv3 标准配置，在 models 目录下。

## 第 8 章　构建 Darknet-53 网络实践

**2．超参配置**

超参配置在"data/hyp.scratch.yaml"中，训练过程使用"tensorboard"来做可视化，日志存储在"runs/train"目录下，通过命令"TensorBoard --logdir runs"可以查看训练过程。

**3．超参说明**

本项目超参配置在"data/hyp.scratch.yaml"中，一些关键超参如下。

```
##//第8章/8.9.3 关键超参
lr0: 0.01  #初始化学习率 (SGD=1E-2, Adam=1E-3)
lrf: 0.2  #最终每轮学习率，为初始学习率的20% (lr0 * lrf)
momentum: 0.937
weight_decay: 0.0005   #优化器权重衰减 5e-4
warmup_epochs: 3.0   #预热学习率
warmup_momentum: 0.8   #预热初始动量
warmup_bias_lr: 0.1   #预热bias学习率
box: 0.05
cls: 0.5
cls_pw: 1.0  #正例权重
obj: 1.0
obj_pw: 1.0  #正例权重
iou_t: 0.20
anchor_t: 4.0  #锚框宽高比最大范围阈值
```

以上超参中，多数是较为常见的超参。下面解释什么是预热学习率。深度学习在开始训练时，即模型训练之初，权重是随机初始化的，此时若选择一个较大的学习率，则可能带来模型的不稳定，在早期几个 epoches 或者一些 steps 内，选择较小的学习率，模型可以慢慢趋于稳定，等模型相对稳定后再选择预先设置的学习率进行训练，使模型收敛速度变得更快，模型效果更佳。

**4．损失函数**

在 loss.py 中，通过 compute_loss 方法实现。这里 loss 有两种，一种是二元交叉熵损失，另一种是 Focal loss。Focal loss 是一种能够平衡正负样本数量的损失函数，但不是本书的重点，如果读者有兴趣，可参阅相关论文。

在 compute_loss 中，输入的 targets 包含图像、目标框类别及 x,y,w,h 坐标。用"build_targets"方法可做如下 4 件事。

（1）根据模型输出，将 targets 与锚框做匹配，确定锚框负责哪些目标。

（2）过滤掉宽高比大于超参设置中"anchor_t"的锚框，对应返回 anch。

（3）获得锚框的索引和锚框负责的类别，对应返回 tcls、indices。

(4) 与索引对应的真实物体框，对应返回 tbox。

有了上面 4 个返回值，可以开始构建损失函数。在损失函数计算过程中，需注意如下几点。

（1）位置损失。对应 lbox（注意，本项目为落地实践，工业实践中常用 YOLOv4 中的 C-IoU 代替原来的坐标 l2 损失。读者可以尝试使用 l2 损失）。

（2）置信度损失。对应 lobj，这里是交叉熵损失。

（3）目标分类损失。对应 lcls。

```
##//第 8 章/8.9.3 compute_loss 方法代码
def compute_loss(p, targets, model):    #p 表示预测框
    device = targets.device
    lcls, lbox, lobj = torch.zeros(1, device=device), torch.zeros(1, device=device), torch.zeros(1, device=device)
    tcls, tbox, indices, anchors = build_targets(p, targets, model)
    h = model.hyp   #dict 类型，由超参构成的 dict

    BCEcls = nn.BCEWithLogitsLoss(pos_weight=torch.Tensor([h['cls_pw']])).to(device)
    BCEobj = nn.BCEWithLogitsLoss(pos_weight=torch.Tensor([h['obj_pw']])).to(device)

    #这是实践中常用的一种改动，不是本节主题，读者如有兴趣可以阅读相关论文
    cp, cn = smooth_BCE(eps=0.0)

    #当前超参配置为 0，表示没有使用 Focal loss，因为效果并未提
      高太多
    g = h['fl_gamma']
    if g > 0:
        BCEcls, BCEobj = FocalLoss(BCEcls, g), FocalLoss(BCEobj, g)

    nt = 0  #targets 数量
    no = len(p)  #outputs 数量
    balance = [4.0, 1.0, 0.4] if no == 3 else [4.0, 1.0, 0.4, 0.1]
    for i, pi in enumerate(p):
        b, a, gj, gi = indices[i]
        tobj = torch.zeros_like(pi[..., 0], device=device)

        n = b.shape[0]  #targets 数量
        if n:
```

## 第8章 构建 Darknet-53 网络实践

```
            nt += n
            ps = pi[b, a, gj, gi]

            pxy = ps[:, :2].sigmoid() * 2. - 0.5
            pwh = (ps[:, 2:4].sigmoid() * 2) ** 2 * anchors[i]
            pbox = torch.cat((pxy, pwh), 1).to(device)
            iou = bbox_iou(pbox.T, tbox[i], x1y1x2y2=False, CIoU=True)
#iou(prediction, target)
            lbox += (1.0 - iou).mean()

            tobj[b, a, gj, gi] = (1.0 - model.gr) + model.gr *
iou.detach().clamp(0).type(tobj.dtype)

            if model.nc > 1: #cls loss (only if multiple classes)
                t = torch.full_like(ps[:, 5:], cn, device=device)
    #targets
                t[range(n), tcls[i]] = cp
                lcls += BCEcls(ps[:, 5:], t)  #BCE

        lobj += BCEobj(pi[..., 4], tobj) * balance[i]

    s = 3 / no
    lbox *= h['box'] * s
    lobj *= h['obj'] * s * (1.4 if no == 4 else 1.)
    lcls *= h['cls'] * s
    bs = tobj.shape[0]
    print('nt',nt,'no',no,no-nt)
    loss = lbox + lobj + lcls
    return loss * bs, torch.cat((lbox, lobj, lcls, loss)).detach()
```

### 5. 数据集规模

本案例使用了 3311 幅图像组成训练集，共标注 7529 个目标。验证集中有 629 幅图像，共 1457 个目标。整个训练持续 12 小时 37 分 46 秒。

输入刚才的训练命令，开始训练，输出各层参数，如图 8-9-5 所示。

这里的参数是各模块的，而不是 YOLOv3 的具体层数。"n" 列可以清楚看到上面 darknet 的 block 数量（1, 2, 8, 8, 4），以及其间的下采样卷积层及其他层。

# 基于深度学习的目标检测原理与应用

图 8-9-5 输出各层参数

紧接着，扫描训练数据集，如图 8-9-6 所示，可以看到共有 3311 幅图像。

图 8-9-6 扫描训练数据集

训练过程如图 8-9-7 所示，其中 gpu-mem 是当前 GPU 的显存。

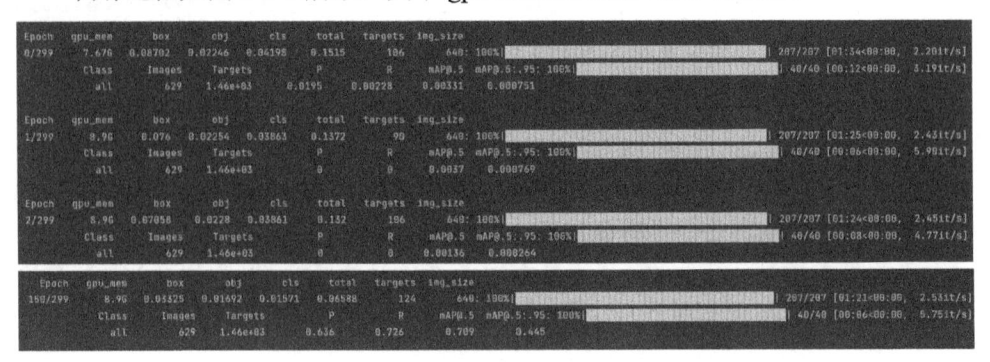

图 8-9-7 训练过程

## 第 8 章 构建 Darknet-53 网络实践

在第 150 轮，验证集上均值平均精度（mAP）已经达到了 70.9%，精度为 63.6%，召回率达到 72.6%。

图 8-9-8 所示为每 10 轮输出预测图像。可见，在训练过程中，预测的物体框不断变换到接近真实物体框。最左边部分是预热训练结束，可见，没有预测到任何东西。中间为 100 轮以后的结果。最右边是 300 轮以后的效果。可见，置信度是略微提高的。由于这个训练展示是后续加上的，所以，学习率调整得不是非常精细。

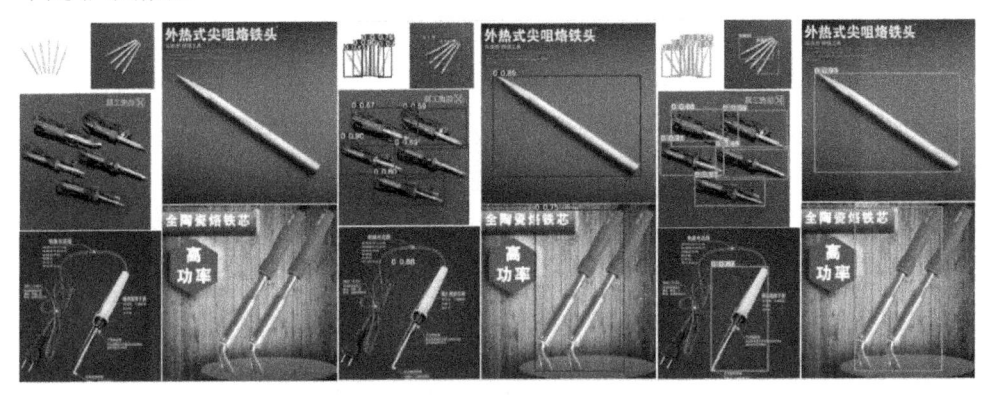

图 8-9-8　每 10 轮输出预测图像

此外，训练过程保存超参到"runs/train/exp.."目录 hyp.yaml 中，以便训练中断后继续训练使用。训练过程的其他参数及日志保存在"runs/train/exp.."中，最终权重保存在"runs/train/weights/best.pt"下。

我们可以直接运行 train.py 开始训练，然后就会看到训练时的评价指标变化，随着迭代的进行，也会在 runs/下面看到训练模型及各评价指标的上升情况。在控制台输入"tensorboard --logdir=runs"会显示网址，进去会看到训练可视化效果图，如图 8-9-9 和图 8-9-10 所示。演示一下如何训练自己的数据集，因为效果无法直接应用部署落地，所以，我们来看看效果，以及后续的优化策略。

可以看到，mAP 接近 100%，精度（precision）接近 80%，召回率（recall）接近 100%，这是很好的效果。另外，训练损失和验证损失都很低。大家可以根据 tensorboard 判断模型是否拟合，或者判断模型是否过拟合等，然后进行相应的修改，以达到更好的效果。

模型评估：本项目训练 300 轮，在验证集上 300 轮后 mAP 为 91%左右，如图 8-9-9(a)所示。在 IoU 阈值为 0.5～0.95、步长为 0.05 的区间计算平均精度的均值，即"mAP@0.5:0.95"，如图 8-9-10(c)所示，可见在 300 轮训练之后的 mAP 表现还是非常不错的。

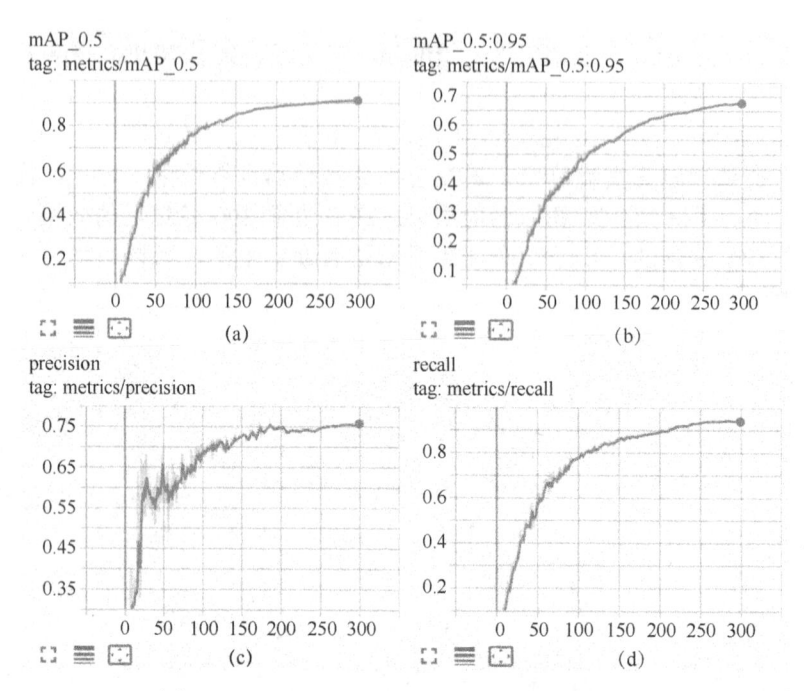

图 8-9-9  mAP、precision、recall 精度变化过程

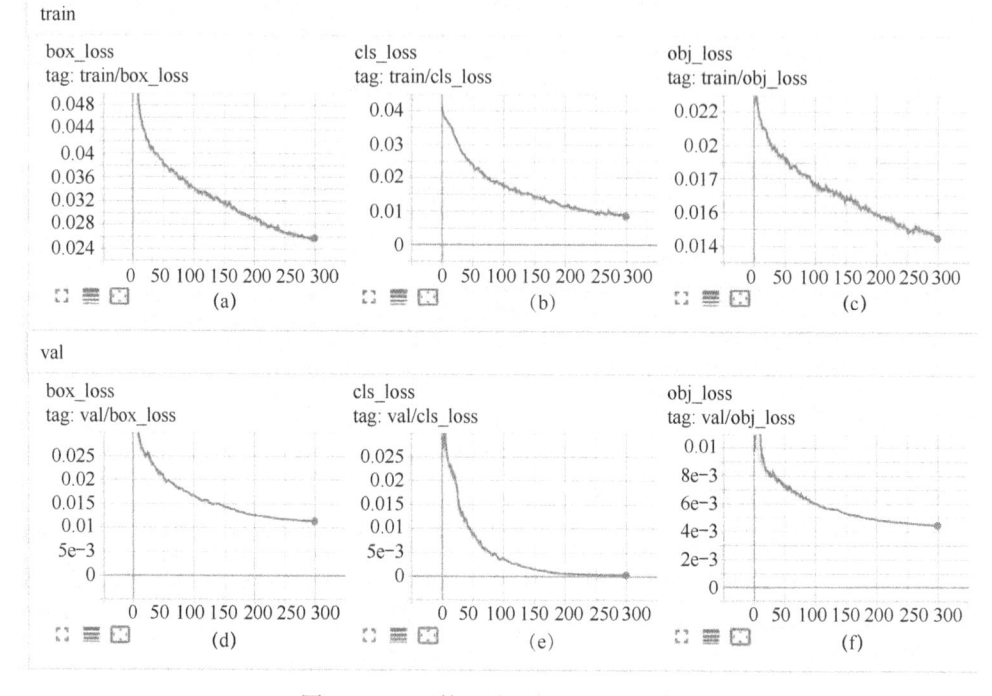

图 8-9-10  训练和验证集 loss 降低过程

## 8.9.4 模型优化部分

**1．数据增强**

如果遇到检测效果良好、置信度较低的情况，则需要为模型做数据增强。数据增强是指以人工方法将有限的数据集扩展，如用生成对抗网络（GAN）生成数据或使用掩码贴图算法增强大量数据。

**2．使用空标签**

将大量无相关特征的数据图像标注为空（labels 中的 txt 为空），使用空 labels 会稍微带来一些泛化，我们可以使用大量的实际场景做空 labels。大家可以实际测试一下，评价指标可能会上升一些。在这个工具检测项目中，数据量比较少，实际需要使用 10 万幅以上。那么使用空 labels 的方案值得一试。

速度上的优化，除在 detect.py 中修改 img-size 以设置不使用 argument 的方式外，还可以使用 TensorRT 或者 OpenVINO 加速（建议 CPU 设备使用）。另外，在真正部署应用中，可以使用模型剪枝、知识蒸馏、量化等方式加速。

在模型推理过程中，项目速度并没有原始版本速度那么优秀，可能因素有不少，欢迎读者探讨交流。

# 第 9 章

# YOLOv4 目标检测方法

**目标**

YOLO 系列目标检测方法中最经典的版本是 YOLOv3。但是时代总是进步的，没人能够阻挡历史的车轮。同样，目标检测方法也在不断升级。YOLOv4 是一种比较新的目标检测方法，是目标检测方法的集大成者。YOLOv4 把近几年的目标检测算法的很多技巧综合到了一起。

## 9.1 YOLOv4 目标检测创新路径及技巧体系

本节作为本章的指导小节，先厘清 YOLOv4 的创新脉络。由于 YOLOv4 的技巧很多，所以，为了避免信息过载，本节先不讲解每个技巧的细节，而是先总体后部分地讲解，最后对每个部分的细节逐一讲解。

### 9.1.1 速度与精度双提升

比较一下 YOLOv4 与近几年的其他目标检测算法。YOLOv4 的运行速度比 EfficientDet 快两倍，并且性能相当；相比于 YOLOv3，AP 和 FPS 分别提高了 10% 和 12%，实现了精度和速度的双提升。

### 9.1.2 YOLOv4 技巧汇总

首先看一下目前在哪些方面存在可以提升目标检测效果的技巧。

（1）在激活函数方面：选择有效的激活函数，如 ReLU、leaky-ReLU、

parametric-ReLU、ReLU6、SELU、Swish 或者 Mish；YOLOv4 选择的激活函数是 Mish。

（2）在 Bbox 回归损失函数方面：选择比较合理的损失函数也是一种技巧，目前目标检测常用的 Bbox 回归损失函数有 MSE 损失函数、I-oU 损失函数、G-IoU 损失函数、C-IoU 损失函数、D-IoU 损失函数。

（3）在数据增强方面：有 CutOut、MixUp、CutMix 等技巧。

正则化方法：DropOut、DropPath、Spatial DropOut、DropBlock。

标准化方法：Batch Normalization（BN）、Cross-GPU Batch Normalization（CGBN 或 SyncBN）、Filter Response Normalization（FRN）、Cross-Iteration Batch Normalization（CBN）。

YOLOv4 正是围绕上面几个方面，在 YOLOv3 的基础上改进而成的。

下面来看 YOLOv4 具体是如何改进的。

在目标检测网络中主要有两部分：一部分是主干网络，另一部分是用于检测的部分。

用比喻来形容 YOLOv4 的一些技巧。"赠品"的意思是并不增加时间和空间的消耗，相当于免费获得的。"特价品"的意思是稍稍增加时间和空间消耗。下面是 YOLOv4 使用的技巧。

（1）用于主干网络的赠品（Bag of Freebies）：CutMix 和 Mosaic 数据增强、DropBlock 正则化、标签平滑（Label Smoothing）。

（2）用于主干网络的特价品（Bag of Specials）：Mish 激活、跨阶段部分连接（CSPNET）、多输入加权残差连接（MIWRC）。

（3）用于检测端的赠品：C-IoU 损失、CMBN、DropBlock 正则化、Mosaic 数据增强、自对抗训练、去边框敏感性、多 anchor 回归（之前都选最大的得分，借鉴 SSD 多锚框回归方法）、余弦退火学习率调整，使用遗传算法最优化超参，随机输入大小。

（4）用于检测端的特价品：Mish 激活、SPP-block、SAM-block、PAN 通道融合、DIoU-NMS。

对于深度网络，残差连接是重要的保障技巧。YOLOv3 中有不同层之间的串接，如多级检测。YOLOv4 也用到了这种思想：跨阶段部分连接（CSPNET）。数据增强和正则化是最常见的技巧。激活函数损失、函数等技巧自然少不了。下面展开讲解 YOLOv4 的各技巧。

1. 数据增强

YOLOv4 采取的是 CutMix 数据增强技术和 Mosaic 数据增强技术。

基于深度学习的目标检测原理与应用

　　CutMix 数据增强技术在 CutOut 技术基础上在遮挡的部分添加其他图像。CutOut 技术将一个小块区域像素设置为 0，目的是模拟遮挡，让网络学习到图像上下文语义信息。CutMix 将小块部分用其他图像补充，如图 9-1-1 所示，可见 CutMix 一次只能融合 2 幅图像，而 Mosaic 一次可以融合 4 幅图像，如图 9-1-2 所示。

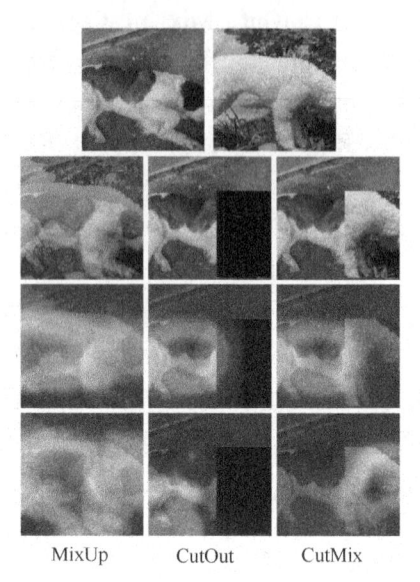

图 9-1-1　CutOut 数据增强与 CutMix 数据增强

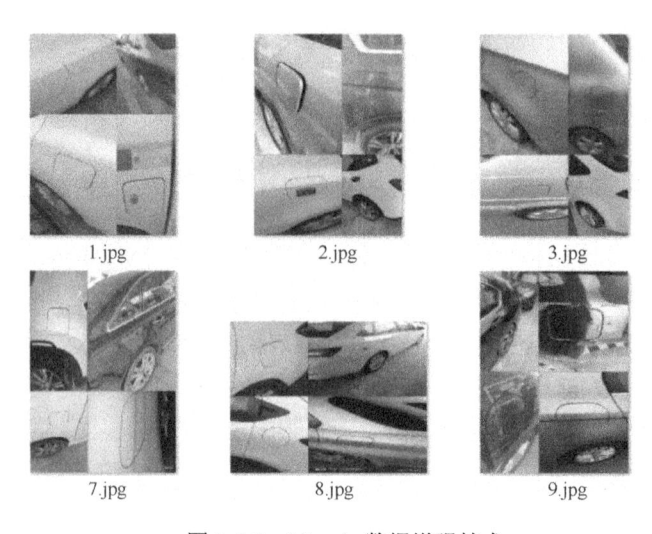

图 9-1-2　Mosaic 数据增强技术

Mosaic 数据增强技术与 CutMix 有一定的相似性，都是融合图像。不同的是，Mosaic 数据增强技术先读取 4 幅图像，然后对每幅图像进行翻转缩放、色域变换等操作，再按 4 个方位摆放好，融合成一幅新的图像；而 Mosaic 数据增强技术充分挖掘现有图像，提升数据的分布。

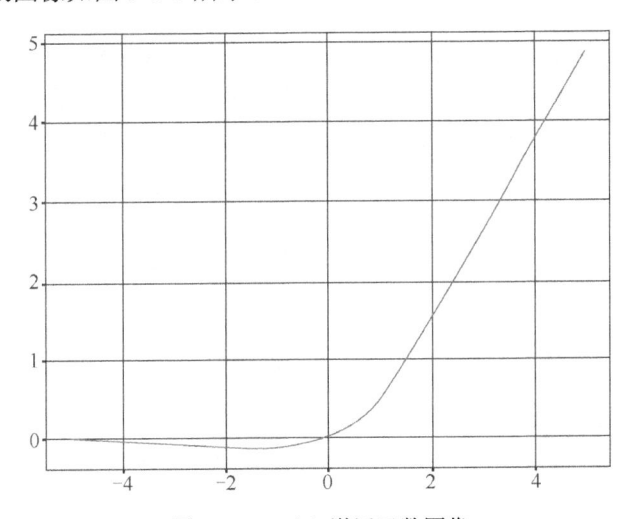

### 2．Mish 激活函数

Mish 激活函数是一种新的激活函数。Mish 激活函数在 $x$ 轴的负半轴有所改变。Mish 激活函数在很多场景都很出色，如分类检测，并且能够很好地避免梯度消失。Mish 激活函数图像如图 9-1-3 所示。

图 9-1-3　Mish 激活函数图像

### 3．批标准化

批标准化是很多神经网络的标配，YOLOv4 也有批标准化，即使用改进的批标准化——CmBN。详细介绍参见 9.5 节。

### 4．CSPNet

Cross Stage Partial Networks（CSPNet）从网络结构设计的角度来解决以往在推理过程中需要很大计算量的问题。

CSPNet 通过将梯度的变化从头到尾地集成到特征图中，在减少计算量的同时可以保证准确率。CSPNet 是一种处理的思想，可以和 ResNet、ResNeXt、DenseNet 结合。CSPNet 的做法是将基础层（Base Layer）的特征分为两部分，一部分（Part

2）通过 $n$ 层模块组，另一部分（Part 1）不通过，然后将两部分合并（Partial Transition），如图 9-1-4 所示。由于只有一半的特征通道要经过 Res(X)模块，所以，不需要再引入瓶颈层（Bottleneck Layer），这使得浮点运算操作（FLOPs）时内存访问成本（MAC）的理论下限是一定的。

还有一个好处是将不同阶段的特征结合起来。将 Part 1 与 Part 2 阶段的特征融合起来，因为这两个阶段学到的特征是不一样的，这样可以保证特征多样性。

(a) ResNe(X)t

(b) CSPResNe(X)t

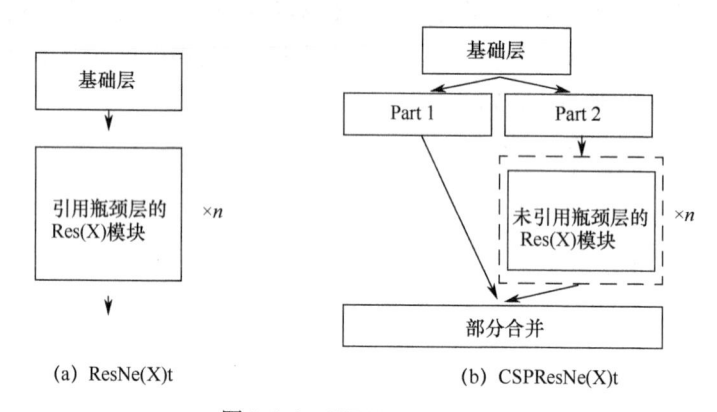

图 9-1-4 CSPNet+ResNeXt

### 5．主干网

检测模型需要具备以下特性。

（1）更高的输入分辨率，为了更好地检测小目标。

（2）更多的层，为了具有更大的视野。

（3）更少的参数，为了模型能同时检测大小不同的目标。

概括起来就是——选择具有更大视野、更多参数的模型作为 Backbone。

从表 9-1-1 可以清晰看到，CSPResNeXt50 的感受野只有 425×425，参数只有 20.6M。而 CSPDarknet-53 的感受野为 725×725，参数有 27.6M。相比较而言，CSPDarknet-53 不仅感受野更大，而且参数更多。EfficientNet-B3 的感受野是 1311×1311，但是参数只有 12.0M，所以选用 CSPDarknet-53。

表 9-1-1　CSP 结合网络对比

| 主干网模型 | 输入网络 | 感受野大小 | 参数 | 平均输出层大小（W×H×C） | BFLOPs（网络分辨率为512x512） | FPS（GPU RTX 2070） |
|---|---|---|---|---|---|---|
| CSPResNeXt-50 | 512×512 | 425×425 | 20.6M | 1058K | 31 (15.5 FMA) | 62 |
| CSPDarknet-53 | 512×512 | 725×725 | **27.6M** | 950K | 52 (26.0 FMA) | **66** |
| EfficientNet-B3 | 512×512 | **1311×1311** | 12.0M | 668K | 11 (5.5 FMA) | 26 |

## 第 9 章 YOLOv4 目标检测方法

**6．YOLOv4 整体架构**

综上所述，YOLOv4 的网络架构很清晰，包括以下几个部分。
- Backbone：CSPDarknet-53。
- Neck：SPP、SAM、PAN。
- Head：YOLOv3。

下面介绍 Neck 部分。

1）空间金字塔模块

空间金字塔池化（Spatial Pyramid Pooling，SPP）能够显著改善感受野大小，并且计算速度没有明显下降，这个模块结构在 R-CNN 系列中已讲解过。

2）空间注意力机制（SAM）

注意力机制在 YOLOv4 中进行了改进，如图 9-1-5 所示。把空间注意力改成逐点注意力，这样可以保持输入和输出的大小。

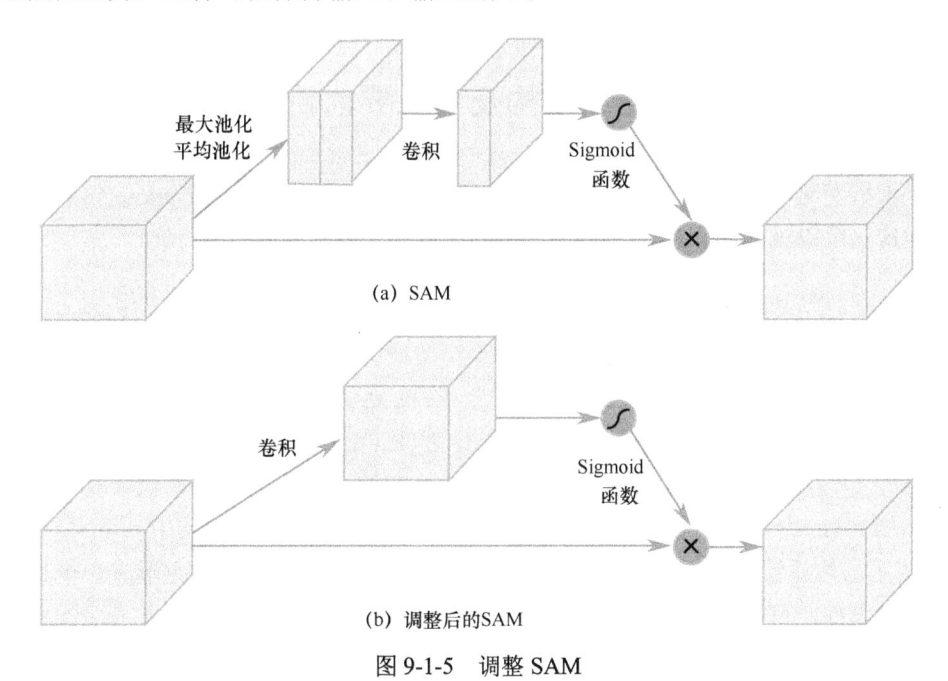

图 9-1-5 调整 SAM

3）路径增强网络（PAN）

路径增强网络可以实现多种特质的融合，当然这里也做改进，如图 9-1-6 所示，把原来的特征相加，变成拼接（Concatenation）。

(a) PAN　　　　　　(b) 调整后的PAN

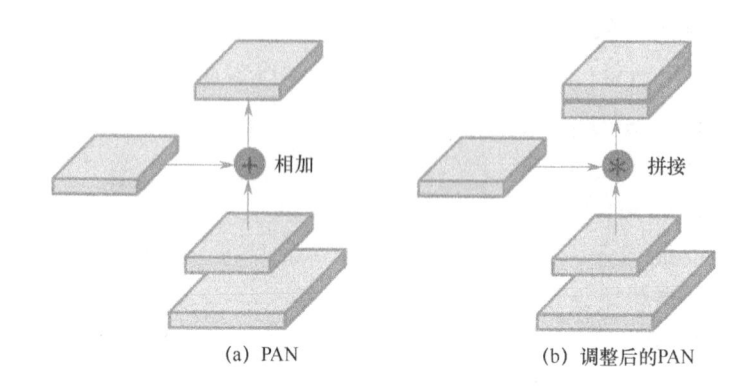

图 9-1-6　修改 PAN

上面每个技巧都对应一篇论文，学习 YOLOv4 是把近来目标检测的很多方法系统学一遍的一个契机。

## 9.2　YOLOv4 大型网络架构及其主要创新改进

大型网络架构我们已经不陌生，从 ResNet152 到 YOLOv3 的 Darknet53 的 106 层架构，可以说网络层次越来越深。YOLOv4 有 162 层架构。

### 9.2.1　空间金字塔结构

YOLOv4 融合空间金字塔结构，SPP（空间金字塔池化）的 YOLOv3 比标准 YOLOv3 在检测小物体时更有优势。因此，YOLOv4 重新启用，不再使用基于特征图的 FPN，如图 9-2-1 所示。SPP 应用一个空间金字塔池化层替代最后的池化层（在最后的卷积层之后），其特征图在空间上分成 $m \times m$ 个 bin，其中 $m$ 可以为 1、2、4 等。然后针对每个通道，为每个 bin 应用一次最大池化，这会形成一个长度固定的表征，可以使用 FC 层对该表征进行进一步分析。例如，如果最后卷积层输出特征为 16×16，则对应 1、2、4，对应需要 16/16=1、16/8=2、16/4=4 这样的操作。因为池化尺度看起来像金字塔，所以，称为空间金字塔池化，得到不同尺寸的池化结果后再使用 Flatten 操作展平，然后拼接进入下一层。

在 YOLO 中使用的 SPP 是经过修改的，以保留输出的空间尺寸大小。另外，把大小为 1×1、5×5、9×9、13×13 等的滑动核（Sliding Kernel）应用最大池化，空间尺寸大小得以保留，然后将来自不同核大小的特征图连接起来作为输出，如图 9-2-1 所示。

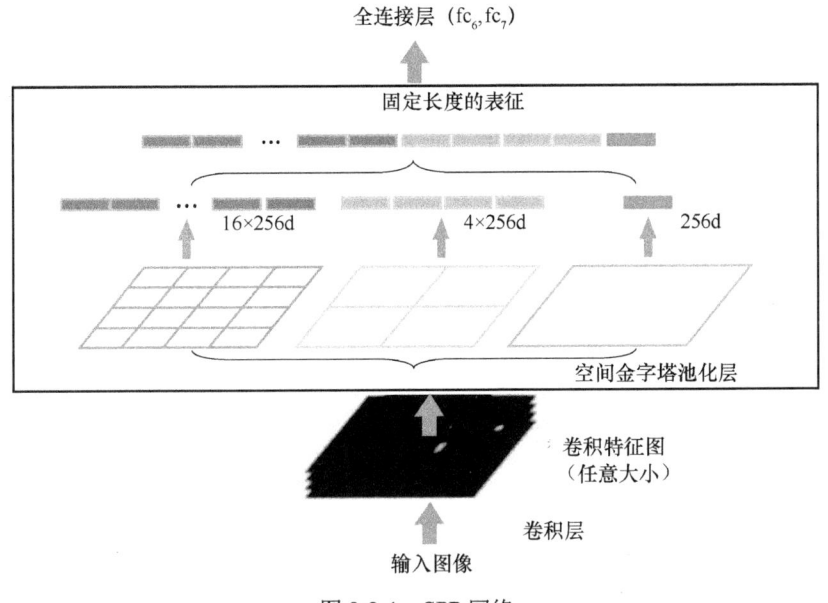

图 9-2-1　SPP 网络

## 9.2.2　路径增强网络

PAN 是用来做实例分割的。PAN 可看作 Mask R-CNN+，是在 Mask R-CNN 基础上的改进。在深度神经网络中，浅层和深层检测到的特征是不一样的，浅层检测到的是定位信息，深层检测到的是语义信息。PAN 很好地把浅层和深层特征结合起来。

为了增强定位信息，使用浅层特征，如图 9-2-2 所示。

PAN 由 5 部分组成，首先是 YOLOv3 中使用的 FPN，通过自上而下的路径来提取语义丰富的特征，并将其与精确的定位信息结合起来，如图 9-2-2(a)所示。其次是使用 PAN 自下向上的路径，如图 9-2-2(b)所示；FPN 采用的是自顶向底的路径，同时在底层和顶层之间增加一个"short-cut"，如图 9-2-2(a)与图 9-2-2(b)中虚线所示，通过此方法可跳过连接层，以缩短层之间的路径。再次，经过自适应池化层，如图 9-2-2(c)所示，自适应池化层的作用是聚合不同层之间特征，保证多样性和完整性。图 9-2-2(d)所示为带有 PAN 的边框预测头，将自适应特征池化层压缩成一维特征向量进行融合，达成对框及类别的预测。最后，运用全连接层，用于遮挡预测。

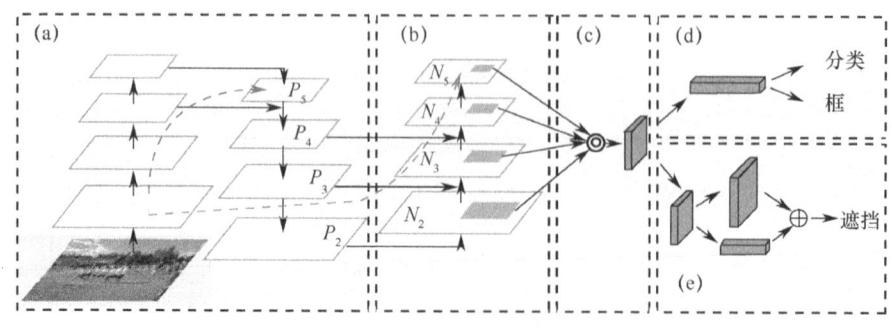

图 9-2-2 PAN 介绍

### 9.2.3 使用 YOLOv4 的网络详情

表 9-2-1 所示为 YOLOv4 的整个架构，总共 162 层，从 0 层到 161 层。

表 9-2-1 YOLOv4 的整体架构

| 序号 | 层 | 过滤 | 大小 | 输入 | 输出 | 说明 |
|---|---|---|---|---|---|---|
| 0 | conv | 32 | 3×3/1 | 608×608×3 | 608×608×32 | — |
| 1 | conv | 64 | 3×3/2 | 608×608×32 | 304×304×64 | 2 倍下采样 |
| 2 | conv | 64 | 1×1/1 | 304×304×64 | 304×304×64 | 通道不降维，增加非线性变换 |
| 3 | route | | 1 | | 304×304×64 | 复制 1 层的特征图，走 Darknet 模块 |
| 4 | conv | 64 | 1×1/1 | 304×304×64 | 304×304×64 | 通道不降维，增加非线性变换 |
| 5 | conv | 32 | 1×1/1 | 304×304×64 | 304×304×32 | 1×block（对应 v3 的 1×1、3×3，残余连接） |
| 6 | conv | 64 | 3×3/1 | 304×304×32 | 304×304×64 | |
| 7 | shortcut | | 4 | 4 层加 6 层，残余连接 | | |
| 8 | conv | 64 | 1×1/1 | 304×304×64 | 304×304×64 | 通道不降维 |
| 9 | route | | 8 2 | | 304×304×128 | 8 层和 2 层拼接完成第 1 次 csp |
| 10 | conv | 64 | 1×1/1 | 304×304×128 | 304×304×64 | Darknet 模块间的下采样层，与 YOLOv3 略不同的是这里是 3 层，前后分别多 1×1，作用是增加非线性，10 层完成 csp 融合，12 层准备下一步 csp |
| 11 | conv | 128 | 3×3/2 | 304×304×64 | 152×152×128 | |
| 12 | conv | 64 | 1×1/1 | 152×152×128 | 152×152×64 | |
| 13 | route | | 11 | | — | 复制 11 层的特征，走 Darknet 模块 |
| 14 | conv | | 64 | | 1×1/1 | 152×152×128 |

# 第9章 YOLOv4目标检测方法

（续表）

| 序号 | 层 | 过滤 | 大小 | 输入 | 输出 | 说明 |
|---|---|---|---|---|---|---|
| 15 | conv | 64 | 1×1/1 | 152×152×64 | 152×152×64 | 2×block（对应YOLOv3的1×1、3×3，残余连接） |
| 16 | conv | 64 | 3×3/1 | 152×152×64 | 152×152×64 | |
| 17 | shortcut | | 14 | 残余连接 | | |
| 18 | conv | 64 | 1×1/1 | 152×152×64 | 152×152×64 | 2×block（对应YOLOv3的1×1、3×3，残余连接） |
| 19 | conv | 64 | 3×3/1 | 152×152×64 | 152×152×64 | |
| 20 | shortcut | | 17 | 残余连接 | | |
| 21 | conv | 64 | 1×1/1 | 152×152×64 | 152×152×64 | 通道不降维，增加非线性变换 |
| 22 | route | | 21 12 | | 152×152×128 | 21层和12层拼接完成第2次csp |
| 23 | conv | 128 | 1×1/1 | 152×152×128 | 152×152×128 | Darknet模块间的下采样层，与YOLOv3略不同的是这里是3层，前后分别多1×1，作用是增加非线性，23层完成csp融合，25层准备下一步csp |
| 24 | conv | 256 | 3×3/2 | 152×152×128 | 76×76×256 | |
| 25 | conv | 128 | 1×1/1 | 76×76×256 | 76×76×128 | |
| 26 | route | | 24 | | 76×76×256 | 复制24层的特征，走Darknet模块 |
| 27 | conv | 256 | 1×1/1 | 76×76×256 | 76×76×128 | 增加非线性变换，接上一步csp结果 |
| 28 | conv | 128 | 1×1/1 | 76×76×128 | 76×76×128 | 8×block（对应YOLOv3的1×1、3×3，残余连接） |
| 29 | conv | 128 | 3×3/1 | 76×76×128 | 76×76×128 | |
| 30 | shortcut | | 27 | 残余连接 | | |
| 31 | conv | 128 | 1×1/1 | 76×76×128 | 76×76×128 | |
| 32 | conv | 128 | 3×3/1 | 76×76×128 | 76×76×128 | |
| 33 | shortcut | | 30 | 残余连接 | | |
| 34 | conv | 128 | 1×1/1 | 76×76×128 | 76×76×128 | |
| 35 | conv | 128 | 3×3/1 | 76×76×128 | 76×76×128 | |
| 36 | shortcut | | 33 | 残余连接 | | |
| 37 | conv | 128 | 1×1/1 | 76×76×128 | 76×76×128 | |
| 38 | conv | 128 | 3×3/1 | 76×76×128 | 76×76×128 | |
| 39 | shortcut | | 36 | 残余连接 | | |
| 40 | conv | 128 | 1×1/1 | 76×76×128 | 76×76×128 | |
| 41 | conv | 128 | 3×3/1 | 76×76×128 | 76×76×128 | |
| 42 | shortcut | | 39 | 残余连接 | | |
| 43 | conv | 128 | 1×1/1 | 76×76×128 | 76×76×128 | |
| 44 | conv | 128 | 3×3/1 | 76×76×128 | 76×76×128 | |
| 45 | shortcut | | 42 | 残余连接 | | |
| 46 | conv | 128 | 1×1/1 | 76×76×128 | 76×76×128 | |

（续表）

| 序号 | 层 | 过滤 | 大小 | 输入 | 输出 | 说明 |
| --- | --- | --- | --- | --- | --- | --- |
| 47 | conv | 128 | 3×3/1 | 76×76×128 | 76×76×128 | 8×block（对应YOLOv3的1×1、3×3，残余连接） |
| 48 | shortcut | | | 45 残余连接 | | |
| 49 | conv | 128 | 1×1/1 | 76×76×128 | 76×76×128 | |
| 50 | conv | 128 | 3×3/1 | 76×76×128 | 76×76×128 | |
| 51 | shortcut | | | 48 残余连接 | | |
| 52 | conv | 128 | 1×1/1 | 76×76×128 | 76×76×128 | 通道不降维，增加非线性变换 |
| 53 | route | | 52 25 | | 76×76×256 | 52层和25层拼接，完成第3次csp |
| 54 | conv | 256 | 1×1/1 | 76×76×256 | 76×76×256 | Darknet模块间的下采样层，与YOLOv3略不同的是这里是3层，前后分别多1×1，作用是增加非线性，54层完成csp融合，56层准备下一步csp |
| 55 | conv | 512 | 3×3/2 | 76×76×256 | 38×38×512 | |
| 56 | conv | 256 | 1×1/1 | 38×38×512 | 38×38×256 | |
| 57 | route | | 55 | | 38×38×256 | 复制55层的特征，走Darknet模块 |
| 58 | conv | 256 | 1×1/1 | 38×38×256 | 38×38×256 | 增加非线性变换，接上一步csp结果 |
| 59 | conv | 256 | 1×1/1 | 38×38×256 | 38×38×256 | |
| 60 | conv | 256 | 3×3/1 | 38×38×256 | 38×38×256 | |
| 61 | shortcut | | | 58 残余连接 | | |
| 62 | conv | 256 | 1×1/1 | 38×38×256 | 38×38×256 | |
| 63 | conv | 256 | 3×3/1 | 38×38×256 | 38×38×256 | |
| 64 | shortcut | | | 61 残余连接 | | |
| 65 | conv | 256 | 1×1/1 | 38×38×256 | 38×38×256 | |
| 66 | conv | 256 | 3×3/1 | 38×38×256 | 38×38×256 | |
| 67 | shortcut | | | 64 残余连接 | | |
| 68 | conv | 256 | 1×1/1 | 38×38×256 | 38×38×256 | 8×block（对应YOLOv3的1×1、3×3，残余连接） |
| 69 | conv | 256 | 3×3/1 | 38×38×256 | 38×38×256 | |
| 70 | shortcut | | | 67 残余连接 | | |
| 71 | conv | 256 | 1×1/1 | 38×38×256 | 38×38×256 | |
| 72 | conv | 256 | 3×3/1 | 38×38×256 | 38×38×256 | |
| 73 | shortcut | | | 70 残余连接 | | |
| 74 | conv | 256 | 1×1/1 | 38×38×256 | 38×38×256 | |
| 75 | conv | 256 | 3×3/1 | 38×38×256 | 38×38×256 | |
| 76 | shortcut | | | 73 残余连接 | | |
| 77 | conv | 256 | 1×1/1 | 38×38×256 | 38×38×256 | |
| 78 | conv | 256 | 3×3/1 | 38×38×256 | 38×38×256 | |
| 79 | shortcut | | | 76 残余连接 | | |
| 80 | conv | 256 | 1×1/1 | 38×38×256 | 38×38×256 | |

# 第9章 YOLOv4目标检测方法

（续表）

| 序号 | 层 | 过滤 | 大小 | 输入 | 输出 | 说明 |
|---|---|---|---|---|---|---|
| 81 | conv | 256 | 3×3/1 | 38×38×256 | 38×38×256 | 8×block（对应YOLOv3的1×1、3×3，残余连接） |
| 82 | shortcut | | | 79 残余连接 | | |
| 83 | conv | 256 | 1×1/1 | 38×38×256 | 38×38×256 | 通道不降维，增加非线性变换 |
| 84 | route | | | 83 56 | 38×38×512 | 83层和56层拼接，完成第4次csp |
| 85 | conv | 512 | 1×1/1 | 38×38×512 | 38×38×512 | Darknet模块间的下采样层，与YOLOv3略不同的是这里是3层，前后分别多1×1，作用是增加非线性，85层完成csp融合，87层准备下一步csp |
| 86 | conv | 1024 | 3×3/2 | 38×38×512 | 19×19×1024 | |
| 87 | conv | 512 | 1×1/1 | 19×19×1024 | 19×19×512 | |
| 88 | route | | | 86 | 19×19×512 | 复制86层的特征，走Darknet模块 |
| 89 | conv | 512 | 1×1/1 | 19×19×512 | 19×19×512 | 增加非线性变换，接上一步csp结果 |
| 90 | conv | 512 | 1×1/1 | 19×19×512 | 19×19×512 | 4×block（对应YOLOv3的1×1、3×3，残余连接） |
| 91 | conv | 512 | 3×3/1 | 19×19×512 | 19×19×512 | |
| 92 | shortcut | | | 89 残余连接 | | |
| 93 | conv | 512 | 1×1/1 | 19×19×512 | 19×19×512 | |
| 94 | conv | 512 | 3×3/1 | 19×19×512 | 19×19×512 | |
| 95 | shortcut | | | 92 残余连接 | | |
| 96 | conv | 512 | 1×1/1 | 19×19×512 | 19×19×512 | |
| 97 | conv | 512 | 3×3/1 | 19×19×512 | 19×19×512 | |
| 98 | shortcut | | | 95 残余连接 | | |
| 99 | conv | 512 | 1×1/1 | 19×19×512 | 19×19×512 | |
| 100 | conv | 512 | 3×3/1 | 19×19×512 | 19×19×512 | |
| 101 | shortcut | | | 98 残余连接 | | |
| 102 | conv | 512 | 1×1/1 | 19×19×512 | 19×19×512 | 通道不降维，增加非线性变换 |
| 103 | route | | | 102 87 | 19×19×1024 | 102层和87层拼接，完成第5次csp |
| 104 | conv | 1024 | 1×1/1 | 19×19×1024 | 19×19×1024 | 104层完成csp融合 |
| 105 | conv | 512 | 1×1/1 | 19×19×1024 | 19×19×512 | 通道降维 |
| 106 | conv | 1024 | 3×3/1 | 19×19×512 | 19×19×1024 | 通道升维 |
| 107 | conv | 512 | 1×1/1 | 19×19×1024 | 19×19×512 | 通道降维 |
| 108 | max | — | 5×5/1 | 19×19×512 | 19×19×512 | 对107层进行5×5最大池化 |
| 109 | route | | | 107 | 19×19×512 | 复制107层的特征，为下一尺度池化做准备 |
| 110 | max | — | 9×9/1 | 19×19×512 | 19×19×512 | 对107层进行9×9最大池化（SPP） |
| 111 | route | | | 107 | 19×19×512 | 复制107层的特征，为下一尺度池化做准备 |

**基于深度学习的目标检测原理与应用**

(续表)

| 序号 | 层 | 过滤 | 大小 | 输入 | 输出 | 说明 |
|---|---|---|---|---|---|---|
| 112 | max | — | 13×13/1 | 19×19×512 | 19×19×512 | 对107层进行13×13最大池化 |
| 113 | route | | 112 110 108 107 | | 19×19×2048 | 拼接112层、110层、108层、107层,完成SPP |
| 114 | conv | 512 | 1×1/1 | 19×19×2048 | 19×19×512 | 通道降维 |
| 115 | conv | 1024 | 3×3/1 | 19×19×512 | 19×19×1024 | 通道升维 |
| 116 | conv | 512 | 1×1/1 | 19×19×1024 | 19×19×512 | 通道降维 |
| 117 | conv | 256 | 1×1/1 | 19×19×512 | 19×19×256 | 通道降维 |
| 118 | upsample | — | *2 | 19×19×256 | 38×38×256 | 2倍上采样(PAN) |
| 119 | route | | 85 | | 38×38×512 | 复制85层的特征,走PAN |
| 120 | conv | 256 | 1×1/1 | 38×38×512 | 38×38×256 | 对119层降维 |
| 121 | route | | 120 118 | | 38×38×512 | 拼接120层、118层(融合85层复制层和上采样) |
| 122 | conv | 256 | 1×1/1 | 38×38×512 | 38×38×256 | PAN部分,5个卷积 |
| 123 | conv | 512 | 3×3/1 | 38×38×256 | 38×38×512 | |
| 124 | conv | 256 | 1×1/1 | 38×38×512 | 38×38×256 | |
| 125 | conv | 512 | 3×3/1 | 38×38×256 | 38×38×512 | |
| 126 | conv | 256 | 1×1/1 | 38×38×512 | 38×38×256 | |
| 127 | conv | 128 | 1×1/1 | 38×38×256 | 38×38×128 | 通道降维 |
| 128 | upsample | | *2 | 38×38×128 | 76×76×128 | 2倍上采样(PAN) |
| 129 | route | | 54 | | 76×76×256 | 复制54层的特征,走PAN |
| 130 | conv | 128 | 1×1/1 | 76×76×256 | 76×76×128 | 复制54层的特征,通道降维 |
| 131 | route | | 130 128 | | 76×76×256 | 拼接130层、128层(融合54层复制层和上采样) |
| 132 | conv | 128 | 1×1/1 | 76×76×256 | 76×76×128 | 接1×1和3×3卷积,交替3次共5层(如果算上137层,则是6层) |
| 133 | conv | 256 | 3×3/1 | 76×76×128 | 76×76×256 | |
| 134 | conv | 128 | 1×1/1 | 76×76×256 | 76×76×128 | |
| 135 | conv | 256 | 3×3/1 | 76×76×128 | 76×76×256 | |
| 136 | conv | 128 | 1×1/1 | 76×76×256 | 76×76×128 | |
| 137 | conv | 256 | 3×3/1 | 76×76×128 | 76×76×256 | 通道降维 |
| 138 | conv | 255 | 1×1/1 | 76×76×256 | 76×76×255 | 输出255维特征 |
| 139 | detection | — | — | — | — | 检测层,一级检测(76×76特征粒度检测) |
| 140 | route | | 136 | | 76×76×128 | 复制136层的特征 |
| 141 | conv | 256 | 3×3/2 | 76×76×128 | 38×38×256 | 2倍下采样,二级检测 |
| 142 | route | | 141 126 | | 38×38×512 | 拼接141层和126层的PAN部分 |

（续表）

| 序号 | 层 | 过滤 | 大小 | 输入 | 输出 | 说明 |
|---|---|---|---|---|---|---|
| 143 | conv | 256 | 1×1/1 | 38×38×512 | 38×38×256 | 接 1×1 和 3×3 卷积，交替 3 次共 5 层（如果算上 148 层，则是 6 层） |
| 144 | conv | 512 | 3×3/1 | 38×38×256 | 38×38×512 | |
| 145 | conv | 256 | 1×1/1 | 38×38×512 | 38×38×256 | |
| 146 | conv | 512 | 3×3/1 | 38×38×256 | 38×38×512 | |
| 147 | conv | 256 | 1×1/1 | 38×38×512 | 38×38×256 | |
| 148 | conv | 512 | 3×3/1 | 38×38×256 | 38×38×512 | 通道降维 |
| 149 | conv | 255 | 1×1/1 | 38×38×512 | 38×38×255 | 输出 255 维特征 |
| 150 | detection | — | — | — | — | 检测层，二级检测（38×38 特征粒度检测） |
| 151 | route | | 147 | | 38×38×256 | 复制 147 层的特征（conv×5） |
| 152 | conv | 512 | 3×3/2 | 38×38×256 | 19×19×512 | 2 倍下采样，三级检测 |
| 153 | route | | 152 116 | | — | 拼接 152 层和 116 层 |
| 154 | conv | 512 | 1×1/1 | 19×19×1024 | 19×19×512 | |
| 155 | conv | 1024 | 3×3/1 | 19×19×512 | 19×19×1024 | Darknet-53 去掉全连接后，接 1×1 和 3×3 卷积，交替 3 次共 5 层（如果算上 159 层，则是 6 层） |
| 156 | conv | 512 | 1×1/1 | 19×19×1024 | 19×19×512 | |
| 157 | conv | 1024 | 3×3/1 | 19×19×512 | 19×19×1024 | |
| 158 | conv | 512 | 1×1/1 | 19×19×1024 | 19×19×512 | |
| 159 | conv | 1024 | 3×3/1 | 19×19×512 | 19×19×1024 | 通道降维 |
| 160 | conv | 255 | 1×1/1 | 19×19×1024 | 19×19×255 | 输出 255 维特征 |
| 161 | detection | — | — | — | — | 三级检测（19×19 特征粒度检测） |

整个表概括起来，首先输入层卷积，然后下采样卷积（stride=2 的卷积），分成两部分，一部分经过 1×1 卷积变换一次对应表 9-2-1 的 2 层，另一部分再经过 route 进入 Darknet 下模块（对应 3 层的 route），如图 9-2-3 所示，原图比较长，这里只截取了一部分。input 为输入张量，convolutional 为卷积层，可以看出 route 和另一个分支是在下采样 2 层后开始"分道扬镳"的。它们下次汇合是在下一次下采样，这是加入 CSP 后 Darknet-53 变化的地方。

在原来的 Darknet-53 中，Darknet 模块分别是由 1、8、8、4 个小块组成的 5 个模块，每个模块之间有下采样，CSPDarknet-53 也是这样的结构，不同的是在下采样的地方，因为需要用到跨阶段连接 CSP，所以这里有变化。

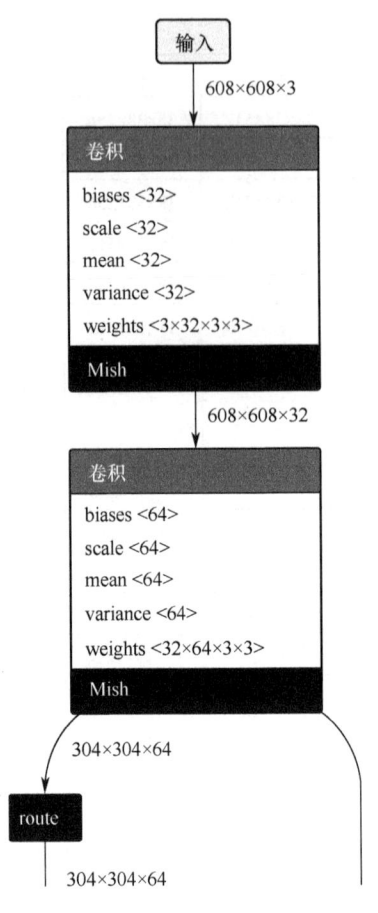

```
                    输入
                      │
                  608×608×3
                      ▼
              ┌─────────────────┐
              │      卷积        │
              ├─────────────────┤
              │  biases <32>    │
              │  scale <32>     │
              │  mean <32>      │
              │  variance <32>  │
              │  weights <3×32×3×3> │
              ├─────────────────┤
              │     Mish        │
              └─────────────────┘
                      │
                  608×608×32
                      ▼
              ┌─────────────────┐
              │      卷积        │
              ├─────────────────┤
              │  biases <64>    │
              │  scale <64>     │
              │  mean <64>      │
              │  variance <64>  │
              │  weights <32×64×3×3> │
              ├─────────────────┤
              │     Mish        │
              └─────────────────┘
                      │
                  304×304×64
                      ▼
                  ┌───────┐
                  │ route │
                  └───────┘
                  304×304×64
```

资料来源：Cleek Geek Handbook 网站。

图 9-2-3　YOLOv4 结构图

## 9.2.4　CSPDarknet-53 网络

在 Darknet-53 中，每个大模块由多个卷积残余块（也称小块）构成。而残余块由 1×1 卷积、3×3 卷积残余连接构成的。在 CSPDarknet-53 中，大模块最后一个小块最后的 shortcut 层先接 1×1 卷积，然后和大模块开头的分开部分汇合，完成 CSP 的 route 层。再接 1×1 卷积非线性变换实现特征融合，融合后的特征经过 3×3 下采样卷积，其中，一部分经过 1×1 卷积，另一部分经过路由和 1×1 卷积进入下一个大模块（13 层复制 11 层的特征，就是这个逻辑）。

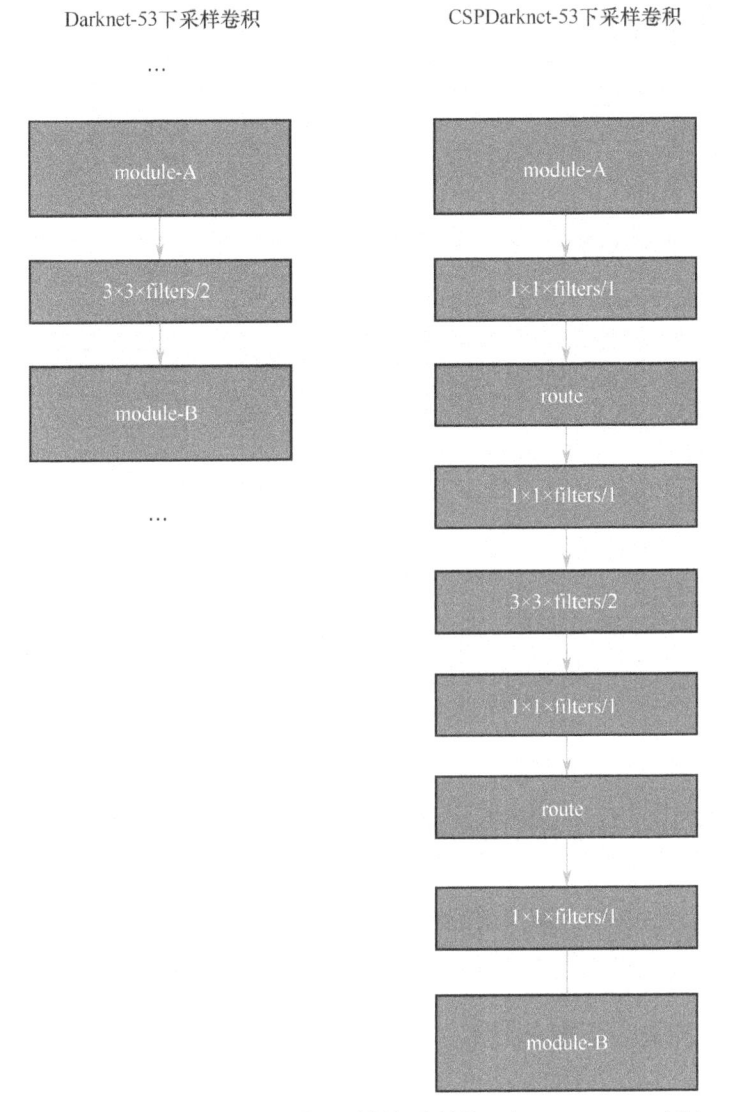

# 第 9 章 YOLOv4 目标检测方法

CSPDarknet-53 的下采样部分结构（与 Darknet-53 对比）如图 9-2-4 所示。

Darknet-53 下采样卷积

CSPDarknet-53 下采样卷积

...

```
module-A
   ↓
3×3×filters/2
   ↓
module-B
```

```
module-A
   ↓
1×1×filters/1
   ↓
route
   ↓
1×1×filters/1
   ↓
3×3×filters/2
   ↓
1×1×filters/1
   ↓
route
   ↓
1×1×filters/1
   ↓
module-B
```

...

图 9-2-4　CSPDarknet-53 的下采样部分结构（与 Darknet-53 对比）

## 9.2.5　YOLOv4 网络全景关系

YOLOv4 全景图如图 9-2-5 所示，可以看到整个结构中的 PAN 过程和 SPP 过程。注意，为了图像布局能清晰可视，图像尽量画紧凑些，因此 128 层"UpSampling"

有箭头向上，这里只能压缩。128 层流向 131 层对应图上 Concate（131+5=136）；136 层两个流向，一个 route 下采样，另一个用于检测层流向第一个 YOLO-head。通过该图，整个 YOLOv4 实现过程就一目了然。

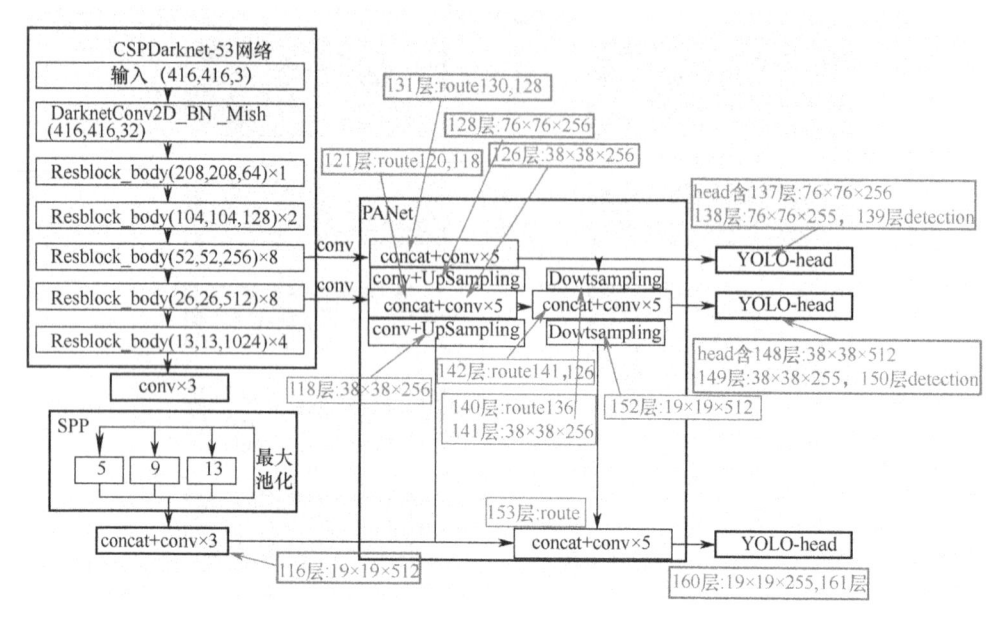

图 9-2-5　YOLOv4 全景图

## 9.3　YOLOv4 中的激活函数

在深度学习任务中，激活函数至关重要，好的激活函数不仅能避免梯度消失或者梯度爆炸，还能提高学习效率和模型精度。

### 9.3.1　各激活函数的比较

**1. ReLU 激活函数和 Swish 激活函数**

首先来看 ReLU 激活函数。ReLU 激活函数很简洁，在负半轴为 0，在正半轴为 $x$，表达式如式（9-1）所示，图像如图 9-3-1 所示。

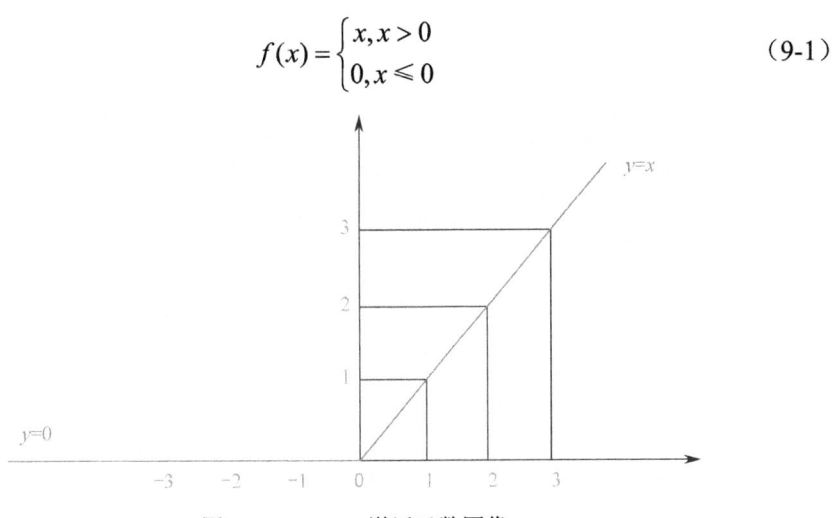

$$f(x)=\begin{cases}x, x>0\\0, x\leqslant 0\end{cases} \quad (9\text{-}1)$$

图 9-3-1　ReLU 激活函数图像

ReLU 激活函数没有饱和区可以避免梯度消失，而且便于计算。Swish 激活函数是谷歌研究人员在 2017 年提出的。Swish 激活函数实际上是 Sigmoid 的门控函数。表达式为式（9-2），式中，$\beta$ 是一个系数；图像如图 9-3-2 所示。

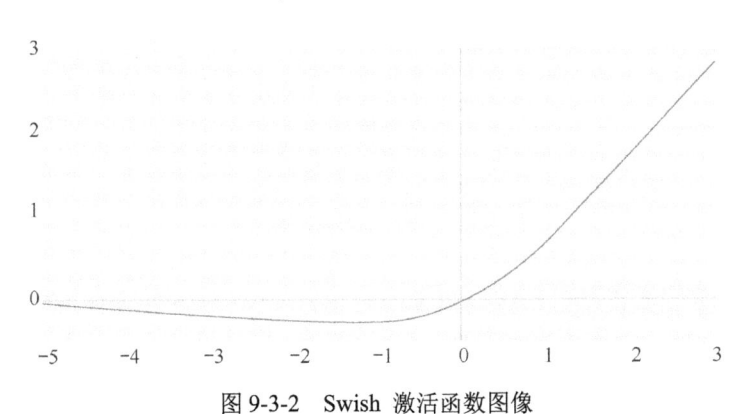

图 9-3-2　Swish 激活函数图像

$$f(x)=x\cdot\text{Sigmoid}(\beta x) \quad (9\text{-}2)$$

Swish 激活函数的优点有以下 3 点。
（1）在较深的网络中，Swish 比 ReLU 可获得更高的测试精度。
（2）对于任意批次大小，Swish 都优于 ReLU 激活函数。
（3）非单一性，对于 $x<0$，Swish 既不是全部递减，也不是全部递增。

## 2. Mish 激活函数

Mish 激活函数是 tanh 函数复合一个 softplus 激活函数,再乘以 $x$ 的一个函数,其表达式为

$$f(x) = x \cdot \tanh(\text{softplus}(x)) = x \cdot \tanh(\ln(1+e^x)) \qquad (9\text{-}3)$$

Mish 激活函数图像如图 9-3-3 所示。

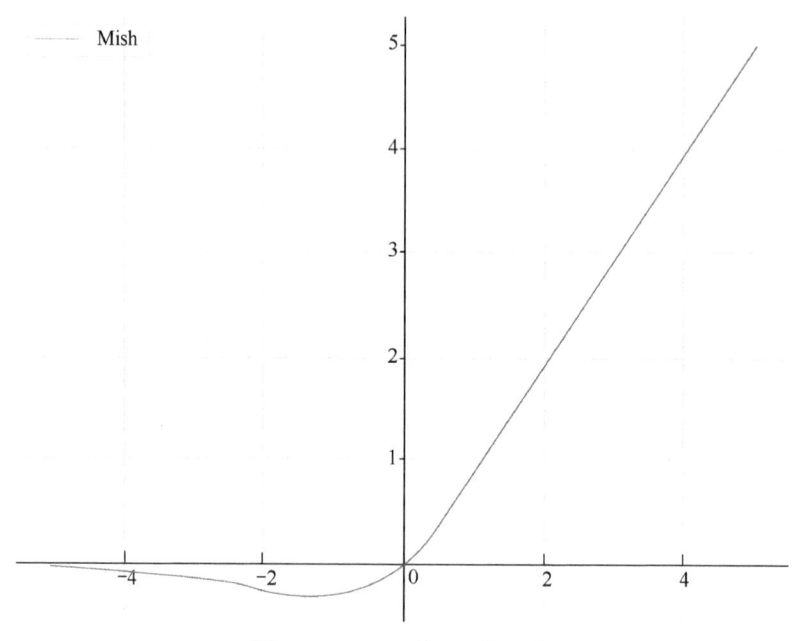

图 9-3-3　Mish 激活函数图像

Mish 激活函数图像的形状很像 Swish,是在 Swish 创新基础上的改进。虽然细节有稍微差异,但性能提高不少。Mish 激活函数有以下 3 个优点。

(1) 对任何激活函数来说,无界是理想的属性,因为它避免饱和,饱和通常会导致训练由于接近 0 的梯度而急剧减慢。

(2) 有下界限制是有利的,因为它会导致较强的正则化效果,并减少过拟合。

(3) ReLU 不是可微函数,并且在基于梯度优化中会引起一些问题,Mish 则不会。

图 9-3-4 所示为 Mish 激活函数与其他几个激活函数的比较。

随着层数增加,激活函数性能比较图如图 9-3-5 所示。

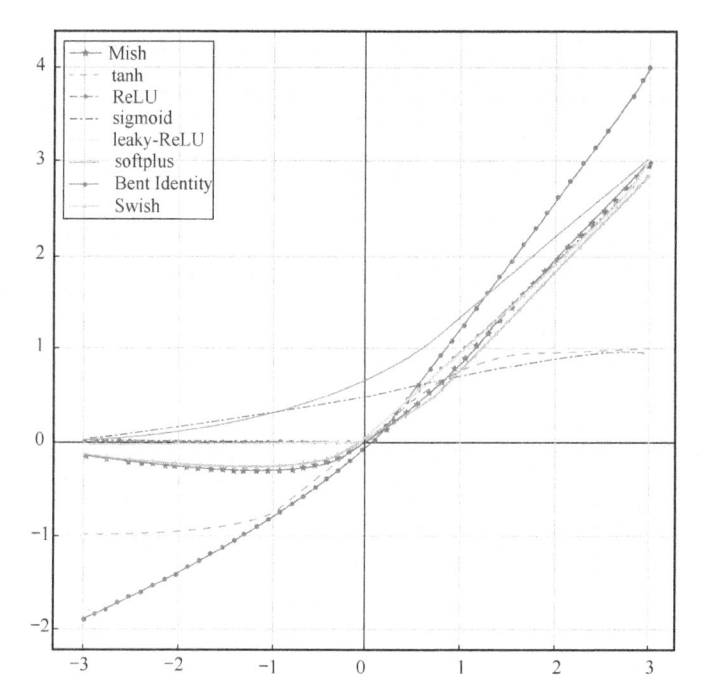

注：彩插页有对应彩色图片。

图 9-3-4　Mish 激活函数与其他几个激活函数的比较

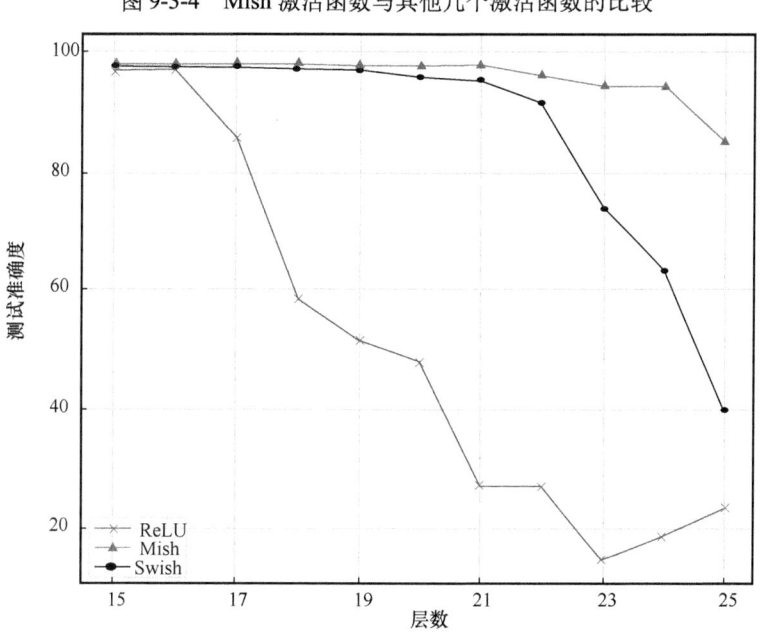

图 9-3-5　激活函数性能比较图

从 15 层增加到 25 层，ReLU 开始还能保持较好的性能，后面急剧下降。Swish 在 20 层左右也急剧下降。但是，Mish 函数即使下降，准确度也能保持在 80 以上。

### 9.3.2 keras 实现三种激活函数性能比较

keras 是深度学习中常见的工具之一，其书写简单、逻辑清晰，是用 Python 语言编写的高级神经网络 API。keras 能够以 TensorFlow、CNTK 或者 Theano 作为后端运行。keras 的开发重点是支持快速的实验，能够以最小的时延把你的想法转换为实验结果，是做好研究的关键。代码是在 Jupyter notebook 下运行的，方便演示。

代码前几行导入需要使用的各种依赖部分。ReLU 激活函数是 keras 自带的，不需要定义。Mish 和 Swish 定义才能使用，下面分别定义 Mish 类和 Swish 类，对应 Mish 激活函数和 Swish 激活函数。

自定激活函数类是通过继承 keras 的 engine 下 base_layer 的 Layer 类。需要重写 3 个方法，__init__ 方法是初始化方法，这个方法一般定义一些参数和传参。Mish 中用不到其他参数。这里只指定一个支持 masking，也就是在 call 方法中可以多传一个 mask 的参数。get_config 方法获取自定义类的信息。compute_output_shape 方法用于计算输出张量 shape。为了能让 keras 内部 shape 的匹配检查通过，这里需要重写 compute_output_shape 方法去覆盖父类中的同名方法，来保证输出 shape 是正确的。父类 Layer 中的 compute_output_shape 方法直接返回的是 input_shape，这明显是不对的，所以，需要重写这个方法。这个方法也是 4 个要实现的基本方法之一。

```
#第9章//9.3.2 keras 代码实现
from __future__ import division
from __future__ import print_function
import numpy as np
import keras
from keras.engine.base_layer import Layer
from keras import backend as K
from sklearn.model_selection import train_test_split
from keras.utils.generic_utils import get_custom_objects
from keras.datasets import mnist
from keras.optimizers import SGD
from keras.utils import np_utils
from keras import layers,models

class Mish(Layer):
    def __init__(self,**kwargs):
```

```
        super(Mish,self).__init__(**kwargs)
        self.supports_masking = True
    def call(self, inputs):
        return inputs * K.tanh*(K.softplus(inputs))
    def get_config(self):
        config = super(Mish,self).get_config()
        return config
    def compute_output_shape(self, input_shape):
        return input_shape

class Swish(Layer):
    def __init__(self,**kwargs):
        super(Swish,self).__init(**kwargs)
        self.supports_masking = True
    def call(self,inputs):
        return inputs * K.sigmoid(inputs)
    def get_config(self):
        config = super(Mish,self).get_config()
        return config
    def compute_output_shape(self, input_shape):
        return input_shape
```

自定义两个激活函数 Layer 类后，还需要把它们加到 keras 的激活函数中，代码如下。

```
get_custom_objects().update({"swish":layers.Activation(Swish())})
get_custom_objects().update({"mish":layers.Activation(Mish())})
```

get_custom_object()实现更新自定义对象。这里需要把激活函数加到 layers.Activation 中去，这样方便在模型中调用。

下面通过在 mnist 数据集上做分类来实现激活函数性能比较。首先，使用 get_model 的方法来创建分类模型。

```
#第9章//9.3.2 运用get model 创建分类模型
def get_model(activation):
    model = models.Sequential()
    model.add(layers.Conv2D(32,(3,3),input_shape=(28,28,1),
padding="same"))
    model.add(layers.Activation(activation))
    model.add(layers.Conv2D(32,(3,3),padding="same"))
    model.add(layers.Activation(activation))
    model.add(layers.Conv2D(32,(3,3),padding="same"))
    model.add(layers.Activation(activation))
model.add(layers.Conv2D(64,(3,3),padding="same"))
    model.add(layers.Activation(activation))
```

```
    model.add(layers.MaxPooling2D(pool_size=(2,2),strides=(2,2)))

    model.add(layers.Conv2D(64,(3,3),padding="same"))
    model.add(layers.Activation(activation))
    model.add(layers.Conv2D(64,(3,3),padding="same"))
    model.add(layers.Activation(activation))
    model.add(layers.Conv2D(64,(3,3),padding="same"))
    model.add(layers.Activation(activation))
    model.add(layers.Conv2D(64,(3,3),padding="same"))
    model.add(layers.Activation(activation))
    model.add(layers.Conv2D(128,(3,3),padding="same"))
    model.add(layers.Activation(activation))
    model.add(layers.MaxPooling2D(pool_size=(2,2),strides=(2,2)))

    model.add(layers.Flatten())
    model.add(layers.Dense(200))
    model.add(layers.Activation(activation))
    model.add(layers.Dense(200))
    model.add(layers.Activation(activation))
    model.add(layers.Dense(10,activation="softmax"))
    return model
```

其次，通过传入不同参数实现带有不同激活函数的模型："model=get_model('mish')"。再次，对模型编译，导入数据并训练。最后，对模型进行评估："model.evaluate (x_test, y_test, verbose=0)"。

由于篇幅限制，这里只给实现方法。每种激活函数只训练一种相同的模型。多层模型当作作业留给读者去实现。

```
#第9章//9.3.2 model 编译训练
model = get_model("mish")
model.compile(loss=keras.losses.categorical_crossentropy,
              optimizer=SGD(),
              metrics=["accuracy"])

model.fit(x_train[:6000],y_train[:6000],
          batch_size=64,
          epochs=10,
          verbose=1,
          validation_data=(x_test,y_test))

score = model.evaluate(x_test,y_test,verbose=0)
print("Test loss:",score[0])
print("Test accuracy:",score[1])
```

本次实现相同层数的模型，在 mnist 测试集上实现的准确率和损失函数如

表 9-3-1 所示。

表 9-3-1 激活函数比较

| 评估 | Mish 函数 | Swish 函数 | ReLU 函数 |
| --- | --- | --- | --- |
| 损失 | 0.085761 | 0.112018 | 0.1449 |
| 准确率 | 0.983 | 0.9767 | 0.9694 |

三个激活函数对应模型结构是一样的，传参不同激活函数不同。模型结构如表 9-3-2 所示。这里的 Activation 是对应的激活函数；None 对应 batch_size，因为张量中的 batch_size 是可以在模型训练中自由调整的超参。

表 9-3-2 模型结构

| 层（类型） | 输出大小 | 参数数量 |
| --- | --- | --- |
| conv2d_1 (Conv2D) | (None, 28, 28, 32) | 320 |
| activation_4 (Activation) | (None, 28, 28, 32) | 0 |
| conv2d_2 (Conv2d) | (None, 28, 28, 32) | 9248 |
| activation_5 (Activation) | (None, 28, 28, 32) | 0 |
| conv2d_3 (Conv2D) | (None, 28, 28, 64) | 18496 |
| activation_6 (Activation) | (None, 28, 28, 64) | 0 |
| max_pooling2d_1 (MaxPooling2) | (None, 14, 14, 64) | 0 |
| conv2d_4 (conv2d) | (None, 14, 14, 64) | 36928 |
| activation_7 (Activation) | (None, 14, 14, 64) | 0 |
| conv2d_5 (Conv2D) | (None, 14, 14, 64) | 36928 |
| activation_8 (Activation) | (None, 14, 14, 64) | 0 |
| conv2d_6 (Conv2D) | (None, 14, 14, 128) | 73856 |
| activation_9 (Activation) | (None, 14, 14, 128) | 0 |
| max_pooling2d_2 (MaxPooling2) | (None, 7, 7, 128) | 0 |
| flatten_1 (Flatten) | (None, 6272) | 0 |
| dense_1 (Dense) | (None, 200) | 1254600 |
| activation_10 (Activation) | (None, 200) | 0 |
| dense_2 (Dense) | (None, 200) | 40200 |
| activation_11 (Activation) | (None, 200) | 0 |
| dense_3 (Dense) | (None, 10) | 2010 |

注：参数总数为 1472586 个，其中，可训练参数有 1472586 个，不可训练参数有 0 个。

## 9.4 YOLOv4 中的损失函数 C-IoU

在之前学习的 R-CNN 系列或者 YOLOv1、YOLOv2、YOLOv3 中经常看到的是 L1 损失或者 L2 损失（L1-smoth）的边界回归损失。其实 C-IoU 并不是第一个基于 IoU 的损失函数。在之前有 G-IoU、D-IoU，本节就 IoU 损失函数的演进过程（从 G-IoU 到 D-IoU，再到 C-IoU）讲解，这样能很好地拓展思路。

### 9.4.1 L1 和 L2 损失的缺陷

L1 和 L2 损失是指分别计算 4 个值（$x$ 坐标、$y$ 坐标、宽、高）的损失，这个思路假设这 4 个值之间是没有相关性的，是相互独立的，而实际上这 4 个值之间是有相关性的。

基于 L1 和 L2 距离的损失对于尺度不具有不变性。

图 9-4-1（a）所示为 L2 损失函数与 IoU 损失函数的比较。黑色边框与灰色边框的 L2 损失都是 8.14，显然 L2 损失忽略 4 个值的关系，导致三组明显差异的框得出的损失一样，这是不合理的。同样地，图 9-4-1（b）中三组比较图的差异也很明显，但是 L1 损失都是 9.07。显然 L1 损失和 L2 损失都不能很好地区别三组图的差异。再看 G-IoU 损失，在图 9-4-1（a）所示的三组图中，第一组 G-IoU 损失为 0.23（IoU 损失为 0.26），第二组 G-IoU 损失为 0.41（IoU 损失为 0.49）；第三组 G-IoU 损失为 0.65（IoU 损失为 0.65）；很明显使用 G-IoU 很容易发现第一组的损失较小、边框回归比较合理，这也符合现实感官。

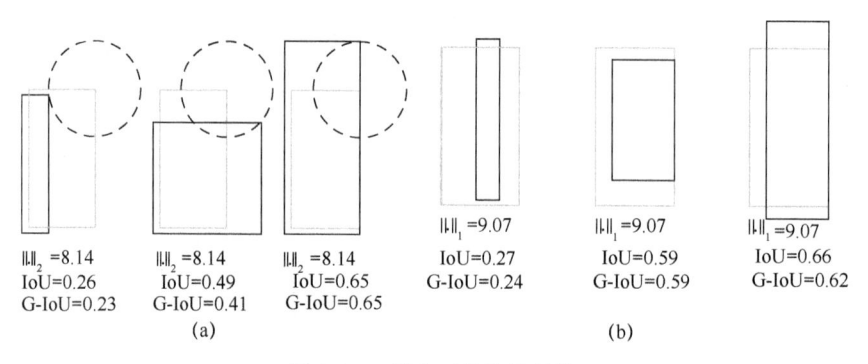

$\|\cdot\|_2$=8.14
IoU=0.26
G-IoU=0.23

$\|\cdot\|_2$=8.14
IoU=0.49
G-IoU=0.41

$\|\cdot\|_2$=8.14
IoU=0.65
G-IoU=0.65

(a)

$\|\cdot\|_1$=9.07
IoU=0.27
G-IoU=0.24

$\|\cdot\|_1$=9.07
IoU=0.59
G-IoU=0.59

$\|\cdot\|_1$=9.07
IoU=0.66
G-IoU=0.62

(b)

图 9-4-1 损失函数比较结构

### 9.4.2 IoU 和 IoU 损失

下面引入 IoU 和 IoU 损失的概念。

$$\text{IoU} = \frac{|B \cap B^{gt}|}{|B \cup B^{gt}|} \tag{9-4}$$

$$L_{\text{IoU}} = 1 - \frac{|B \cap B^{\text{gt}}|}{|B \cup B^{\text{gt}}|} \tag{9-5}$$

式中，$B$ 表示预测框，$B^{\text{gt}}$ 表示真值框。IoU 表示预测框和真值框重叠面积与两者面积并集之间的比值。所以，重叠部分越大，IoU 值越大，因此，IoU 损失（$L_{\text{IoU}}$）就越小。

IoU 损失存在如下两个问题。

（1）当预测框与真值框不相交的时候，例如，$A$ 框与 $B$ 框不相交，则 IoU($A$, $B$)=0，此时不能反映两个框的距离远近，即此时损失函数不可导，因此，IoU 损失无法优化两个框不相交的情况。

（2）假设预测框和真值框大小确定，相交值确定，那么，当其 IoU 值相同时，IoU 损失无法确定两个框是如何相交的，如图 9-4-2 所示。

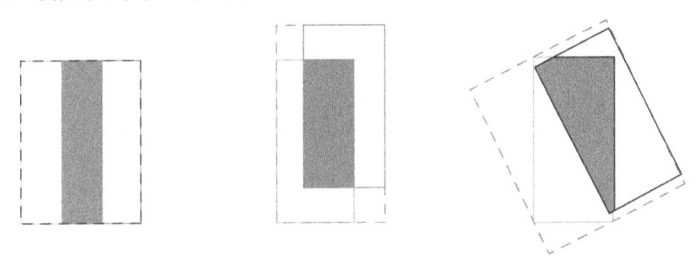

图 9-4-2 相同 IoU 不同相交情况

### 9.4.3 G-IoU、D-IoU 和 C-IoU

**1．G-IoU 损失函数**

G-IoU Loss（G-IoU 损失）在 IoU 损失的基础上加了一个惩罚项 $C$，$C$ 为包围预测框与真值框最小区域大小的衡量指标。当框的距离大时，惩罚项就大。图 9-4-2 中的虚线框就是这个"包围预测框与真值框最小区域"。

于是得到 G-IoU 的损失函数为

$$L_{\text{G-IoU}} = 1 - \text{IoU} + \frac{|C - B \cap B^{\text{gt}}|}{|C|} \tag{9-6}$$

由式（9-6）可以看出，当两个框比较远时，$C$ 比较大，而两个框的交集是一定的，因此，惩罚项就比较大。但是很明显，如果预测框包含真值框，那么 $C$ 就是固定的，因此，无论如何训练都无法收敛，此时 G-IoU 损失就退化成 IoU 损失，如图 9-4-3 所示的训练过程。

在图 9-4-3 中，上部分是使用 G-IoU 损失函数的训练过程，黑色框为预测框初始位置，绿色框为真值框，蓝色框为训练过程中预测框的变化情况，可以看到蓝色框试图靠近真值框，并且在最后会停留在包围真值框的状态，不容易收敛到真值框，而 D-IoU 最终能够收敛达到和真值框重合。

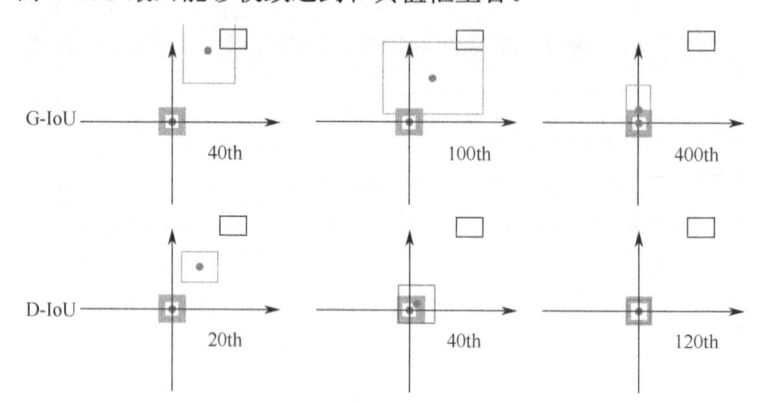

注：彩插页有对应彩色图片。

图 9-4-3　G-IoU 损失和 D-IoU 损失训练情况

图 9-4-4 形象地说明了 G-IoU 退化为 IoU。

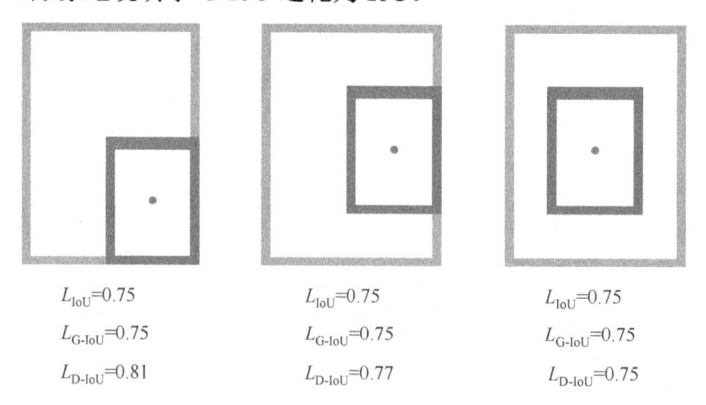

$L_{IoU}=0.75$
$L_{G\text{-}IoU}=0.75$
$L_{D\text{-}IoU}=0.81$

$L_{IoU}=0.75$
$L_{G\text{-}IoU}=0.75$
$L_{D\text{-}IoU}=0.77$

$L_{IoU}=0.75$
$L_{G\text{-}IoU}=0.75$
$L_{D\text{-}IoU}=0.75$

注：彩插页有对应彩色图片。

图 9-4-4　G-IoU 与 IoU、D-IoU 损失情况

可以看到 3 种情况都是重合包围的情况，显然，G-IoU 和 IoU 损失函数值都是 0.75；而 D-IoU 不同。

对于 IoU 和 G-IoU 存在的问题，D-IoU 损失论文作者 Zheng 提出如下两个问题。

（1）直接最小化预测框与真值框之间的标准化距离是否可以达到最快收敛速度？

（2）如何使预测框与真值框有重叠，甚至包围情况更准确、更快？

好的预测框回归损失应该包含 3 个重要几何要素：重叠面积、中心点距离、长宽比。对于重叠面积，Zheng 提出了 D-IoU 损失；其相对 G-IoU 损失收敛速度更快，考虑重叠中心点距离，但没有考虑长宽比。对于第二个问题，Zheng 设计了 C-IoU 损失，其收敛的精度更高、速度更快。

### 2．D-IoU 损失函数

D-IoU 损失函数定义见式（9-7）。式中，$\rho^2(B,B^{gt})$ 表示预测框 $B$ 与真值框 $B^{gt}$ 中心点的距离；$C$ 表示覆盖两个框的最小封闭框的对角线长度。

$$L_{\text{D-IoU}} = 1 - \text{IoU} + \frac{\rho^2(B,B^{gt})}{C^2} \tag{9-7}$$

如图 9-4-5 所示，边界框的 D-IoU 损失，中心点之间标准化距离可以直接最小化。其中，$D$ 对应式（9-7）中的 $\rho^2(B,B^{gt})$。图中，黑色为真值框，绿色为预测框，虚线部分为覆盖两个框的最小封闭区域。

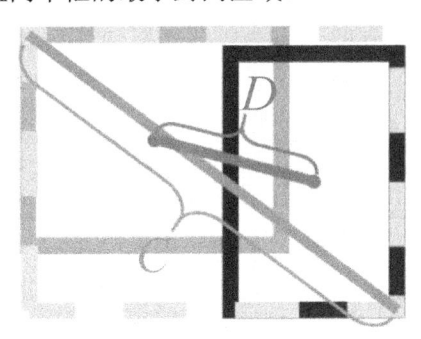

注：彩插页有对应彩色图片。

图 9-4-5　D-IoU 损失

### 3．C-IoU 损失函数

C-IoU 损失函数考虑长宽比。如式（9-8）定义，在 D-IOU 基础上加上一项，这项是用来处理长宽比的。式（9-9）和式（9-10）为 $\alpha$ 和 $v$ 的计算方法。

$$L_{\text{C-IoU}} = 1 - \text{IoU} + \frac{\rho^2(B,B^{gt})}{C^2} + \alpha v \tag{9-8}$$

$$\alpha = \frac{v}{(1-\text{IoU})+v} \tag{9-9}$$

$$v = \frac{4}{\pi^2}\left(\arctan\frac{\omega^{gt}}{h^{gt}} - \arctan\frac{\omega}{h}\right) \tag{9-10}$$

可以看到，$v$ 中包含宽高比（$\frac{\omega}{h}$ 和 $\frac{\omega^{gt}}{h^{gt}}$），因此，$v$ 可以衡量两个框宽高比之间的差异，而 $\alpha$ 是用来平衡的系数，平衡重叠面积和宽高比。

#### 4．对比提升效果

对比效果如表 9-4-1 所示，可以看出，相对 IoU 和 G-IoU 而言，使用 D-IoU 损失的 mAP 提高 3.29%和 3.40%；更为严格的 mAP75 提高 6.02%和 6.40%。

另外，C-IoU 损失分别提高 5.91%、5.94%和 9.88%、9.31%；C-IoU 损失提高的效果是非常明显的。

表 9-4-1　对比效果

| 损失/评估 | mAP | | mAP75 | |
|---|---|---|---|---|
| | IoU | G-IoU | IoU | G-IoU |
| $L_{IoU}$ | 46.57% | 45.82% | 49.82% | 48.76% |
| $L_{G\text{-}IoU}$ | 47.73%<br>2.49%↑ | 46.88%<br>2.31%↑ | 52.20%<br>4.78%↑ | 51.05%<br>4.70%↑ |
| $L_{D\text{-}IoU}$ | 48.10%<br>3.29%↑ | 47.38%<br>3.40%↑ | 52.82%<br>6.02%↑ | 51.88%<br>6.40%↑ |
| $L_{C\text{-}IoU}$ | 49.21%<br>5.67%↑ | 48.42%<br>5.67%↑ | 54.28%<br>8.95%↑ | 52.87%<br>8.43%↑ |
| $L_{C\text{-}IoU}(D)$ | 49.32%<br>5.91%↑ | 48.54%<br>5.94%↑ | 54.74%<br>9.88%↑ | 53.30%<br>9.31%↑ |

## 9.5　YOLOv4 中的新型批标准化

标准化方法已经成为大型神经网络的标配，YOLOv4 自然不能放过这个技巧。本节介绍几种批标准化方法，然后讲解 CmBN 标准化技巧。

### 9.5.1　各种批标准化

#### 1．Batch Norm：普通批标准化

普通批标准化：在每个通道各批次分别做标准化，即每个通道都有一组缩放因子和偏移，也就是在批次数量 $T$ 和特征宽高（$W$、$H$）上做标准化。批量越小，普通批标准化表现效果越不好，因为样本越少，批标准化过程中的均值和方差与数据全局的均值和方差偏离越大，倾向单个数据本身。

## 2. Layer Norm：层标准化

层标准化是在整个通道 C 和特征宽高（W、H）上做批标准化处理，也就是说批次数不受影响，常用于 RNN，因为在 RNN 中层数是不确定的。

## 3. Instance Norm：实例批标准化

顾名思义，实例批标准化是在每个样本、每个通道的所有像素（W、H）上做批标准化处理，常用于风格迁移等，因为它可以让单个样本不受其他样本的影响。

## 4. Group Norm：组批标准化

组批标准化是介于 Layer Norm 和 Instance Norm 的一种批标准化，主要针对 Batch Normal 对小 batch size 效果差的问题。Group Norm 将 channel 方向分 group，然后每个 group 内做标准化，计算$(C//G)*H*W$的均值，这样与 batch size 无关，不受其约束。最后，把 group 标准化后的结果再合成标准化处理。不同标准化应用场景：对于 GAN 风格迁移等生成任务，Instance Normal 要优于普通批标准化。因为这些生成算法要求单个样本风格独立，不应该与其他样本产生太大联系。普通批标准化因为把批量中的所有样本在一起做标准化，从而造成每个样本独特细节特征丢失。

在图像、视频分类特征提取任务中，在大多数情况下，普通批标准化优于其他标准化方法。

在 RNN 中一般倾向于 Layer Norm。

普通批标准化是最常见的批标准化方法，需要重点掌握。普通批标准化需要考虑两种情况。

1）全连接层 BN

全连接层 BN 通常会在线性变换之后、激活之前进行，各神经元间的均值和方差不共享，需要在 mini batch 中计算各自的均值和方差（线性变换之后求均值和方差），缩放因子 $\gamma$ 和偏移量 $\beta$ 是当前层所有神经元共享的标量。

2）卷积层 BN

卷积层 BN 通常会在卷积之后、激活之前进行，多个卷积核卷积生成多通道特征图，各通道单独计算均值和方差，每个通道一组缩放因子 $\gamma$ 和偏移量 $\beta$。

## 5. Batch Norm 与 Instance Norm 对比

Batch Norm：跨样本，单通道。

重点是同一批次的输入进入一个单通道进行计算。如式（9-11）所示，在公式中，$i$ 是通道数，可以看出是每个通道单独计算。其中，$T$ 为批次样本数，$W$ 为宽，$H$ 为高。

$$\mu_i = \frac{1}{HWT} \sum_{t=1}^{T} \sum_{l=1}^{W} \sum_{m=1}^{H} x_{tilm}$$

$$\delta_i^2 = \frac{1}{HWT} \sum_{t=1}^{T} \sum_{l=1}^{W} \sum_{m=1}^{H} (x_{tilm} - \mu_i)^2 \quad (9\text{-}11)$$

$$y_{tijk} = \frac{x_{tijk} - \mu_i}{\sqrt{\delta_i^2 + \varepsilon}}$$

**Instance Norm**：单样本，单通道。

重点是对单幅图像的单个通道单独进行标准化操作。如式（9-12）所示，通道和样本数不参与计算。$t$ 表示批次中的样本号，$i$ 表示通道数。

$$\mu_{ti} = \frac{1}{HW} \sum_{l=1}^{W} \sum_{m=1}^{H} x_{tilm}$$

$$\delta_{ti}^2 = \frac{1}{HW} \sum_{l=1}^{W} \sum_{m=1}^{H} (x_{tilm} - \mu_{ti})^2 \quad (9\text{-}12)$$

$$y_{tijk} = \frac{x_{tijk} - \mu_{ti}}{\sqrt{\delta_{ti}^2 + \varepsilon}}$$

### 9.5.2 跨迭代标准化

跨迭代标准化与普通的批标准化很像，是在批标准化方法基础上经改进得到的，具体包括以下 3 步。

（1）连续几次迭代中模型参数变化是平滑的。

（2）将前几次迭代中的 BN 参数保存起来，当前迭代的 BN 参数由当前批次计算出来的参数和保存的前几次的参数共同推算得到。

（3）训练前期 BN 参数记忆长度短一些，后期稳定训练可以保存更长时间的 BN 参数来参与推算，效果更佳。

但是实际上，这种方法对训练并没有很大的提升。

在 CBN 中采用跨迭代批标准化，标准化参数均值和方差都会积累起来，每层迭代都会计算缩放尺度和偏移量。CBN 可以保持连续性，避免振荡。CmBN 采用 CBN 的思想，仍然回到 BN 上，只不过它考虑 mini batch 之间的统计量，而不是几次迭代的统计量，对于 BN 使用 accumulate，如图 9-5-1 所示。

CmBN 在 YOLOv4 中提升也很有限，只有 1%的效果，因此，重点掌握普通 BN 就足够了。

# 第 9 章 YOLOv4 目标检测方法

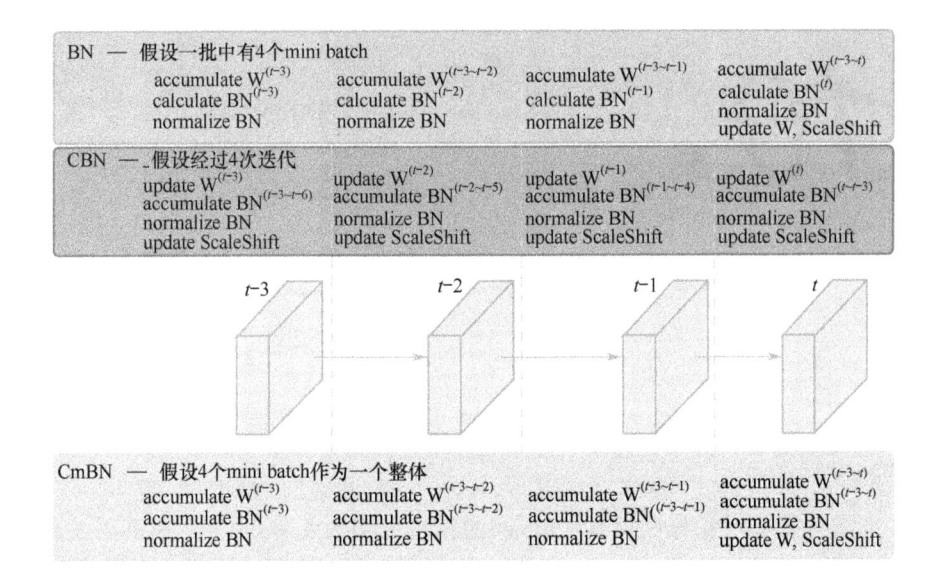

| | | | |
|---|---|---|---|
| BN — 假设一批中有4个mini batch | | | |
| accumulate $W^{(t-3)}$<br>calculate $BN^{(t-3)}$<br>normalize BN | accumulate $W^{(t-3\sim t-2)}$<br>calculate $BN^{(t-2)}$<br>normalize BN | accumulate $W^{(t-3\sim t-1)}$<br>calculate $BN^{(t-1)}$<br>normalize BN | accumulate $W^{(t-3\sim t)}$<br>calculate $BN^{(t)}$<br>normalize BN<br>update W, ScaleShift |
| CBN — 假设经过4次迭代 | | | |
| update $W^{(t-3)}$<br>accumulate $BN^{(t-3\sim t-6)}$<br>normalize BN<br>update ScaleShift | update $W^{(t-2)}$<br>accumulate $BN^{(t-2\sim t-5)}$<br>normalize BN<br>update ScaleShift | update $W^{(t-1)}$<br>accumulate $BN^{(t-1\sim t-4)}$<br>normalize BN<br>update ScaleShift | update $W^{(t)}$<br>accumulate $BN^{(t-3\sim t-3)}$<br>normalize BN<br>update ScaleShift |

$t-3 \quad\quad t-2 \quad\quad t-1 \quad\quad t$

| | | | |
|---|---|---|---|
| CmBN — 假设4个mini batch作为一个整体 | | | |
| accumulate $W^{(t-3)}$<br>accumulate $BN^{(t-3)}$<br>normalize BN | accumulate $W^{(t-3\sim t-2)}$<br>accumulate $BN^{(t-3\sim t-2)}$<br>normalize BN | accumulate $W^{(t-3\sim t-1)}$<br>accumulate $BN^{((t-3\sim t-1)}$<br>normalize BN | accumulate $W^{(t-3\sim t)}$<br>accumulate $BN^{(t-3\sim t)}$<br>normalize BN<br>update W, ScaleShift |

图 9-5-1 BN、CBN 及 CmBN

# 第 10 章

# EfficientDet 目标检测方法

> **目标**
>
> 本章将解码对象检测网络 EfficientDet 的主要组成部分，并了解其与某些商业云视觉 API（如 Google Cloud Vision API、Microsoft Computer Vision API）的区别。

第 5～9 章系统介绍了 R-CNN 系列的目标检测框架和 YOLO 系列的目标检测框架。无论是 R-CNN 系列还是 YOLO 系列，其在生产过程中都会遇到部署适配问题，如内存限制、计算资源（FLOPs）限制。在通常情况下，使用模型压缩、蒸馏、剪枝等操作，在精确性和计算效率上做取舍。本章介绍一种能够兼顾精确性和计算效率的目标检测方法，也是当前比较 State-of-Art（SOTA）的目标检测算法——EfficientDet。

EfficientDet 由主干网络 EfficientNet 及 BiFPN 层、分类和边框预测网络 4 部分组成。因为分类和边框预测网络与其他目标检查网络没有显著性差异，所以，本章主要讲解主干网络和 BiFPN 层。

## 10.1 复合缩放

EfficientNet 是指在一定的内存和 FLOPs 约束下，使用神经网络结构搜索构建兼具准确性和效率的基线网络"EfficientNet-B0"，再经过复合缩放扩展到"EfficientNet-B7"。因此，在讲解完整结构之前，先讲解什么是复合缩放。

在深度学习模型构建过程中，如果没有内存和计算资源的限制，则通常使用增减模型的宽度、深度和分辨率来改善模型的准确性和计算效率。在内存和计算

## 第 10 章 EfficientDet 目标检测方法

资源限制的条件下,是不是越宽、越深、分辨率越高,模型就越好呢?研究发现,对网络深度、宽度和分辨率中的任何尺度进行缩放都可以提高精度,但是当模型足够大时,这种放大的收益会减弱。

是否存在宽度、深度、分辨率的最优组合呢?复合缩放就是同时对宽度、深度、分辨率3个方面进行缩放操作,并且找到最优组合。图 10-1-1(e)所示为复合缩放。

与图像分类模型相比,目标检测器的缩放比例要大得多,因此,对所有尺寸进行网格搜索非常"昂贵"。对主干网络深度、宽度及输入图像分辨率缩放都有显著性效果,但探索一个最优组合是非常烦琐和耗时的。

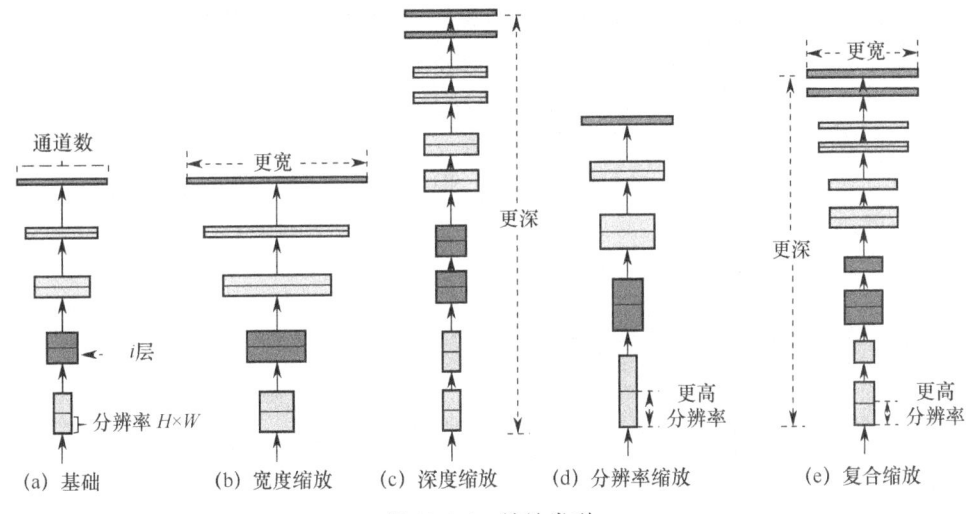

图 10-1-1 缩放类型

通过一个系数,根据式(10-1)对网络进行缩放。式(10-1)左边是在硬件和效率限制下的基线网络优化问题;右边是对网络宽度、深度和分辨率进行均匀缩放的公式;$\phi$ 是指定的参数,用来控制模型缩放的资源,$\alpha$、$\beta$、$\gamma$ 是可以通过网格搜索确定的常数。$d$、$w$、$r$ 是网络宽度、深度和分辨率的缩放系数。

$$
\begin{aligned}
&\max_{d,w,r} \quad \text{Accuracy}(N(d,w,r)) & &\text{depth: } d = \alpha^{\phi} \\
&\text{s.t.} \quad N(d,w,r) = \bigodot_{i=1\cdots s} \hat{F}_i^{d \cdot \hat{L}_i}\left(X_{\langle r \cdot \hat{H}_i, r \cdot \hat{W}_i, w \cdot \hat{C}_i \rangle}\right) & &\text{width: } w = \beta^{\phi} \\
& & &\text{resolution: } r = \gamma^{\phi} \\
&\quad \text{Memory}(N) \leqslant \text{target\_memory} & &\text{s.t. } \alpha\beta^2\gamma^2 \approx 2 \\
&\quad \text{FLOPs}(N) \leqslant \text{target\_flops} & &\alpha \geqslant 1,\ \beta \leqslant 1,\ \gamma \geqslant 1
\end{aligned}
\quad (10\text{-}1)
$$

(1)当仅增加模型深度时，FLOPs 成线性增加。如仅增加一层卷积块，则计算量增加相当卷积块的计算量。

(2)当仅增加模型宽度时，FLOPs 成平方增加。例如，全连接（卷积也一样）宽度为 $n$，2 层，计算量为 $n×n$，当每层增加到 $2n$ 时，计算量为 $2n×2n=4(n×n)$。

(3)显然，当仅增加分辨率时，计算量也成平方增加。

因为我们能控制的资源只能成倍增加，如一张显卡、两张显卡，因此，$\phi$ 只能取整数，当 $\phi=1$ 时，控制 $\alpha\beta^2\gamma^2≈2$ 时，可以保证 FLOPs 每次增加为 $2\phi$。

解释一下为何设置 $\alpha\beta^2\gamma^2=2$。假设在一般情况下，至少取值 2，否则，深度和宽度及分辨率增加不是很明显，甚至宽度和分辨率不能增加。当固定 $\phi=1$ 时，假设有 2 倍的可用资源，对 $\alpha$、$\beta$、$\gamma$ 进行网格搜索。根据经验，最佳值为 $\alpha=1.2$，$\beta=1.1$，$\gamma=1.15$，满足式（10-1）约束。

因此，复合缩放操作可以通过如下两步完成。

(1)固定 $\phi=1$，根据上述等式对 $\alpha$、$\beta$、$\gamma$ 进行网格搜索。

(2)将搜索后的 $\alpha$、$\beta$、$\gamma$ 固定为常数，根据式（10-1）约束，并用不同的 $\phi$ 放大基线网络。

## 10.2 双向特征金字塔网络

多尺度特征融合聚合能够捕捉具有不同分辨率的特征，并广泛用于学习尺度不变特征。双向特征金字塔网络（Bidirectional Feature Pyramid Networks，BiFPN）可轻松快速地进行多尺度特征融合。如图 10-2-1(a)所示，特征金字塔网络通过横向连接，将自下而上的路径与自上而下的路径进行组合，来实现高低层级特征的融合，即首先对高阶特征进行上采样，然后使用横向连接将其与低阶特征进行组合，该横向连接基本上是 1×1 卷积，进行求和，在各级别独立进行预测；路径聚合网络 PANet 在 FPN 基础上，重复多次"自底向上，再自顶向下"特征连接，缩短了低层级信息传输到高层级的路径，并使用自适应功能池来捕获所有级别的信息，将高层级丰富的语义特征与位于较低层的高分辨率特征图中的准确定位信息相结合，如图 10-2-1(b)所示。除此之外，它使用上采样层与原始网络中的特征图横向连接（图中未显示），以产生语义丰富的特征，保留空间信息；NAS-FPN 的顶部增加自下而上的路径，使用神经架构搜索来查找跨尺度特征网络拓扑，并且需要进行 1000 多个小时的搜索。

## 第 10 章　EfficientDet 目标检测方法

EfficientDet 作者发现使用 NAS-FPN 的网络不规则并且难以接受，如图 10-2-1(c)所示。另外，PANet 也有一个问题——计算成本有点高。

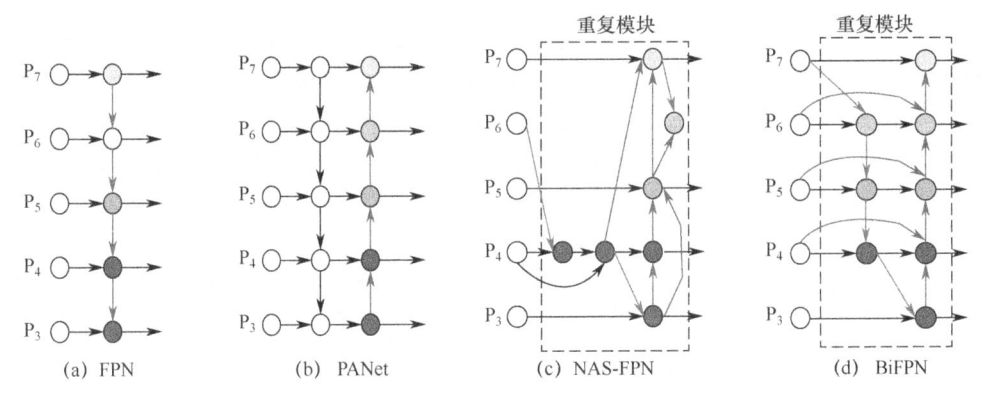

图 10-2-1　可融合多尺度特征

作者还发现，如果将每个双向（"自上而下"与"自下而上"）路径作为一个特征网络层，并且重复叠加相同的特征网络层多次，则可以实现更高层次的特征融合——BiFPN 层。

但是，如果见到的 BiFPN 特征融合阶段所有的节点输入权重都是均等的，BiFPN 做的仅仅是简单的相加，但实际上由于不同特征的分辨率不同，这些特征对最终融合后输出特征的贡献通常是不相等的，需要对不同特征节点的输入有所偏重，而手动分配权重烦琐且无法泛化，因此，可以用神经网络去训练权重的分配，让网络自己学习最佳值，这就是加权 BiFPN。

式（10-2）和图 10-2-2 假设 FPN 共有 7 级（单个 BiFPN 块中的层），以第 6 级特征融合为例。P7_in、P6_in 分别是 6 级、7 级的输入特征，P5_out 是 5 级的输出特征，P6_out 是 6 级的融合特征。P7_in 特征使用最近邻插值进行上采样（UpSample2D），P5_out 特征使用最大池化（MaxPool2D）进行下采样，以便在 6 级进行特征融合。通过加权叠加层（每个权重应用 ReLU 函数来确保正权重）、Swish 激活、分离卷积层实现批归一化融合。

$$P_6^{td} = \text{Conv}\left(\frac{w_1 \times P_6^{in} + w_2 \times \text{Resize}(P_7^{in})}{w_1 + w_2 + \varepsilon}\right)$$

$$P_6^{out} = \text{Conv}\left(\frac{w_1' \times P_6^{in} + w_2' \times P_6^{td} + w_3' \times \text{Resize}(P_5^{out})}{w_1' + w_2' + w_3' + \varepsilon}\right) \quad (10\text{-}2)$$

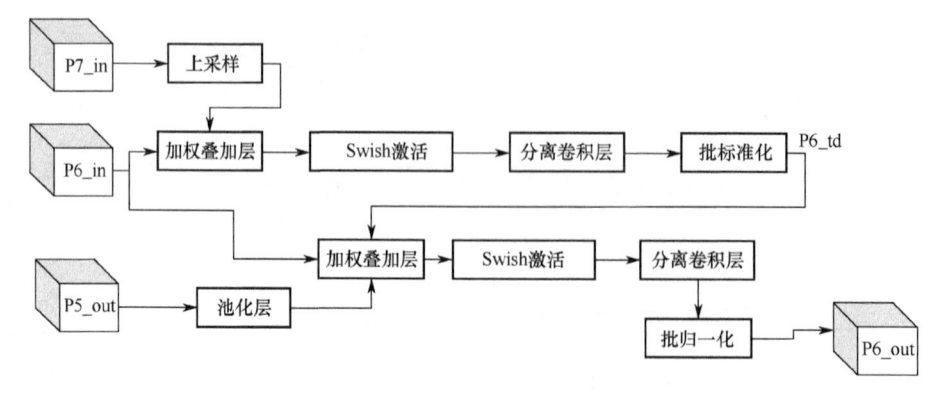

图 10-2-2　适用于 6 层的 BiFPN 特征融合

## 10.3　EfficientDet 体系结构

前面讲到 EfficientDet 体系结构包括 4 个主要部分，完整的 EfficientDet 架构如图 10-3-1 所示。

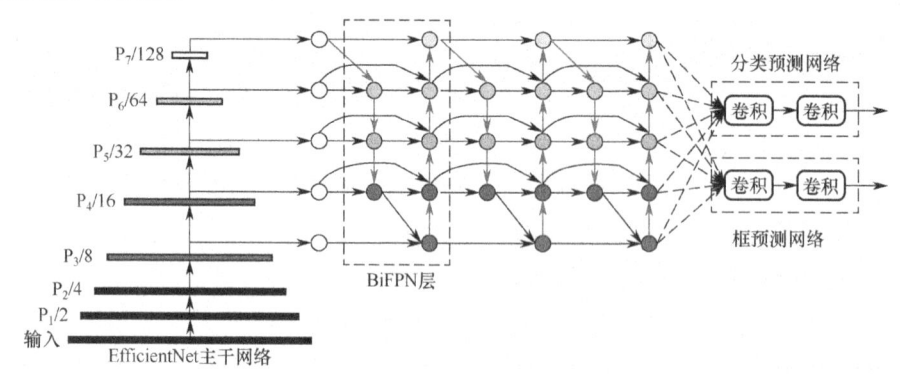

图 10-3-1　完整的 EfficientDet 架构

下面接着前面复合缩放和 BiFPN 来讲解 EfficientDet 是如何实现的。

### 10.3.1　输入图像分辨率缩放

在 EfficientDet 中，BiFPN 使用 3～7 级的特征，因此，输入分辨率必须可被 $2^7 = 128$ 整除，这是因为图像需要下采样至少 7 次，每次下采样倍率为 2。所以，使用式（10-3）线性提高分辨率，这里 $\phi$ 的取值为 0～6，当 $\phi=7$ 时计算量较大，只对分辨率缩放。

$$R_{input} = 512 + \phi \times 128 \quad (10\text{-}3)$$

## 10.3.2 BiFPN 缩放

以指数方式增长 BiFPN 宽度（Channels），但是由于深度需要四舍五入为小整数，因此，线性增加了深度，执行宽度网格搜索并选择最佳值1.35，即

$$W_{\text{bifn}} = 64 \times 1.35^{\phi}, \quad D_{\text{bifn}} = 3 + \phi \tag{10-4}$$

## 10.3.3 框/类预测网络缩放

框和类预测网络的宽度根据 BiFPN 的宽度进行缩放，深度根据式（10-5）进行线性缩放。

$$D_{\text{box}} = D_{\text{class}} = 3 + \frac{\phi}{3} \tag{10-5}$$

## 10.3.4 主干网

EfficientDet 直接使用 EfficientNet 网络而不对其进行任何更改，以重用 ImageNet 模型的预训练权重，高效的网络详细信息如表 10-3-1 所示，显示 EfficiencyNet B0 到 B7 网络的详细信息，其中，MBConv 为移动反向瓶颈层，Stem 层的作用是将输入图像用少量的 convolution 扫过，并调整分辨率。

表 10-3-1 高效的网络详细信息

| | 卷积核大小 | 卷积核步长 | EfficientNetB0 网络 (~5.3 Mn) | | | EfficientNetB7 网络 (~67 Mn) | | |
|---|---|---|---|---|---|---|---|---|
| | | | 输出规模 ($W_i \times H_i \times C_i$) | 层数 ($L_i$) | 宽度数 ($C_i$) | 输出规模 ($W_i \times H_i \times C_i$) | 层数 ($L_i$) | 宽度数 ($C_i$) |
| 输入层 ($F_i$) | — | — | 224×224×3 | — | — | 600×600×3 | — | — |
| Stem 层 | 3×3 | 2×2 | 112×112×32 | 1 | 32 | 300×300×64 | 1 | 64 |
| MBConv1 | 3×3 | 1×1 | 112×112×16 | 1 | 16 | 300×300×32 | 4 | 32 |
| MBConv6 | 3×3 | 2×2 | 56×56×24 | 2 | 24 | 150×150×48 | 7 | 48 |
| MBConv6 | 5×5 | 2×2 | 28×28×40 | 2 | 40 | 75×75×80 | 7 | 80 |
| MBConv6 | 3×3 | 2×2 | 14×14×80 | 3 | 80 | 38×38×160 | 10 | 160 |
| MBConv6 | 5×5 | 1×1 | 14×14×112 | 3 | 112 | 38×38×224 | 10 | 224 |
| MBConv6 | 5×5 | 2×2 | 7×7×192 | 4 | 192 | 19×19×384 | 13 | 384 |
| MBConv6 | 3×3 | 1×1 | 7×7×320 | 1 | 320 | 19×19×640 | 4 | 640 |
| 卷积层 | 1×1 | 1×1 | 7×7×1280 | 1 | 1280 | 19×19×2560 | 1 | 2560 |
| 全局平均池化 | NA | NA | 1×1280 | 1 | NA | 1×2560 | 1 | NA |
| 密度层 | NA | NA | 1×1000 | 1 | NA | 1×1000 | 1 | NA |

EfficientNet 使用 MBConv 作为构建块,并依赖深度可分离卷积和残差连接的思想,从而可以加快训练速度并提高准确性。如图 10-3-2 所示,这些 MBConv 构建块根据骨干网中的复合缩放系数 $\phi$（num_repeat）进行缩放。

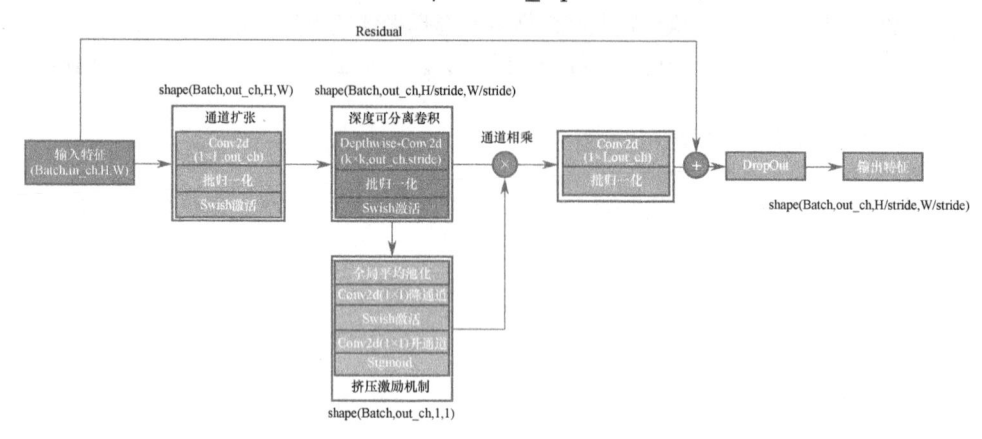

图 10-3-2 MBConv 框图

MBConv 构建块的实现如下。

（1）反向瓶颈操作：通道为 in_ch、高为 $H$、宽为 $W$ 的特征先经过通道扩张（1×1 卷积操作,同时通道数增大,称为反向瓶颈操作；如果通道数减少,则称为瓶颈层操作）；然后经过批归一化,再使用 Swish 激活函数。输出特征通道为 out_ch>in_ch；高为 $H$,宽为 $W$。

（2）使用深度可分离卷积操作：通过反向瓶颈操作后的特征经过深度可分离卷积,卷积核通常为 3×3；stride 为 1 或 2（如果 MBConv 处于下采样阶段,则 stride=2；其他阶段,stride=1）；然后批归一化,Swish 激活。经过深度可分离卷积后输出特征通道数为 out_ch,高为 $H$/stride,宽为 $W$/stride。

（3）通道注意力机制：又称挤压激励机制。将步骤（2）的特征经过全局平均池化,得到 channel×1×1 特征,经过 1×1 卷积将通道降下来（挤压）,然后 Swish 激活,再经 1×1 卷积将通道升回去。在每个通道上做 Sigmoid（激励）,这样就得到每个通道 0 到 1 分数（通道分数）。通道数为 out_ch；其高为 1、宽为 1。

（4）通道注意力结果：将通道分数与深度可分离卷积输出的特征对应通道相乘,然后加权求和,得到通道注意力的结果,输出的特征通道数为 1,高为 $H$/stride,宽为 $W$/stride。

（5）通道扩张：通道注意力结果再经过 1×1 卷积提升通道数,输出特征通道数为 out_ch,高为 $H$/stride,宽为 $W$/stride。

（6）跳过连接（Residual）：通道注意力结果经过通道扩张后的结果再与输入

的特征做跳过连接操作。如果 out_ch=in_ch，且 stride=1，则将结果直接与输入特征做对应位置相加即可；否则，需要将输入特征经过一个 1×1 卷积操作，通道数为 out_ch。操作后的输入通道和高宽都与上结果一致，可以将二者做对应位置相加。

（7）输出：将跳过连接的结果经过 DropOut 后输出，得到的最终结果为 shape（batch, out_ch, H/stride, W/stride）。

最后，来整体看看 EfficientDet。

EfficientDet 的缩放配置如表 10-3-2 所示，B0 表示 EfficientNet 中 $\phi$ 取 0 值，即 D0 表示 $\phi=0$，其中当 $\phi=7$ 时，只对分辨率缩放；D7x 表示 $\phi>7$。

表 10-3-2　EfficientDet 的缩放配置

| | 输入大小 $R_{input}$ | 主干网络 | BiFPN 宽度数 $W_{bifpn}$ | 边界/分类 | |
|---|---|---|---|---|---|
| | | | | 层数 $D_{bifpn}$ | 层数 $D_{class}$ |
| D0 ($\phi=0$) | 512 | B0 | 64 | 3 | 3 |
| D1 ($\phi=1$) | 640 | B1 | 88 | 4 | 3 |
| D2 ($\phi=2$) | 768 | B2 | 112 | 5 | 3 |
| D3 ($\phi=3$) | 896 | B3 | 160 | 6 | 4 |
| D4 ($\phi=4$) | 1024 | B4 | 224 | 7 | 4 |
| D5 ($\phi=5$) | 1280 | B5 | 288 | 7 | 4 |
| D6 ($\phi=6$) | 1280 | B6 | 384 | 8 | 5 |
| D7 ($\phi=7$) | 1536 | B6 | 384 | 8 | 5 |
| D7x | 1536 | B7 | 384 | 8 | 5 |

## 10.4　EfficientDet 推理效果和不足之处

### 10.4.1　EfficientDet 推理效果

本节通过使用在 COCO 数据集上训练好的 EfficientDet 进行推理，并且分别与 Google Cloud Vision API 和 Azure Vision API 进行对比。

Google Cloud Vision API 是谷歌公司发布的云机器视觉 API。开发者可以在应用程序中轻松集成视觉检测功能，包括图像标记、人脸和地标检测、光学字符识别（OCR）和显式内容标记等，是一个性能强大的商用 API。

Azure Vision API 是由微软公司发布的，类似于 Google Cloud Vision API。通

过与 Google Cloud Vision API 和 Azure Vision API 对比，能让读者看到 EfficientDet 的性能表现。

操作代码块如下。

```
##COCO 预训练 EfficientDet 模型推断
$ sudo apt install python3-pip
$ sudo -H pip3 install -U pip (to upgrade the pip to latest version)
#Clone EfficientDet git repo
$ git clone https://github.com/google/automl.git
$ cd ~ /automl/efficientdet#Install all the EfficientDet requirements
$ pip3 install -r requirements.txt#Download the pretrained weights. Bold d0 represent the model version and can be in the range d0-d7.
$ wget https://storage.googleapis.com/cloud-tpu-checkpoints/efficientdet/coco/efficientdet-d0.tar.gz
$ tar zxf efficientdet-d0.tar.gzmkdir -p ./savedmodels/efficient-d0# Export saved model.
$ python3.6 model_inspect.py --runmode=saved_model --model_name=efficientdet-d0              --ckpt_path=./efficientdet-d0 --hparams="image_size=
1920x1280" --saved_model_dir=./savedmodels/efficientdet-d0
$ mkdir -p outdir
$ python3.6 model_inspect.py --runmode=saved_model_infer --model_name=efficientdet-d0
--saved_model_dir=./savedmodels/efficientdet-d0
--input_image=path_to_input_image --output_image_dir=./output --min_score_thresh=0.6
```

EfficientDet 输出如图 10-4-1 所示。

图 10-4-1　EfficientDet 输出（1）

Google 公司的 Google Cloud Vision API 输出如图 10-4-2 及图 10-4-3 所示。

资料来源：Google Cloud Vision API。

图 10-4-2  Google Cloud Vision API 输出（1）

图 10-4-3  Google Cloud Vision API 输出（2）

由以上对比可以看出，在人的检测中，二者平分秋色。在其他方面的检测中，因为训练集的缘故，EfficientDet 无法检测出"棒球"之类。

在另一组测试中，EfficientDet 输出如图 10-4-4 所示。

Google Cloud Vision API 输出如图 10-4-5 所示，微软公司的 Azure Vision API 输出结果也可在微软 Azure 识别服务模块上进行查阅。与微软对比，EfficientDet 能很好地检测出远处的人、小车、自行车，只是错过了近处靠在一起的摩托车。Azure Vision API 对远处的人检测并不敏感，虽然近处靠在一起的摩托车被检测出来了，但还是出现检测到最近处摩托车的车轮的错误。

图 10-4-4　EfficientDet 输出（2）

图 10-4-5　Google Cloud Vision API 输出（3）

从实践对比可以看出，EfficientDet 虽然仅仅在 COCO 数据集上训练，但效果在一定程度上可以媲美两大商用 API；不过孰优孰劣，还需要大量数据分析才能得出结果。限于篇幅，本章不展开分析。不过对于 EfficientDet 性能，以上对比已经可以看出 EfficientDet 的强大，因此，具有 BiFPN 和符合缩放功能的 EfficientDet 无疑将成为目标检测相关研究的新基础。

### 10.4.2　EfficientDet 不足之处

任何事物都具有两面性，EfficientDet 使用神经网络搜索最优架构的优势，同样也有它的不足。因为 EfficientDet 的预训练耗费巨大成本，EfficientDet 的作者使用 32 个 V3 TPU 在 batch_size 为 128 的数据集上训练，才达到各项指标都 SOTA 的成绩。普通人和企业拥有的硬件资源是有限的，从 0 开始训练完整模型需要的时间和硬件成本都让人望"钱"兴叹。

是否可以通过时间换空间（资源）的方式来达到训练目标呢？当然可以。只

## 第 10 章 EfficientDet 目标检测方法

不过，由北京大学、清华大学、北京旷视科技有限公司联合提出 MegDet 的研究表明，用时间换成本的方式可以接近，但是很难达到相似的精度。如图 10-4-6 所示，batch size 越大，表示资源越充裕，消耗时间越短；batch size 越小，消耗时间越长。图 10-4-6 中 "16-batch" 表示 batch size=16。

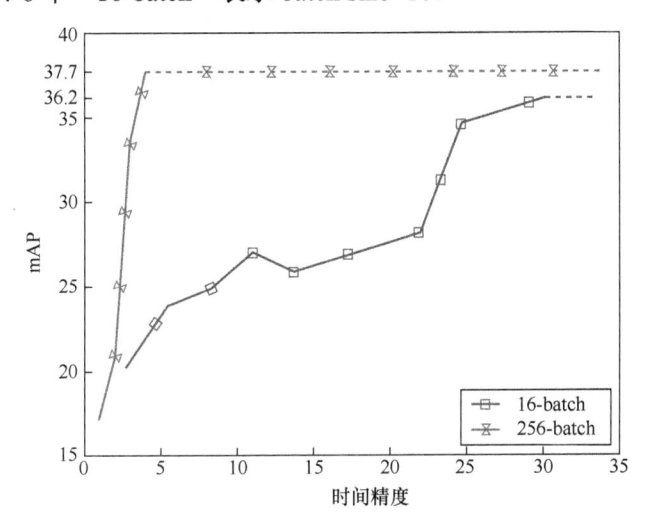

图 10-4-6 MegDet 不同 batch size 大小训练对比

# 参考文献

[1] SCHROFF F, KALENICHENKO D, PHILBIN J. Facenet: A unified embedding for face recognition and clustering[C]. Proceedings of the IEEE conference on computer vision and pattern recognition, 2015: 815-823.

[2] THORPE S, FIZE D, MARLOT C. Speed of processing in the human visual system[J]. nature, 1996, 381(6582): 520-522.

[3] KARRAS T, LAINE S, AILA T. A style-based generator architecture for generative adversarial networks[C]. Proceedings of the IEEE/CVF Conference on Computer Vision and Pattern Recognition, 2019: 4401-4410.

[4] GATYS L A, ECKER A S, BETHGE M. A neural algorithm of artistic style[J]. arXiv preprint arXiv: 1508.06576, 2015.

[5] NEUBECK A, VAN G L. Efficient non-maximum suppression[C].18th International Conference on Pattern Recognition (ICPR'06). IEEE, 2006, 3: 850-855.

[6] VIOLA P, JONES M. Rapid object detection using a boosted cascade of simple features[C]// Proceedings of the 2001 IEEE computer society conference on computer vision and pattern recognition. CVPR 2001. Ieee, 2001, 1: I-I.

[7] FREUND Y. An adaptive version of the boost by majority algorithm[J]. Machine learning, 2001, 43(3): 293-318.

[8] UIJLINGS J R R, VANDESANDE K E A, GEVERS T, et al. Selective search for object recognition[J]. International journal of computer vision, 2013, 104(2): 154-171.

[9] FELZENSZWALB P F, HUTTENLOCHER D P. Efficient graph-based image segmentation[J]. International journal of computer vision, 2004, 59(2): 167-181.

[10] GIRSHICK R, DONAHUE J, DARRELL T, et al. Rich feature hierarchies for accurate object detection and semantic segmentation[C]. Proceedings of the IEEE conference on computer vision and pattern recognition, 2014: 580-587.

[11] DENG J, DONG W, SOCHER R, et al. Imagenet: A large-scale hierarchical image database[C]. 2009 IEEE conference on computer vision and pattern recognition. Ieee, 2009: 248-255.

[12] SIMONYAN K, ZISSERMAN A. Very deep convolutional networks for large-scale image recognition[J]. arXiv preprint arXiv:1409.1556, 2014.

[13] HE K, ZHANG X, REN S, et al. Deep residual learning for image recognition[C]. Proceedings of the IEEE conference on computer vision and pattern recognition, 2016: 770-778.

[14] HE K, ZHANG X, REN S, et al. Spatial pyramid pooling in deep convolutional networks for visual recognition[J]. IEEE transactions on pattern analysis and machine intelligence, 2015, 37(9): 1904-1916.

[15] GIRSHICK R. Fast r-cnn[C]. Proceedings of the IEEE international conference on computer vision, 2015: 1440-1448.

[16] 翟中华, 孟翔宇. 深度学习——理论、方法与 Pytorch 实践[M]. 北京: 清华大学出版社, 2021.

[17] REN S, HE K, GIRSHICK R, et al. Faster r-cnn: Towards real-time object detection with region proposal networks[J]. Advances in neural information processing systems, 2015, 28: 91-99.

[18] REDMON J, DIVVALA S, GIRSHICK R, et al. You only look once: Unified, real-time object detection[C]. Proceedings of the IEEE conference on computer vision and pattern recognition, 2016: 779-788.

[19] FELZENSZWALB P F, GIRSHICK R B, MCALLESTER D, et al. Object detection with discriminatively trained part-based models[J]. IEEE transactions on pattern analysis and machine intelligence, 2009, 32(9): 1627-1645.

[20] REDMON J, FARHADI A. YOLO9000: better, faster, stronger[C]. Proceedings of the IEEE conference on computer vision and pattern recognition, 2017: 7263-7271.

[21] SZEGEDY C, LIU W, JIA Y, et al. Going deeper with convolutions[C].Proceedings of the IEEE conference on computer vision and pattern recognition, 2015: 1-9.

[22] IOFFE S, SZEGEDY C. Batch normalization: Accelerating deep network training by reducing internal covariate shift[C]. International conference on machine learning. PMLR, 2015: 448-456.

[23] HUANG J, RATHOD V, SUN C, et al. Speed/accuracy trade-offs for modern convolutional object detectors[C]//Proceedings of the IEEE conference on computer vision and pattern recognition. 2017: 7310-7311.

[24] REDMON J, FARHADI A. Yolov3: An incremental improvement[J]. arXiv preprint arXiv:1804.02767, 2018.

[25] LIU W, ANGUELOV D, ERHAN D, et al. Ssd: Single shot multibox detector[C]//European conference on computer vision. Springer, Cham, 2016: 21-37.

[26] YU F, KOLTUN V, FUNKHOUSER T. Dilated residual networks[C]. Proceedings of the IEEE conference on computer vision and pattern recognition, 2017: 472-480.

[27] LIU S, QI L, QIN H, et al. Path aggregation network for instance segmentation[C]. Proceedings of the IEEE conference on computer vision and pattern recognition, 2018: 8759-8768.

[28] LIN T Y, GOYAL P, GIRSHICK R, et al. Focal loss for dense object detection[C].Proceedings of the IEEE international conference on computer vision, 2017: 2980-2988.

[29] BOCHKOVSKIY A, WANG C Y, LIAO H Y M. Yolov4: Optimal speed and accuracy of object detection[J]. arXiv preprint arXiv: 2004.10934, 2020.

[30] ZHU X, CHENG D, ZHANG Z, et al. An empirical study of spatial attention mechanisms in deep networks[C]. Proceedings of the IEEE/CVF International Conference on Computer Vision, 2019: 6688-6697.

[31] WANG C Y, BOCHKOVSKIY A, LIAO H Y M. Scaled-yolov4: Scaling cross stage partial network[C]//Proceedings of the IEEE/CVF Conference on Computer Vision and Pattern Recognition, 2021: 13029-13038.

[32] LIN T Y, DOLLÁR P, GIRSHICK R, et al. Feature pyramid networks for object detection[C]. Proceedings of the IEEE conference on computer vision and pattern recognition, 2017: 2117-2125.

[33] REZATOFIGHI H, TSOI N, GWAK J Y, et al. Generalized intersection over union: A metric and a loss for bounding box regression[C]. Proceedings of the IEEE/CVF Conference on Computer Vision and Pattern Recognition, 2019: 658-666.

[34] TAN M, PANG R, LE Q V. Efficientdet: Scalable and efficient object detection[C]. Proceedings of the IEEE/CVF conference on computer vision and pattern recognition, 2020: 10781-10790.

[35] LIU W, WEN Y, YU Z, et al. Large-margin softmax loss for convolutional neural networks[C]. ICML. 2016, 2(3): 7.

[36] PAN X, SHI J, LUO P, et al. Spatial as deep: Spatial cnn for traffic scene understanding[C]. Thirty-Second AAAI Conference on Artificial Intelligence, 2018.

[37] ZHU S, LIU S, LOY C C, et al. Deep cascaded bi-network for face hallucination[C]. European conference on computer vision. Springer, Cham, 2016: 614-630.

[38] DUDA R O, HART P E. Pattern classification and scene analysis[M]. New York: Wiley, 1973.

[39] FRIEDMAN J, HASTIE T, TIBSHIRANI R. Additive logistic regression: a statistical view of boosting (with discussion and a rejoinder by the authors)[J]. The annals of statistics, 2000, 28(2): 337-407.

[40] ZHANG K, ZHANG Z, LI Z, et al. Joint face detection and alignment using multitask cascaded convolutional networks[J]. IEEE signal processing letters, 2016, 23(10): 1499-1503.

[41] BADRINARAYANAN V, KENDALL A, CIPOLLA R. Segnet: A deep convolutional encoder-decoder architecture for image segmentation[J]. IEEE transactions on pattern analysis and machine intelligence, 2017, 39(12): 2481-2495.

[42] LONG J, SHELHAMER E, DARRELL T. Fully convolutional networks for semantic segmentation[C]// Proceedings of the IEEE conference on computer vision and pattern recognition. 2015: 3431-3440.

[43] RONNEBERGER O, FISCHER P, BROX T. U-net: Convolutional networks for biomedical image segmentation[C]//International Conference on Medical image computing and computer-assisted intervention. Springer, Cham, 2015: 234-241.

[44] DALAL N, TRIGGS B. Histograms of oriented gradients for human detection[C]//2005 IEEE

computer society conference on computer vision and pattern recognition (CVPR'05). IEEE, 2005, 1: 886-893.

[45] OJALA T, PIETIKAINEN M, MAENPAA T. Multiresolution gray-scale and rotation invariant texture classification with local binary patterns[J]. IEEE Transactions on pattern analysis and machine intelligence, 2002, 24(7): 971-987.

[46] CHEN P H, LIN C J, SCHÖLKOPF B. A tutorial on ν - support vector machines[J]. Applied Stochastic Models in Business and Industry, 2005, 21(2): 111-136.

[47] HOIEM D, CHODPATHUMWAN Y, DAI Q. Diagnosing error in object detectors[C]//European conference on computer vision, 2012: 340-353.

[48] RUMELHART D E, HINTON G E, WILLIAMS R J. Learning representations by back-propagating errors[J]. nature, 1986, 323(6088): 533-536.

[49] ZHENG Z, WANG P, LIU W, et al. Distance-IoU loss: Faster and better learning for bounding box regression[C]//Proceedings of the AAAI Conference on Artificial Intelligence, 2020, 34(7): 12993-13000.

[50] XU P, LI Q, ZHANG B, et al. On-Board Real-Time Ship Detection in HISEA-1 SAR Images Based on CFAR and Lightweight Deep Learning[J]. Remote Sensing, 2021, 13(10): 1995.

[51] TAN M, LE Q. Efficientnet: Rethinking model scaling for convolutional neural networks[C]// International conference on machine learning. PMLR, 2019: 6105-6114.

# 反侵权盗版声明

电子工业出版社依法对本作品享有专有出版权。任何未经权利人书面许可，复制、销售或通过信息网络传播本作品的行为；歪曲、篡改、剽窃本作品的行为，均违反《中华人民共和国著作权法》，其行为人应承担相应的民事责任和行政责任，构成犯罪的，将被依法追究刑事责任。

为了维护市场秩序，保护权利人的合法权益，我社将依法查处和打击侵权盗版的单位和个人。欢迎社会各界人士积极举报侵权盗版行为，本社将奖励举报有功人员，并保证举报人的信息不被泄露。

举报电话：（010）88254396；（010）88258888
传　　真：（010）88254397
E-mail：　dbqq@phei.com.cn
通信地址：北京市万寿路 173 信箱
　　　　　电子工业出版社总编办公室
邮　　编：100036

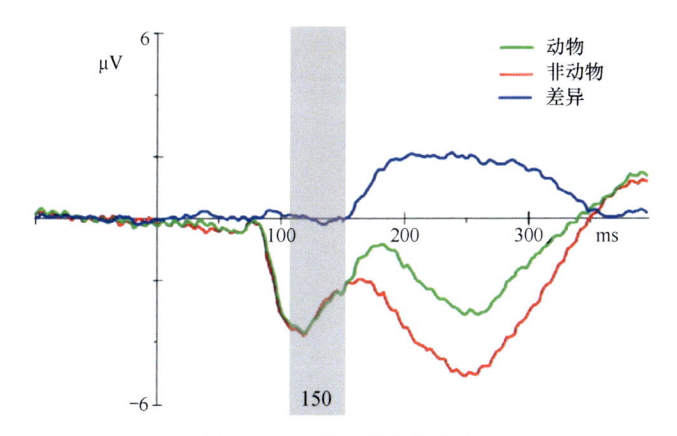

图 1-1-2 人类视觉分辨效率

图 1-1-11 神经风格迁移图

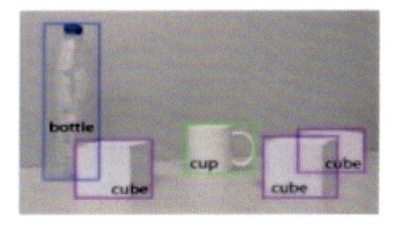

(a) 图像分类　　(b) 目标检测

图 1-2-1 分类、检测与分割

(c) 语义分割 　　　　　　　　　　　　(d) 实例分割

图 1-2-1 分类、检测与分割（续）

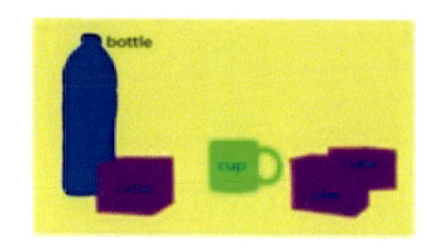

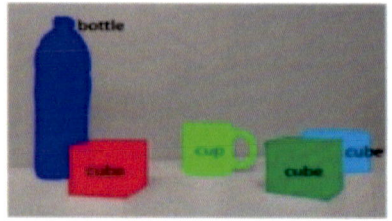

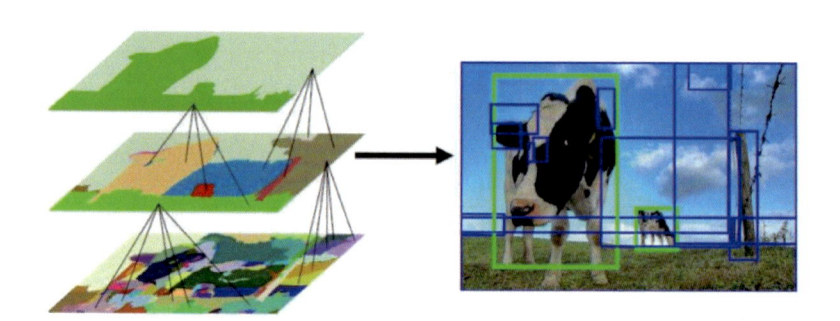

图 1-2-7 目标多尺度

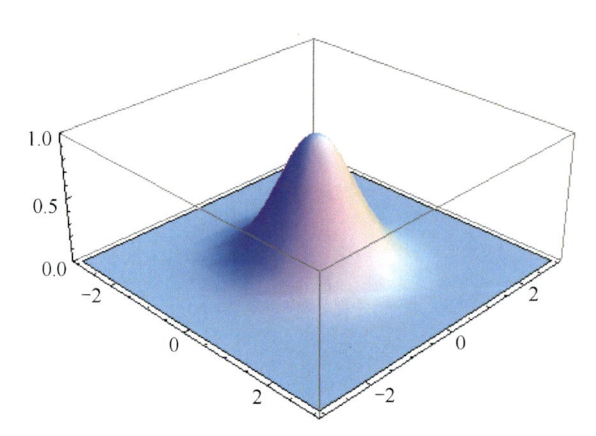

图 2-1-3 高斯函数立体图

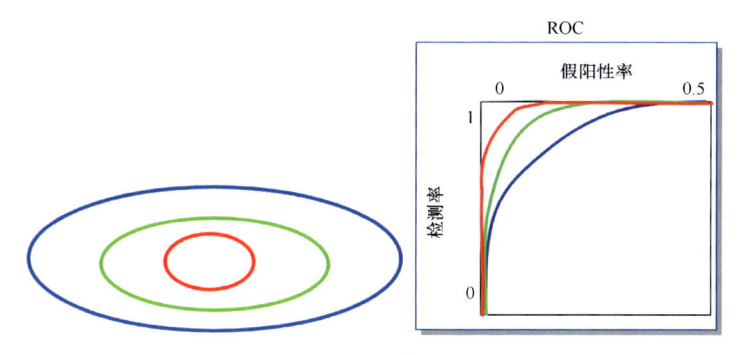

图 3-3-5 ROC 曲线解析

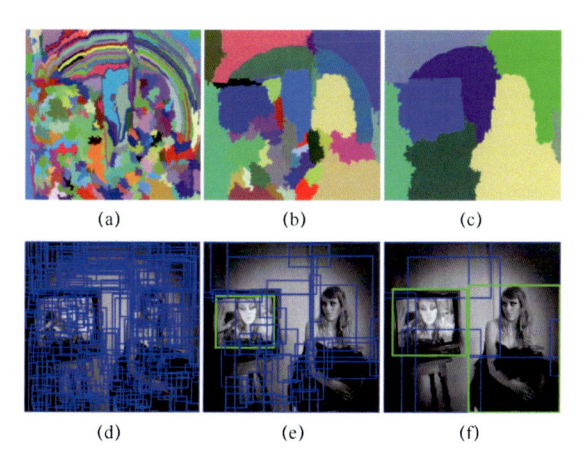

图 5-1-4 选择搜索的步骤

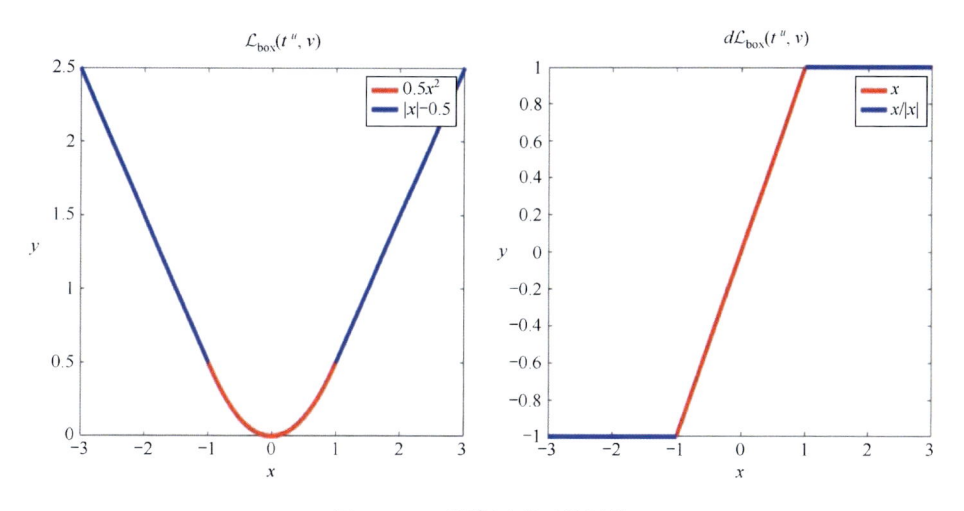

图 5-4-5 $L_1^{smooth}$ 图形及其导数

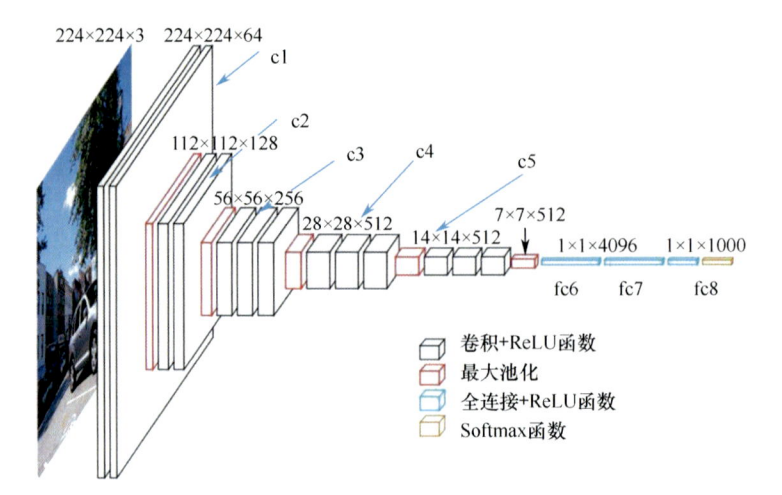

图 5-6-8 主干网络

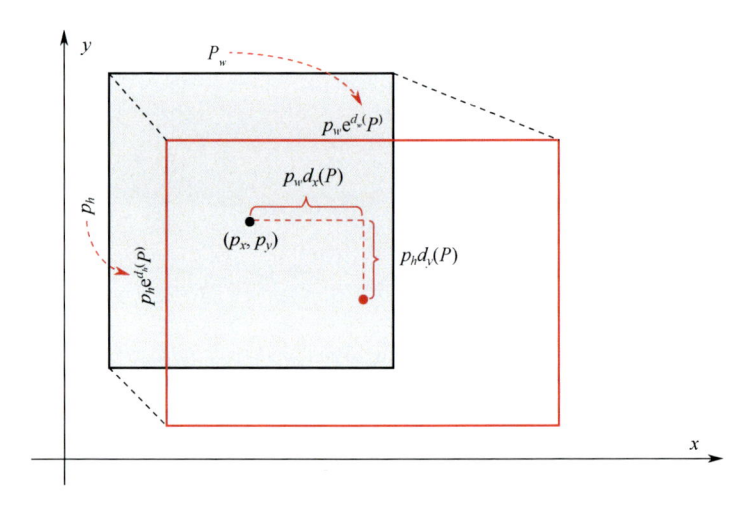

图 5-7-1 微调边界框回归原理

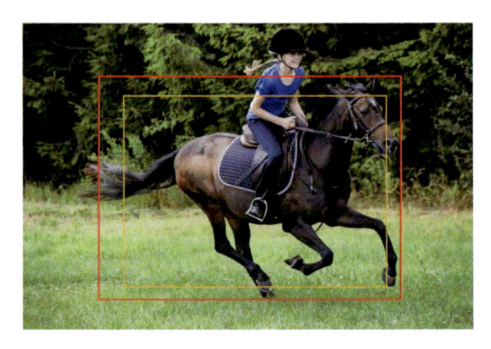

图 5-7-3 框回归

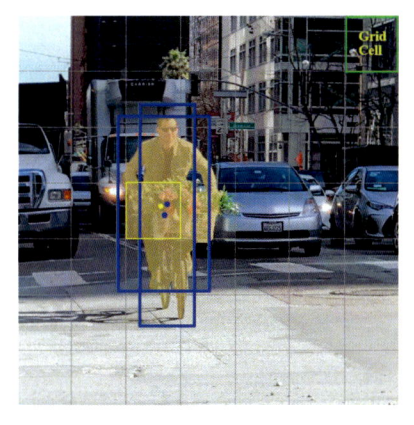

图 6-1-5 每个网格单元仅检测一个对象

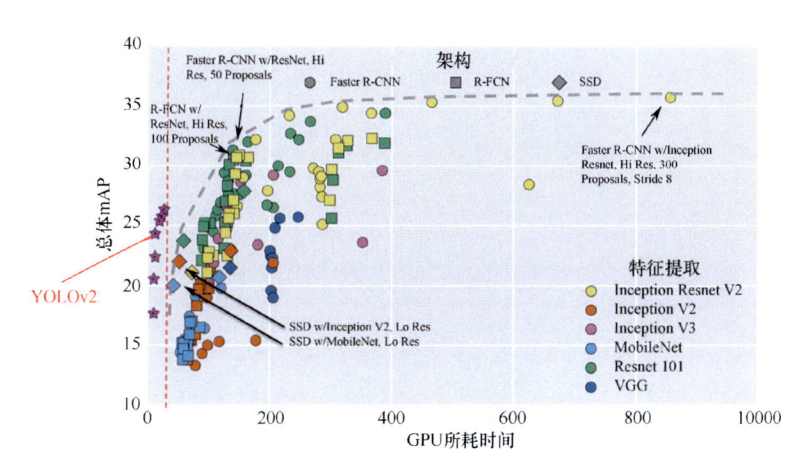

图 6-6-3 YOLOv2 与其他方法的速度对比

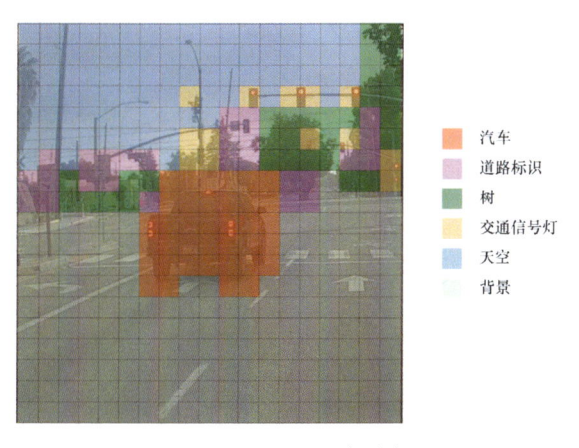

图 7-3-6 按最大概率着色

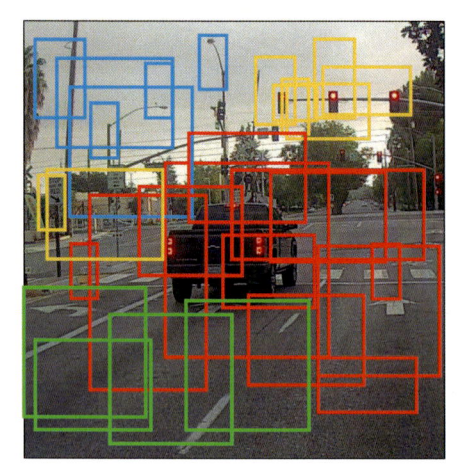

图 7-3-7 检测过程中的高概率框

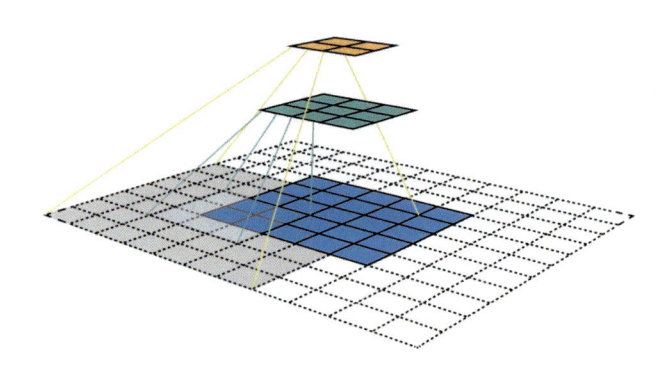

图 7-6-3 卷积神经网络图

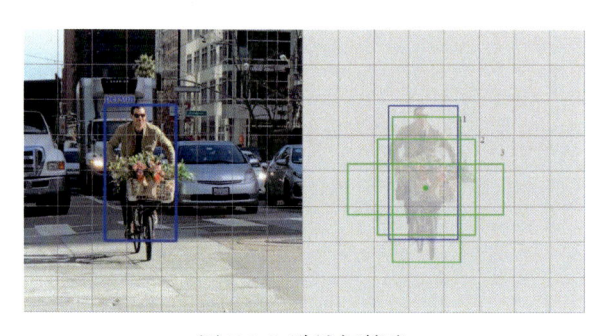

图 7-8-1 默认框策略

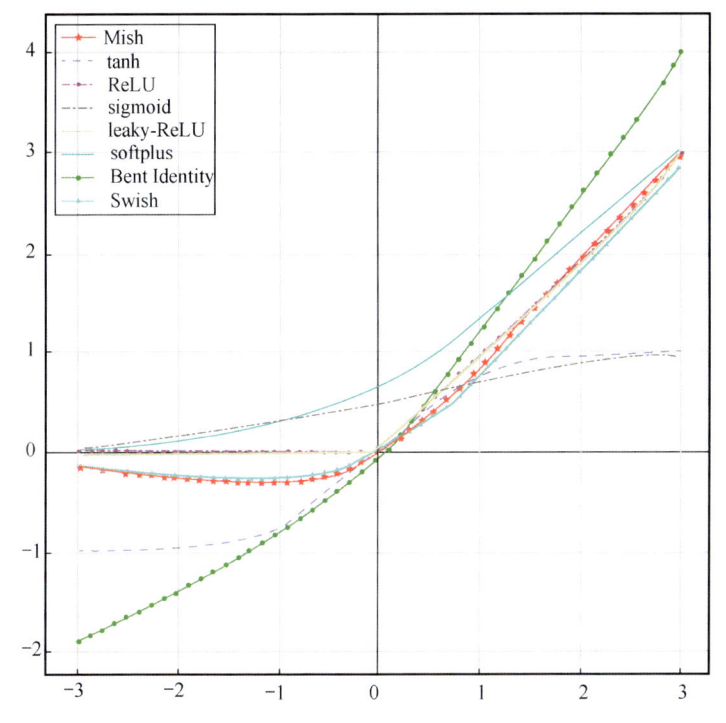

图 9-3-4 Mish 激活函数与其他几个激活函数的比较

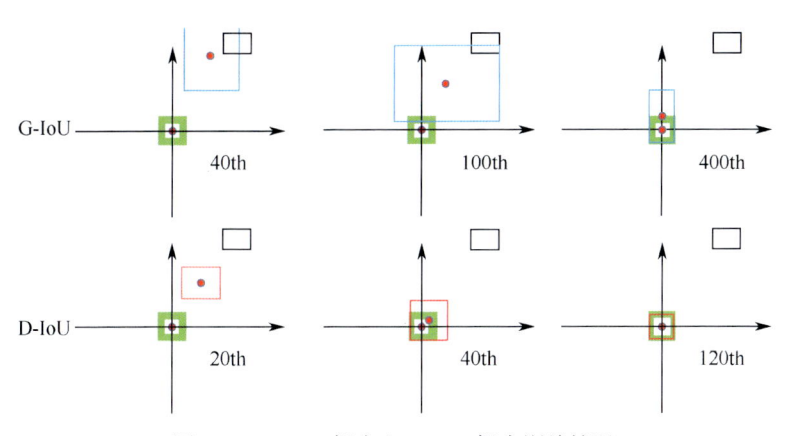

图 9-4-3 G-IoU 损失和 D-IoU 损失训练情况

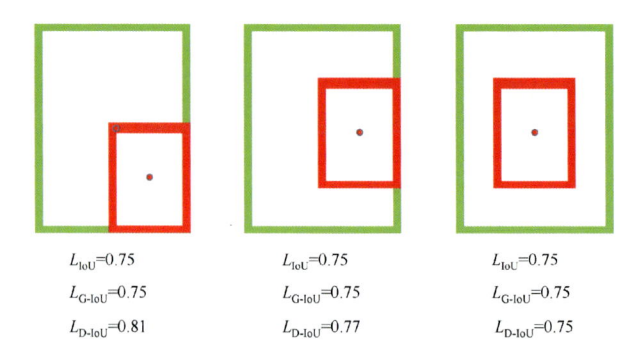

$L_{\text{IoU}}=0.75$
$L_{\text{G-IoU}}=0.75$
$L_{\text{D-IoU}}=0.81$

$L_{\text{IoU}}=0.75$
$L_{\text{G-IoU}}=0.75$
$L_{\text{D-IoU}}=0.77$

$L_{\text{IoU}}=0.75$
$L_{\text{G-IoU}}=0.75$
$L_{\text{D-IoU}}=0.75$

图 9-4-4 G-IoU 与 IoU、D-IoU 损失情况

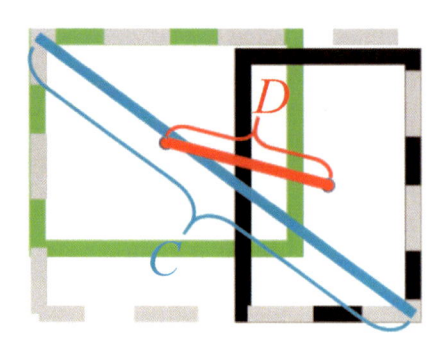

图 9-4-5 D-IoU 损失